AF642742

STARK
Prüfungsvorbereitung

Mündliches Abitur

Gymnasium • Gesamtschule NRW

Geschichte

© 2025 STARK Verlag GmbH, Claudius-Keller-Str. 3c, 81669 München, info@stark-verlag.de
1. Auflage
www.stark-verlag.de

Inhaltsverzeichnis

* mit exemplarischer Bearbeitung des Materialteils und kleinschrittigen Übungen zur Gestaltung des Vortrags

* mit exemplarischer Bearbeitung des Materialteils und kleinschrittigen Übungen zur Gestaltung des Vortrags

Inhaltsfeld 5: Die Zeit des Nationalsozialismus – Voraussetzungen, Herrschaftsstrukturen, Nachwirkungen und Deutungen

Inhaltsfeld 6:
Nationalismus, Nationalstaat und deutsche Identität im 19. und 20. Jahrhundert

Inhaltsfeld 7: Friedensschlüsse und Ordnungen des Friedens in der Moderne

Autorinnen und Autoren

Alisa Bollmann:	1. Prüfungsteil/Aufgaben 3 und 13; 2. Prüfungsteil/Aufgabe 13
Anja Brolle:	Hinweise und Tipps; 1. Prüfungsteil/Aufgaben 1, 4, 7, 9 und 11; 2. Prüfungsteil/Aufgaben 1, 4, 7 und 11; grafische Gestaltung der Inhaltsfelder
Klaus-Michael Guse:	1. Prüfungsteil/Aufgaben 2, 6 und 10; 2. Prüfungsteil/Aufgaben 2, 6 und 10
Simon Krause:	1. Prüfungsteil/Aufgaben 8 und 12; 2. Prüfungsteil/Aufgaben 5 und 9
Klaus Tervooren:	1. Prüfungsteil/Aufgabe 5; 2. Prüfungsteil/Aufgaben 3, 8 und 12

Vorwort

Liebe Abiturientinnen und Abiturienten,

auf Ihrem Weg zur Abiturprüfung befinden Sie sich auf der Zielgeraden. Herzlichen Glückwunsch zu dieser Leistung! Sie haben schon viele Schuljahre erfolgreich hinter sich gebracht und jede Menge Prüfungen absolviert. Der vorliegende Band möchte Ihnen dabei helfen, die letzte und sicher auch anspruchsvollste mündliche Prüfung Ihrer Schullaufbahn – die **mündliche Abiturprüfung** – erfolgreich zu meistern.

Im einführenden Kapitel „**Hinweise und Tipps**" erfahren Sie alles Wissenswerte zum Prüfungsformat der **mündlichen Abiturprüfung** im Fach **Geschichte**. Sie erhalten u. a. Informationen zur Struktur der Prüfung, zu deren Themen und Inhalten sowie zur Bewertung der Prüfungsleistung. Ausführliche Trainingshinweise zur Vorbereitung helfen Ihnen dabei, Prüfungsangst gar nicht erst aufkommen zu lassen.

Im zweiten Kapitel „**Prüfungsvortrag**" finden Sie 13 Übungsaufgaben, mit denen Sie sich anhand von praxiserprobten mündlichen Prüfungen auf den **ersten Prüfungsteil** vorbereiten können. Zu jedem der vier prüfungsrelevanten Inhaltsfelder gibt es eine **Aufgabe** mit exemplarisch **bearbeitetem Materialteil** und **kleinschrittigen Übungen** zur Vortragsgestaltung. Daneben enthält das Kapitel neun weitere **Aufgaben mit stichpunktartiger Gliederung und ausformuliertem Mustervortrag**.

Im dritten Kapitel „**Prüfungsgespräch**" finden Sie 13 Fragenkataloge mit stichpunktartigen Antworten, die den vier Inhaltsfeldern zugeordnet sind; sie helfen Ihnen bei der Vorbereitung auf den **zweiten Prüfungsteil**. Im Anschluss an die Fragen geben Ihnen Tipp-Kästen wertvolle Hinweise zum Herangehen an die Aufgaben.

Wir wünschen Ihnen eine effektive Abiturvorbereitung und eine erfolgreiche mündliche Prüfung!

Das Autorenteam und der Verlag

Hinweise zu den digitalen Zusätzen

Lernen Sie gerne am PC, Tablet oder Smartphone? Dieser Band enthält eine Reihe von **digitalen Zusätzen**, auf die Sie online über die Plattform **MySTARK** zugreifen können. Ihren persönlichen Zugangscode finden Sie vorne im Buch.

Lernvideos

Angst vor der mündlichen Prüfung? Unser Video mit **Tipps zur mündlichen Prüfung** hilft Ihnen, entspannt in die Prüfung zu starten. Die Analyse von historischen Quellen und Darstellungstexten ist ein wichtiger Bestandteil von Klausuren im Fach Geschichte. Mithilfe von **Lernvideos zum richtigen Umgang mit ausgewählten Materialien** können Sie sich optimal auf das Lösen von materialgestützten Aufgaben vorbereiten.

Folgende Lernvideos sind enthalten:

- Tipps zur mündlichen Prüfung
- Karikaturen richtig analysieren
- Textquellen analysieren

Interaktives Online-Training

Mithilfe **abwechslungsreicher interaktiver Aufgaben** können Sie wichtige Inhalte aus ausgewählten Themenbereichen wiederholen. Alle Aufgaben können direkt am PC oder Tablet bearbeitet werden. Sie erhalten sofort eine Rückmeldung zu Ihren Antworten.

Folgende Themengebiete sind enthalten:

- Weimarer Republik
- Nationalsozialismus
- Deutschland ab 1945

HINWEISE UND TIPPS

Hinweise und Tipps zum mündlichen Abitur

Allgemeines zur mündlichen Abiturprüfung

1 Die mündliche Prüfung im Rahmen der Gesamtqualifikation

Werfen wir zur allgemeinen Orientierung zuerst einen Blick auf die Rolle der mündlichen Abiturprüfung im Gesamtkontext des Abiturs. Ihre **Gesamtqualifikation** zur Allgemeinen Hochschulreife setzt sich aus zwei Blöcken zusammen. Der **erste Block** hat das größere Gewicht und umfasst Ihre eingebrachten **Leistungen der Qualifikationsphase**. In dieser befinden Sie sich vermutlich gerade oder haben sie vielleicht sogar schon geschafft, weshalb wir uns nun dem **zweiten Block** zuwenden.
Er umfasst den gesamten **Abiturbereich**, der in Nordrhein-Westfalen regulär aus drei schriftlichen Prüfungen im ersten bis dritten Abiturfach (zwei Leistungskurse, ein Grundkurs) und einer **mündlichen Prüfung im vierten Abiturfach** (Grundkurs) besteht. Eine mündliche Prüfung kann zudem im ersten bis dritten Abiturfach angesetzt werden, wenn durch die regulären vier Abiturprüfungen die Mindestbedingungen für das Bestehen des Abiturs nicht erfüllt sind. Darüber hinaus können Sie sich auch freiwillig zur mündlichen Prüfung im ersten bis dritten Fach melden, wenn Sie sich damit eine Verbesserung Ihrer Gesamtpunktzahl erhoffen. Anforderungen und Ablauf der genannten mündlichen Abiturprüfungen sind identisch, weshalb sie im vorliegenden Buch einheitlich als „mündliche Abiturprüfung" behandelt werden.

2 Die Struktur der mündlichen Prüfung

Während die drei schriftlichen Abiturprüfungen in NRW zentral gestellt werden, **konzipiert die jeweilige Fachlehrkraft die mündliche Prüfung selbst**. Dabei muss sie sich zwar an diverse Vorgaben halten, kann aber trotzdem besondere Schwerpunkte, die in Ihrem Kurs behandelt wurden, oder bestimmte Fähigkeiten, die Sie erworben haben, berücksichtigen. Jede mündliche Prüfung läuft also etwas anders ab, dennoch gibt es einige grundsätzliche **Rahmenbedingungen**, die immer gleich sind:

- Die mündliche Prüfung besteht aus zwei Teilen, einem eigenständigen **Prüfungsvortrag** (erster Prüfungsteil) und einem **Prüfungsgespräch** (zweiter Prüfungsteil).

- Die Prüfung dauert **mindestens 20 und höchstens 30 Minuten**, wobei die beiden Prüfungsteile in der Regel ungefähr gleich lang sein sollen. Wenn Sie also einen Vortrag von etwa 12 Minuten präsentieren, wird das anschließende Gespräch auch ungefähr 12 Minuten dauern.
- Die Prüfung findet vor einem **Fachprüfungsausschuss** statt, der aus drei stimmberechtigten Mitgliedern besteht: der/dem Vorsitzenden, der Prüferin/dem Prüfer (in der Regel Ihre Geschichtslehrkraft aus dem letzten Kursjahr Q 2) und einer Protokollantin/einem Protokollanten.
- Die Prüfung muss sich inhaltlich auf **Sachgebiete aus mindestens zwei Kurshalbjahren** beziehen.

Für den **ersten Prüfungsteil** (Prüfungsvortrag) wird Ihnen eine Aufgabe in schriftlicher Form vorgelegt. Nach einer **30-minütigen Vorbereitungszeit** sollen Sie Ihre Ergebnisse zu dieser Aufgabe selbstständig in einem zusammenhängenden **Vortrag** präsentieren. Die Aufgaben entsprechen in der Regel den **Aufgabentypen**, wie sie auch im schriftlichen Abitur vorgesehen sind.

- **Aufgabentyp A:** Interpretation einer schriftlichen oder einer bildlichen Quelle (z. B. einer Karikatur)
- **Aufgabentyp B:** Analyse von und Auseinandersetzung mit einer historischen Darstellung

Im Vergleich zu Klausuren oder schriftlichen Abiturprüfungen sind die Materialien in der mündlichen Prüfung etwas kürzer und weniger komplex, sodass sie auf die knappe Vorbereitungs- und Vortragszeit abgestimmt sind. Über diese beiden häufigsten Aufgabentypen hinaus kann Ihre Fachlehrkraft auch ein anderes Prüfungsformat wählen, beispielsweise die Erörterung einer These oder einer historischen Problemstellung ohne Materialgrundlage, wenn dies zuvor im Unterricht vorbereitet wurde.

Im **zweiten Prüfungsteil** (Prüfungsgespräch) erwartet Sie ein **Dialog mit Ihrer Fachlehrkraft**. Die Prüferin/der Prüfer stellt Ihnen Fragen oder formuliert inhaltliche Impulse, die Ihnen die Möglichkeit geben sollen, Ihre inhaltlichen und methodischen Fertigkeiten in größeren Zusammenhängen darzustellen.

Beide Prüfungsteile müssen nach Anforderungsbereichen (AFBs) strukturiert sein. Außerdem müssen sie sich inhaltlich auf die Kompetenzerwartungen beziehen, die im Kernlehrplan für die Qualifikationsphase (siehe auch t1p.de/rc88i) festgelegt sind.

3 Anforderungsbereiche und Operatoren

Vermutlich sind Ihnen die **drei Anforderungsbereiche**, die das Niveau Ihrer selbstständigen Leistung kategorisieren sollen, bereits aus dem Unterricht bekannt:

- **AFB I:** Wiedergabe von Sachverhalten und Kenntnissen im bereits erlernten Zusammenhang; Anwendung von bereits geübten Arbeitstechniken (Reproduktion)
- **AFB II:** selbstständiges Auswählen, Verarbeiten und Erklären bekannter Sachverhalte; Anwendung bekannter Inhalte und Methoden auf neue Zusammenhänge (Reorganisation und Transfer)

- **AFB III:** Verarbeitung komplexer Sachverhalte, um zu selbstständigen Lösungen, Deutungen und Urteilen zu gelangen; selbstständige Wahl geeigneter Arbeitstechniken zur Anwendung auf neue Problemstellungen; Reflexion des eigenen Vorgehens (Problemlösung, Urteilsbildung, Reflexion)

Sowohl die Aufgabenstellungen im ersten Prüfungsteil als auch die Fragen im zweiten Prüfungsteil enthalten Hinweise zum Anforderungsniveau, auf dem Sie eine Leistung erbringen sollen. In der Regel werden dafür bestimmte **Verben als Handlungsanweisungen** verwendet, die sogenannten **Operatoren**. Im Prüfungsgespräch werden Ihnen oft auch wirkliche Fragen begegnen (z. B. „Können Sie die Gründe für das Scheitern der Weimarer Republik nennen?"), denen stets aber auch Operatoren zugrunde liegen (im genannten Beispiel „begründen"). Die folgende Liste enthält eine **Übersicht der abiturrelevanten Operatoren** im Fach Geschichte. Beachten Sie, dass es bei den meisten um komplexe Leistungen geht, die nicht immer einem einzigen Anforderungsbereich zugeordnet werden können. So gibt es beispielsweise zwei übergeordnete Operatoren („erörtern" und „interpretieren"), die alle Anforderungsbereiche umfassen.

Operator	Definition	AFB-Bereich
Übergeordnete Operatoren, die eine Leistungen im AFB I–III verlangen:		
erörtern	Eine These oder Problemstellung auf ihren Wert und ihre Stichhaltigkeit hin abwägend prüfen und auf dieser Grundlage eine eigene Stellungnahme dazu entwickeln. Die Erörterung einer historischen Darstellung setzt deren Analyse voraus.	I–III
interpretieren	Sinnzusammenhänge aus Quellen erschließen und eine begründete Stellungnahme abgeben, die auf einer Analyse, Erläuterung und Bewertung beruht	
Operatoren, die überwiegend eine Leistung im AFB I–II verlangen, also vor allem auf die *Reproduktion* von Erlerntem abzielen.		
beschreiben	Merkmale/Aspekte eines Sachverhaltes oder eines Materials detailliert darstellen	I–II
nennen	Informationen/Sachverhalte/Merkmale zielgerichtet unkommentiert zusammentragen	
zusammenfassen	Sachverhalte/Aussagen komprimiert darstellen	
Operatoren, die überwiegend eine Leistung im AFB II verlangen, also vor allem auf die *Reorganisation* von Erlerntem und den *Transfer* auf neue Zusammenhänge abzielen. Je nach Komplexität kann die Anforderung auch in den AFB III übergehen.		
analysieren	formale Merkmale von Materialien untersuchen und Inhalt und Gedankengang von Materialien (Quellen, Darstellungen) wiedergeben bzw. Bildelemente (Karikaturen, historische Gemälde) beschreiben	überw. II

begründen	Aussagen (z. B. Urteil, These, Wertung) durch Argumente stützen, die auf historischen Beispielen und anderen Belegen gründen	überw. II
charakterisieren	historische Sachverhalte in ihren Eigenarten beschreiben und diese dann unter einem bestimmten Gesichtspunkt zusammenfassen	II – III
einordnen	einen oder mehrere historische Sachverhalte in einen historischen Zusammenhang stellen	überw. II
entwickeln	auf der Grundlage erarbeiteter Ergebnisse zu einer eigenen Deutung gelangen; gewonnene Analyseergebnisse verwerten, um in einem vorgegebenen Textformat (z. B. Rede, Leserbrief, Diskussionsbeitrag) zu einer eigenen Deutung zu gelangen	II – III
erläutern	historische Sachverhalte durch Wissen und Einsichten in einen Zusammenhang einordnen und durch zusätzliche Informationen und Beispiele verdeutlichen	überw. II
herausarbeiten	aus Materialien bestimmte historische Sachverhalte herausfinden, die nicht explizit genannt werden, und Zusammenhänge zwischen ihnen herstellen	überw. II
untersuchen	Materialien oder historische Sachverhalte kriterienorientiert bzw. aspektgeleitet erschließen	überw. II
vergleichen	auf der Grundlage von Kriterien historische Sachverhalte problembezogen gegenüberstellen, um Gemeinsamkeiten, Unterschiede, Ähnlichkeiten, Abweichungen oder Gegensätze darzustellen	II – III
Operatoren, die überwiegend eine Leistung im AFB III verlangen, also vor allem auf eine *eigenständige Problemlösung und Urteilsbildung* sowie deren *Reflexion* abzielen.		
beurteilen	den Stellenwert historischer Sachverhalte in einem Zusammenhang bestimmen, um ohne persönlichen Wertebezug zu einem begründeten Sachurteil zu gelangen	III
bewerten	wie Operator „beurteilen“, aber zusätzlich mit Offenlegen und Begründen eigener Wertmaßstäbe, die Pluralität einschließen und zu einem Werturteil führen, das auf den Wertvorstellungen des Grundgesetzes basiert	
Stellung nehmen	eine Problemstellung/ eine Bewertung /eine Position auf der Grundlage fachlicher Kenntnisse prüfen und nach sorgfältiger Abwägung eine Einschätzung formulieren	

siehe auch: https://www.standardsicherung.schulministerium.nrw.de/cms/zentralabitur-gost/faecher/getfile.php?file=3946

4 Inhaltsfelder, inhaltliche Schwerpunkte und Kompetenzen

Im Kernlehrplan der gymnasialen Oberstufe (siehe auch t1p.de/rc88i) werden die obligatorischen **Inhaltsfelder**, deren **Schwerpunkte** sowie die **fachlichen Kompetenzen** ausgewiesen, die im Laufe der Qualifikationsphase erworben werden sollen und zugleich für die Abiturprüfung relevant sind. Es werden keinerlei Eingrenzungen vorgenommen, welche Aspekte für die Prüfung möglicherweise eine höhere Relevanz besitzen als andere. Deshalb ist eine derartige eingrenzende Absprache zwischen Prüferin/Prüfer und Prüfling vor einer mündlichen Prüfung auch nicht erlaubt. Über die Vorgaben des Kernlehrplans hinaus können in der mündlichen Prüfung weitere Themen hinzukommen, die in Ihrem Kurs zusätzlich behandelt wurden. Die **Inhalte** der gesamten mündlichen Prüfung müssen sich **über mehr als ein Kurshalbjahr** erstrecken. Dabei entspricht ein Kurshalbjahr nicht zwingend einem Inhaltsfeld, da dessen Themen auch über mehrere Halbjahre verteilt werden können.

In der folgenden Übersicht finden sich die **vier Inhaltsfelder der Qualifikationsphase sowie deren Schwerpunkte**.

Inhaltsfeld 4: Die moderne Industriegesellschaft zwischen Fortschritt und Krise
Die „Zweite Industrielle Revolution“ und die Entstehung der modernen Massengesellschaft
Vom Hochimperialismus zum ersten „modernen“ Krieg der Industriegesellschaft
Ursachen und Folgen der Weltwirtschaftskrise 1929
Inhaltsfeld 5: Die Zeit des Nationalsozialismus – Voraussetzungen, Herrschaftsstrukturen, Nachwirkungen und Deutungen
Politische und ideologische Voraussetzungen des Nationalsozialismus
Die Herrschaft des Nationalsozialismus in Deutschland und Europa
Vergangenheitspolitik und „Vergangenheitsbewältigung“
Inhaltsfeld 6: Nationalismus, Nationalstaat und deutsche Identität im 19. und 20. Jahrhundert
Die „Deutsche Frage“ im 19. Jahrhundert
„Volk“ und „Nation“ im Kaiserreich und im Nationalsozialismus
Nationale Identität unter den Bedingungen der Zweistaatlichkeit in Deutschland
Die Überwindung der deutschen Teilung in der friedlichen Revolution von 1989
Inhaltsfeld 7: Friedensschlüsse und Ordnungen des Friedens in der Moderne
(Westfälischer Frieden: nur relevant, wenn Sie eine mündliche Prüfung im 1. oder 2. Fach im Leistungskurs Geschichte absolvieren)
Europäische Friedensordnungen nach den Napoleonischen Kriegen
Internationale Friedensordnung nach dem Ersten Weltkrieg
Konflikte und Frieden nach dem Zweiten Weltkrieg

Wichtig ist, dass Sie sich auch einen Überblick darüber verschaffen, wie die einzelnen Schwerpunkte innerhalb eines Inhaltsfelds, aber auch über ein Inhaltsfeld hinweg miteinander zusammenhängen.

TIPP Als kleine Hilfestellung können Ihnen die vier Grafiken in diesem Buch auf den Seiten 147, 159, 169 und 181 dienen, die die Themen des jeweiligen Inhaltsfelds vernetzt darstellen. Nehmen Sie sich diese doch einmal allein oder in Ihrer Lerngruppe vor und vergegenwärtigen Sie sich im Gespräch die Zusammenhänge.

Sie haben schon längst bemerkt, dass sich der Geschichtsunterricht nicht im Auswendiglernen von Daten und Fakten erschöpft. Es wird vielmehr erwartet, dass Sie verschiedene **Kompetenzen** entwickeln und diese auch in der Prüfungssituation unter Beweis stellen können. Im Folgenden werden diese Kompetenzen mit Blick auf ihre Relevanz für die mündliche Prüfung zusammengefasst.

Sie zeigen Ihre **Sachkompetenz** z. B., indem Sie

- historische Ereignisse, Strukturen und Entscheidungen erläutern,
- Zusammenhänge darstellen (z. B. Anlässe – Ursachen, Folgen – Wirkungen),
- die Bedeutung historischer Situationen für die Gegenwart erklären.

Sie zeigen Ihre **Methodenkompetenz** z. B., indem Sie

- das Material fachgerecht auswerten (Interpretation von Quellen, Analyse und Auseinandersetzung mit historischen Darstellungen),
- Ihre Darstellung problemorientiert und adressatengerecht gestalten,
- geeignete Fachbegriffe und sprachliche Mittel verwenden.

Sie zeigen Ihre **Urteilskompetenz** z. B., indem Sie

- sich auf nachvollziehbare Urteilskriterien stützen,
- im Sachurteil die historische Bedeutung eines Sachverhalts hervorheben und die Perspektiven der historischen Akteure berücksichtigen,
- im Werturteil die Veränderung von Wertmaßstäben berücksichtigen und Ihre eigenen Urteilskriterien offenlegen.

Sie zeigen Ihre **Handlungskompetenz** z. B., indem Sie

- eine eigene begründete Position zu historischen Streitfragen oder in Debatten zur Erinnerungskultur einnehmen können,
- unter Berücksichtigung der historischen Erfahrungen Optionen für Ihr eigenes Handeln in der Gegenwart entwickeln.

5 Die Prüfung im Überblick

Im Übungsteil dieses Buches werden Sie Beispielaufgaben für den ersten Prüfungsteil sowie diverse Beispiele für Prüfungsgespräche im zweiten Prüfungsteil finden, die den bisher dargestellten Vorgaben exakt entsprechen und ein optimales Prüfungstraining ermöglichen. Die Aufgaben und Fragenkataloge sind nach Inhaltsfeldern und deren Schwerpunkten geordnet, enthalten Anforderungen und Operatoren aus allen Bereichen und fordern die Anwendung verschiedener Kompetenzen.

Das folgende Schaubild fasst die Vorgaben noch einmal an einem konkreten Beispiel zusammen:

Vortrag nach 30-minütiger Vorbereitungszeit

(10–15 Minuten)

Aufgabentyp A: Interpretation einer Bildquelle

Susi-Sonnenschein-Gymnasium
Mündliche Abiturprüfung
im Fach Geschichte

Prüfungsteil I

Aufgabe:
Interpretieren Sie die Quelle, indem Sie

1. sie analysieren
2. sie in den historischen Kontext 1929–30 einordnen und die Bildelemente erläutern sowie
3. die Aussage des Zeichners beurteilen

Material:
Daniel Fitzpatrick: „The Source“, in der regionalen, amerikanischen Tageszeitung St. Louis Post-Dispatch (St. Louis, Missouri) vom 19. 10. 1930.

AFB I–III

Operatoren:
1. analysieren
2. einordnen, erläutern
3. beurteilen

Kompetenzanforderungen: Sach-, Methoden- und Urteilskompetenz

Inhaltsfeld 5 und 7

Prüfungsgespräch mit der Fachlehrkraft (10–15 Minuten)	**Prüfungsteil II**	
	Mögliche Überleitung der Prüferin/des Prüfers: „Sie haben in Ihrem Vortrag auf die problematischen Folgen des Versailler Vertrags hingewiesen. Nach dem Zweiten Weltkrieg waren die Alliierten bemüht, nicht dieselben Fehler zu wiederholen. *Fassen Sie die wichtigsten Vereinbarungen des Potsdamer Abkommens zusammen.*“ (Ausführungen des Prüflings) *„Vergleichen Sie die Auswirkungen des Potsdamer Abkommens für Deutschland mit denen des Versailler Vertrags.“* (Ausführungen des Prüflings) *„Beurteilen Sie, inwiefern das Potsdamer Abkommen eine geeignete Grundlage für einen dauerhaften Frieden bot.“* (…)	**Inhaltsfeld 7** **AFB I–III** **Operatoren:** a) zusammenfassen b) vergleichen c) beurteilen **Kompetenzanforderungen:** Sach-, Methoden- und Handlungskompetenz

6 Bewertung der mündlichen Prüfung

Manchmal sind Prüflinge nach der Bekanntgabe Ihrer Note enttäuscht, weil es ihnen schwerfällt, eine für sie unbefriedigende Bewertung nachzuvollziehen, obwohl sie durchgehend gesprochen haben. Das ist bedauerlich, aber ein **hoher Redeanteil spricht nicht automatisch für eine hohe Redequalität**. Natürlich liegen der Bewertung durch die Prüfungskommission bestimmte Kriterien zugrunde. Diese zumindest grob zu kennen, kann Ihnen helfen, sich gezielter auf Ihre Prüfung vorzubereiten. Deshalb erhalten Sie im Folgenden einen Überblick, mit welchen Indikatoren die Kommission Ihre **fachlichen und kommunikativen Kompetenzen** misst. Im Anschluss daran finden Sie ein **Kriterienraster**, das an vielen Schulen in dieser oder ähnlicher Form Anwendung findet, auch wenn es nicht verpflichtend für Ihre Lehrkraft ist. Diesem können Sie entnehmen, wie Sie ein bestimmtes Kriterium (z. B. Komplexität der Problemdarstellung) gut (entspricht Note 2) bzw. ausreichend (entspricht Note 4) erfüllen. So können Sie besser einschätzen, welche Ansprüche in einer mündlichen Prüfung an Sie gestellt werden.

Fachkompetenz:

- sachliche Richtigkeit und Schlüssigkeit
- Berücksichtigung der Vielfalt und Komplexität der Inhalte
- Verknüpfung von Zusammenhängen
- Problembewusstsein
- Argumentation

Gesprächskompetenz:

- klare Struktur
- präzise Formulierungen
- korrekte Sprache
- Fachsprache

<table>
<tr><th>Bewertungs-kriterium</th><th>Gute Leistung</th><th>Ausreichende Leistung</th></tr>
<tr><td rowspan="3">Komplexität der Problem-darstellung</td><td>Sämtliche Problemstellungen wurden in ihrer Komplexität klar und durchdacht gelöst.</td><td>Es zeigten sich Schwierigkeiten, die angesprochenen Problemfelder angemessen darzustellen.</td></tr>
<tr><td colspan="2">Bedeutung für Ihre Prüfung im Fach Geschichte:</td></tr>
<tr><td>Sie erfassen die Fragestellung oder das historische Problem differenziert und berücksichtigen bei Ihrer Antwort verschiedene Perspektiven und Betrachtungsebenen.</td><td>Sie erfassen die Fragestellung oder das historische Problem nur sehr oberflächlich und vernachlässigen in Ihrer Antwort andere Sichtweisen, z. B., indem Sie Sachverhalte vereinfacht und monokausal darstellen.</td></tr>
<tr><td rowspan="3">sachlicher Gehalt</td><td>Der sachliche Gehalt der Ausführungen war insgesamt gut.</td><td>Der sachliche Gehalt wurde in Ansätzen richtig ausgeführt.</td></tr>
<tr><td colspan="2">Bedeutung für Ihre Prüfung im Fach Geschichte:</td></tr>
<tr><td>Sie stellen historische Sachverhalte korrekt, präzise und im sinnvollen Zusammenhang von Ursachen und Wirkungen dar.
Sie interpretieren Quellen und analysieren historische Darstellungen sicher und fundiert.</td><td>Sie stellen historische Sachverhalte lücken- und/oder fehlerhaft dar und können Zusammenhänge nur eingeschränkt passend verknüpfen.
Sie interpretieren Quellen und analysieren historische Darstellungen nur in Ansätzen.</td></tr>
<tr><td rowspan="3">Folgerichtigkeit der Gedanken-führung</td><td>Die Gedankenführung war nachvollziehbar und gut strukturiert.</td><td>Die Gedankenführung war nicht durchweg nachvollziehbar/wies deutliche Mängel auf.</td></tr>
<tr><td colspan="2">Bedeutung für Ihre Prüfung im Fach Geschichte:</td></tr>
<tr><td>Sie strukturieren Ihre Darstellung unter Berücksichtigung der Fragestellung fokussiert und entwickeln eine schlüssige, differenzierte Antwort.</td><td>Sie berücksichtigen die Ausgangsfrage nicht angemessen und entwickeln eine widersprüchliche oder nur in Ansätzen durchdachte Antwort.</td></tr>
<tr><td rowspan="3">Eigenständigkeit des Urteils</td><td>Die Urteilsfindung erfolgte eigenständig und sicher begründet.</td><td>Die Urteilsfindung gelang nur in Ansätzen eigenständig.</td></tr>
<tr><td colspan="2">Bedeutung für Ihre Prüfung im Fach Geschichte:</td></tr>
<tr><td>Sie berücksichtigen in Ihrem Urteil selbstständig verschiedene Kriterien und Perspektiven und entwickeln in einer sachlich abwägenden Argumentation eine plausible eigene Position zum historischen Problem.</td><td>Sie verwenden nur eingeschränkt passende Urteilskriterien, entwickeln nur in Ansätzen eine eigene Position zum historischen Problem und/oder begründen diese wenig nachvollziehbar.</td></tr>
</table>

Fähigkeit der Kommunikation	Die Kommunikation erfolgte sicher und zielführend.	Es zeigten sich deutliche Mängel im kommunikativen Bereich.
	Bedeutung für Ihre Prüfung im Fach Geschichte:	
	Sie tragen weitgehend frei vor bzw. antworten sicher und eigenständig. Dabei verwenden Sie präzise Formulierungen, historische Fachbegriffe und eine korrekte Fachsprache.	Ihr Vortrag ist stockend, Ihre Antworten erfolgen unsicher und Sie benötigen helfende Impulse. Sie verwenden umgangssprachliche oder ungenaue Formulierungen und diese weisen sprachliche Mängel auf.

TIPP Das klingt für Sie alles noch sehr abstrakt und schwer verständlich? Im Anschluss an die Musterlösungen zu den Fragekatalogen im zweiten Prüfungsteil (ab S. 149) finden Sie Hinweise, wie Sie Ihre Fach- und Gesprächskompetenz am konkreten Beispiel zeigen können.

Tipps zur Vorbereitung

Die bisherigen Ausführungen zeigen, dass eine Vorbereitung in Form eines kurzfristigen, zusammenhanglosen Auswendiglernens historischer Daten und Fakten den Anforderungen in einer mündlichen Prüfung nicht gerecht wird und daher wenig Aussicht auf Erfolg verspricht. Es gibt allerdings gute **Strategien** zur lang- und kurzfristigen Prüfungsvorbereitung, um **Prüfungsangst zu vermeiden oder zumindest zu vermindern**. Die folgenden Redensarten und Schlagwörter sollen Ihnen Brücken zu einer erfolgreichen Performance in Ihrer mündlichen Prüfung bauen.

1 Langfristige Vorbereitung auf die mündliche Prüfung

Bereits weit im Vorfeld Ihrer mündlichen Prüfung können Sie die folgenden Hinweise berücksichtigen:

- **„Augen auf im Unterricht!“**
  Sie können einiges an Lernzeit sparen, wenn Sie bereits Ihre Unterrichtsstunden bestmöglich zur Prüfungsvorbereitung nutzen. Trainieren Sie Ihre Fach- und Methodenkompetenz, indem Sie dem Unterricht aufmerksam folgen und Arbeitsaufträge zu Quellen und Darstellungen besonders sorgfältig erledigen. Nutzen Sie außerdem jede Möglichkeit, sich am Unterrichtsgespräch zu beteiligen. So verlieren Sie die Scheu, über geschichtliche Inhalte zu sprechen, merken, ob Sie das Gelernte verstanden haben, und schulen wie nebenbei Ihre Gesprächskompetenz für die mündliche Prüfung.

- **„Ordnung ist das halbe Leben!“**
  Heften Sie Ihre Materialien und Aufzeichnungen nach einer sinnvollen Systematik ab und erstellen Sie dazu ein Inhaltsverzeichnis oder eine Materialübersicht. Dabei können Sie entweder der Chronologie der Ereignisse folgen oder die Auf-

teilung in Inhaltsfelder berücksichtigen. Fertigen Sie sich außerdem auf Basis Ihrer Klausurleistungen und der Kommentare Ihrer Lehrkraft eine Übersicht an, was Sie schon gut beherrschen und worin Sie sich noch verbessern möchten.

- **„Gut geplant ist halb gewonnen!“**
  Legen Sie sich für Ihre Wiederholungen eine Checkliste an, in der Sie abhaken können, was Sie bereits erledigt haben. Ein sorgfältig erstellter Lern- und Zeitplan für die schriftliche und mündliche Prüfungsphase hilft Ihnen, strukturiert und gezielt zu lernen. Planen Sie dabei bewusst auch Phasen für Freizeit und Entspannung ein, um motiviert bei der Sache zu bleiben.

2 Kurzfristige Vorbereitung auf die mündliche Prüfung

Ihre Prüfung rückt immer näher und der **Endspurt** Ihrer Vorbereitungen steht an. Im Folgenden erhalten Sie einige Tipps, wie Sie diesen bestmöglich gestalten können:

- **„Der frühe Vogel fängt den Wurm!“**
  Vorsicht: Zu kurzfristig angeeigneter Stoff geht schnell wieder verloren, kann andere Lerninhalte verdrängen und zu einem Blackout in der Prüfung führen. Beginnen Sie deshalb mindestens drei bis vier Wochen vor dem Prüfungstermin damit, Ihr vorhandenes Wissen zu reaktivieren und sich Zusammenhänge bewusst zu machen. So haben Sie beste Aussichten auf Erfolg.

- **„Aktiv handeln statt grübeln!“**
  Lernen ist keine passive Tätigkeit, ganz im Gegenteil. Je mehr Aktivitäten Sie dabei entwickeln, desto größer wird Ihr Lernerfolg sein. Nutzen Sie beim Lesen zum Beispiel Markierungen, Randnotizen und Post-it-Zettel, um besondere Erkenntnisse hervorzuheben. Wiederholen Sie Inhalte, indem Sie Zusammenhänge veranschaulichen. Dazu eignen sich am besten Concept-Maps, also „Begriffslandschaften“, in denen Sie zentrale Schlüsselbegriffe aufgreifen und deren Zusammenhänge visualisieren. Eine Zeitleiste, die Sie mit diesen Verknüpfungen kombinieren, prägt sich oft leichter ein, weil die einzelnen Daten und Fakten in einen sinnvollen Zusammenhang gebracht wurden.

- **„Besser gemeinsam als einsam!“**
  Teamwork kann beim Lernen sehr hilfreich sein, vorausgesetzt, die Arbeit wird gut organisiert. Gemeinsames Lernen bringt mehr Abwechslung, erlaubt es, eigene Schwächen und Lücken eher zu erkennen und folglich auch besser zu beheben. Die Möglichkeit der Arbeitsteilung können Sie ebenfalls klug nutzen, denn die gegenseitige Information und die gemeinsame Diskussion über Themenbereiche sind eine ideale Übung für den mündlichen Vortrag und das Prüfungsgespräch.

- **„Häppchen für Häppchen für Häppchen …“**
  Wie beim Essen gilt auch beim Lernen: Kleine Portionen sind leichter zu verdauen. Teilen Sie sich deshalb den Lernstoff ein und gönnen Sie sich nach spätestens zwei Stunden eine Erholungspause von ca. 20 Minuten. Fernsehen, Internet & Co. sind allerdings schlechte Pausenfüller, denn die damit verbundene Reizüberflutung kann das Gelernte schnell überlagern.

3 Praktisches Prüfungstraining mit diesem Buch

Einüben des ersten Prüfungsteils

Die Aufgabenformate des ersten Prüfungsteils sind Ihnen aus den Klausuren der Qualifikationsphase bekannt. Der entscheidende Unterschied bei der mündlichen Prüfung liegt darin, dass Sie nur eine **knapp bemessene Vorbereitungszeit** von 30 Minuten haben und Ihre **Ergebnisse in 10–15 Minuten darlegen** müssen. Das will geübt sein.

Sie finden in diesem Buch **13 Beispielaufgaben** zum ersten Prüfungsteil – je eine zu jedem inhaltlichen Schwerpunkt –, um das Vorgehen in einer mündlichen Prüfung zu trainieren. Vier Beispiele (im Inhaltsverzeichnis mit einem * gekennzeichnet) zeigen Ihnen ausführlich, wie Sie das vorgelegte Material sinnvoll und effektiv für Ihren Vortrag aufbereiten. Außerdem helfen Ihnen kleinschrittige Übungen dabei, Ihren Vortrag ansprechend zu gestalten. Die anderen neun Aufgaben sind mit einem ausformulierten Mustervortrag versehen, der Ihnen exemplarisch vor Augen führt, wie Ihr eigener Vortrag aussehen könnte. Nutzen Sie die Beispielaufgaben, indem Sie

- bei der Bearbeitung streng die **30-minütige Vorbereitungszeit einhalten**. Stellen Sie sich am besten einen Wecker.
- auf Basis Ihrer Aufzeichnungen einen **eigenen Vortrag halten**. Streben Sie eine Dauer von etwa 12 Minuten an und achten Sie darauf, wieviel Zeit Sie für jede der drei Teilaufgaben benötigen. Es ist wichtig, dass Sie bei der Analyse (Teilaufgabe 1) nicht zu viel Zeit verlieren, damit genügend Raum für ein differenziertes Urteil (Teilaufgabe 3) bleibt.
- Ihren **Vortrag aufzeichnen** (z. B. mit dem Handy) und selbst beurteilen, was Ihnen schon gut gelingt und was Sie verbessern möchten.
- **Vorträge im Lernzirkel üben**. Schließen Sie sich mit Mitschülerinnen und Mitschülern zusammen, die sich ebenfalls auf eine mündliche Prüfung vorbereiten. Simulieren Sie die Prüfungssituation und geben Sie sich gegenseitig Feedback zu Ihren Vorträgen. Achten Sie dabei neben den inhaltlichen und sprachlichen Aspekten auch auf eine aufrechte, offene Körperhaltung und auf den Blickkontakt zu Ihrer Zuhörerschaft.

Einüben des zweiten Prüfungsteils

Obwohl der zweite Prüfungsteil weniger formalisiert abläuft und individueller gestaltet sein kann, können Sie auch diesen mit dem vorliegenden Buch trainieren. Es enthält 13 **beispielhafte Fragenkataloge**, mit denen Sie üben können, historische Probleme darzustellen, Zusammenhänge sachgerecht und schlüssig zu erläutern, sich über Ihre eigene Einschätzung eines Sachverhalts klar zu werden und Ihre Position in einer differenzierten, abwägenden Argumentation darzulegen.

Auch hier ist es wichtig, dass Sie diesen **Prozess nicht nur passiv durchlaufen**, indem Sie die Fragen und Lösungsvorschläge durchlesen, sondern dass Sie das Prüfungsgespräch **aktiv vorbereiten**.

- Wählen Sie einen Fragenkatalog aus und notieren Sie die aufgeführten **Fragen auf Karteikarten**.
- Legen Sie das Buch mit den Lösungsvorschlägen zur Seite und **beantworten Sie die Fragen eigenständig** so genau wie möglich.
- **Zeichnen Sie Ihre Lösungsbeiträge (mit dem Handy) auf** und gleichen Sie sie mit den beispielhaften Lösungsvorschlägen ab. Beurteilen Sie selbst die Qualität Ihrer Lösungen und Ihre Gesprächskompetenz ebenso wie Ihre Körperhaltung.
- **Trainieren Sie auch diesen Prüfungsteil mit anderen Personen**, z. B. im Lernzirkel oder auch mit Freundinnen und Freunden oder Familienangehörigen, und holen Sie ein Feedback ein.

TIPP Wenn Sie an die bevorstehende Prüfung denken, wird Ihnen immer noch ein wenig mulmig? – Scannen Sie den nebenstehenden QR-Code und sehen Sie sich unser Video mit vielen hilfreichen Tipps z. B. zu selbstbewusstem Auftreten, angemessener Kleidung, positivem Denken usw. an.

Der Tag der Prüfung

1 Vorbereitung auf den Termin

Nun ist der große Tag gekommen und Sie können mit all Ihrer Fachkompetenz glänzen. Für einen souveränen Auftritt sollten Sie folgende Aspekte im Blick behalten:

- Informieren Sie sich rechtzeitig – am besten ein bis zwei Tage vor der Prüfung –, ob es beim ursprünglich **angekündigten Prüfungstermin** bleibt oder dieser aus organisatorischen Gründen kurzfristig verschoben wurde.
- Klären Sie rechtzeitig, wann Sie vor Ihrer Prüfung in der Schule **eintreffen** sollen (oft werden 45–60 Minuten vor Prüfungsbeginn angegeben) und zu welchem **Raum** Sie zuerst kommen sollen. Fahren/Gehen Sie früh genug los, um den Termin stressfrei einhalten zu können.
- Wenn Sie am Prüfungstag **erkrankt** sind, **informieren Sie sofort die Schule** und kümmern sich um ein ärztliches Attest. Sollten Sie bei der Prüfung unentschuldigt fehlen, wird diese mit einer ungenügenden Leistung bewertet.
- Sorgen Sie dafür, dass Sie vor der Prüfung **gut ausgeruht** sind. Ein kurzfristiges Einpauken der letzten Inhalte kurz vor der Prüfung hilft oft nicht weiter und führt eher zum Blackout, weil das Kurzzeitgedächtnis nicht so viele Informationen verarbeiten kann. Versuchen Sie stattdessen, sich am Tag der Prüfung möglichst zu entspannen, zum Beispiel mit beruhigender Musik, einem Spaziergang an der frischen Luft oder einem kurzen Powernap.
- Wählen Sie **Kleidung**, die der Situation **angemessen** ist: Sie treten zu einer Prüfung an, die Sie zum höchsten deutschen Schulabschluss führt, der allgemeinen

Hochschulreife. Die Kleidung sollte ordentlich und sauber sein und Sie sollten sich darin wohlfühlen.

- Stellen Sie sicher, dass Sie während Ihrer Prüfung auf eine **Uhr** schauen können, um Ihre **Redezeit im Blick zu behalten**. Klären Sie, ob im Raum eine Uhr hängt, die für Sie einsehbar ist. Falls das nicht der Fall ist, nehmen Sie sich eine eigene Uhr mit, z. B. eine Armbanduhr oder einen kleinen Reisewecker. Ein Handy oder eine Smartwatch ist nicht erlaubt!
- Klären Sie, ob Sie während der Prüfung **Projektionsmöglichkeiten** (Overheadprojektor, Dokumentenkamera) nutzen können.

2 FAQs zu den Abläufen in der Prüfung

Der **Prüfungsablauf** kann von Schule zu Schule leicht variieren, doch einige Routinen sind an vielen Schulen gleich. Die folgenden Antworten berücksichtigen ein an den meisten Schulen **gängiges Vorgehen** sowie die **gesetzlichen Vorgaben** zur Durchführung einer mündlichen Prüfung, können im Detail aber von dem an Ihrer Schule üblichen Ablauf abweichen. Fragen Sie bei Unsicherheiten deshalb am besten noch einmal bei Ihrer Lehrkraft nach.

2.1. Was passiert bei meiner Ankunft in der Schule?

Oft gibt es an den Schulen einen Wartebereich, an dem sich alle Prüflinge sammeln, bis sie von der Prüfungskommission abgeholt werden. In der Regel werden Sie von zwei Mitgliedern der Kommission zu dem Raum geleitet, wo Sie die Aufgabe des ersten Prüfungsteils in Empfang nehmen. Die Prüfungskommission vergewissert sich, dass Sie sich gesund genug fühlen, um die Prüfung anzutreten.

2.2. Wo bereite ich mich vor und welche Materialien benötige ich?

Meist gibt es einen Raum, der als zentraler **Vorbereitungsraum** für alle Prüflinge dient. Dort führt eine Lehrkraft Aufsicht, die darauf achtet, dass die Ihnen zustehende Vorbereitungszeit von 30 Minuten eingehalten wird.
Mitbringen müssen Sie nur Ihre **Stifte** (denken Sie auch an Textmarker, Bleistift usw.). Sie erhalten die **Aufgabenstellung** sowie Papier für Ihre Notizen. Zudem steht Ihnen ein Duden als Nachschlagewerk zur Verfügung. Überlegen Sie sich während der Vorbereitung, ob Sie einzelne Ergebnisse (z. B. ein Schaubild zur Visualisierung) an der Tafel skizzieren oder – wenn möglich – etwas projizieren möchten. Bereiten Sie dies sorgfältig auf einem Blatt Papier oder ggf. einer Folie vor.

2.3. Wer erwartet mich in der Prüfung?

Sie werden von zwei Mitgliedern der Prüfungskommission abgeholt und zum Prüfungsraum begleitet. Die gesamte Prüfungskommission besteht aus drei Mitgliedern:

- **Die Prüferin/der Prüfer** ist Ihre Fachlehrkraft. Sie ist Ihre direkte Ansprechperson, führt mit Ihnen das Prüfungsgespräch durch und macht sich gelegentlich Notizen.
- **Die Protokollantin/der Protokollant** hat die Aufgabe, die Prüfungsinhalte mitzuschreiben, weshalb es kaum Zeit für einen Blickkontakt gibt.

- **Die/der Vorsitzende** ist eine weitere Lehrkraft Ihrer Schule und trägt die Verantwortung für einen ordnungsgemäßen Prüfungsverlauf. Sie/er macht sich ebenfalls Notizen, behält aber die Prüfung insgesamt im Blick und stellt gegebenenfalls ergänzende Fragen.

Bei der Prüfung können **Gäste** anwesend sein, z. B. weitere Lehrkräfte. Auf Antrag und mit Ihrem Einverständnis können Mitschüler*innen aus der Q1 der Prüfung beiwohnen, um einen Eindruck zu bekommen, was sie in ihrer eigenen mündlichen Prüfung erwartet.

2.4. Wie soll ich mich in der Prüfung verhalten?

Falls Sie dazu bisher noch keine Gelegenheit hatten, **begrüßen Sie die Kommissionsmitglieder**. Danach nehmen Sie den für Sie vorgesehenen Platz ein. Sie können Ihren Vortrag sitzend oder stehend halten, so wie Sie sich wohlfühlen. **Sortieren Sie Ihre Aufzeichnungen**, vergewissern Sie sich, dass Sie beginnen dürfen, und **starten Sie mit Ihrem Vortrag**. Beherzigen Sie, was Sie vorher geübt haben.

- Achten Sie auf die **Aufgabenstellung:** Wenn Sie in Ihrem Vortrag nur erlerntes Wissen präsentieren, das nicht zum Thema gehört, wird dies nicht als Prüfungsleistung anerkannt. Unter Umständen unterbricht Ihr Prüfer Sie dann im Vortrag und weist Sie noch einmal konkret auf die Aufgabenstellung hin.
- Denken Sie an die **Kriterien eines guten Vortrags:** Ein bloßes Ablesen der im Vorbereitungsraum gemachten Aufzeichnungen ist weder zulässig noch ansprechend für die Prüfungskommission.
- Falls Ihr Vortrag nicht mindestens 10 Minuten dauert, kann der Prüfer Ihnen eine **Hilfestellung** geben, um Ihre Ergebnisse zu vervollständigen. Wenn Sie keine Ergänzungen mehr vornehmen, wird der erste Prüfungsteil gegebenenfalls vorzeitig beendet. Der zweite Prüfungsteil dauert dann so lange, dass die Gesamtprüfung mindestens 20 Minuten umfasst.
- Im zweiten Prüfungsteil **hören Sie der Prüferin/dem Prüfer aufmerksam zu**, um den Inhalt der Frage und die Handlungsanweisung zu erfassen. Fragen Sie ruhig nach, wenn Sie nicht sicher sind, ob Sie die Frage richtig verstanden haben.
- Der zweite Prüfungsteil ist als **dialogisches Gespräch** zwischen Ihrer Prüferin/Ihrem Prüfer und Ihnen gedacht. Deshalb wird Ihre Lehrkraft Sie möglicherweise unterbrechen, wenn Sie in einen zu langen Monolog verfallen, aber sie wird Sie auch mit weiteren **Fragen oder Impulsen** unterstützen, wenn Sie ins Stocken geraten. Es gibt also keinen Grund zur Panik, wenn Sie mal nicht weiterwissen. Ein Beispiel, wie solche Hilfestellungen aussehen können, finden Sie auf der folgenden Seite.

Was passiert, wenn es in der Prüfung hakt? Ein Beispiel:

Prüferin /Prüfer: *Im Jahr 2021 wurde im Bundestag darüber debattiert, ob der Begriff „Rasse" aus dem Grundgesetz gestrichen werden solle.*

> *Zitat: „Niemand darf wegen seines Geschlechts, seiner Abstammung, seiner Rasse […] benachteiligt oder bevorzugt werden."*

Prüferin /Prüfer: *Erläutern Sie die Grundzüge der nationalsozialistischen Ideologie und nehmen Sie davon ausgehend Stellung, ob Sie diese Streichung unterstützen würden. (vgl. Prüfungsgespräch 4, S. 161)*

Prüfling: *Puh, ich weiß gar nicht wo ich anfangen soll…*

Prüferin /Prüfer: *Nennen Sie doch erstmal die einzelnen Bestandteile der nationalsozialistischen Ideologie.*

Prüfling: *Rassismus, Antisemitismus, „Volksgemeinschaft"…*

Prüferin /Prüfer: *Rassismus gab es ja bereits im 19. Jahrhundert. Erläutern Sie doch bitte, welche besondere Bedeutung er im Nationalsozialismus hatte. Vielleicht können Sie dabei auch auf den Unterschied zum 19. Jahrhundert eingehen.*

[…]

Prüferin /Prüfer: *Wir haben nun zentrale Aspekte der nationalsozialistischen Ideologie thematisiert. Kommen wir zurück zur Ausgangsfrage: Würden Sie die Streichung des Begriffs „Rasse" aus dem Grundgesetz unterstützen? Nehmen Sie dazu bitte Stellung.*

[…]

2.5. Wer entscheidet über meine Note und wann erfahre ich das Ergebnis?

Am Ende der Prüfung bzw. eines Prüfungsblocks aus mehreren Prüflingen berät die **Kommission** über die erbrachte Leistung. Dazu verwendet sie ihre Aufzeichnungen und Kriterienraster (siehe das Beispiel auf Seite IX f.). Falls aufgrund der vorzeitigen Beendigung des ersten Prüfungsteils der zweite Teil deutlich länger gedauert hat, werden beide Teile trotzdem gleichwertig in die Beurteilung der Gesamtleistung einbezogen. Nach der Aussprache schlägt die Prüferin/der Prüfer eine Note vor, über die die Kommission dann abstimmt. Das Ergebnis Ihrer Prüfung erhalten Sie in der Regel zu einem **vereinbarten Zeitpunkt von der Schulleitung**.

10 Dinge, die Sie auf KEINEN Fall tun sollten

1 Den Lehrer fragen, ob er nicht doch ein paar Tipps geben kann, auf welche Themen Sie sich vorbereiten sollen.

2 Die Vorbereitung auf die letzten Tage vor der Prüfung schieben, um möglichst viel im Kurzzeitgedächtnis zu behalten.

3 Zu spät zum Termin kommen.

4 In Jogginghose oder in zerrissener, schmutziger Kleidung erscheinen.

5 Die eigene Nervosität mit lockeren, unsachlichen Sprüchen verdecken.

6 Der Prüfungskommission zu ängstlich oder zu selbstbewusst gegenübertreten.

7 Zu viel Wissen „herunterrattern“, ohne dabei auf die Aufgaben bzw. die Frage einzugehen.

8 Einsilbige, kurze Antworten ohne inhaltliche Zusammenhänge abgeben.

9 Mit Ihrer Gestik oder Mimik Unmut und Frustration signalisieren.

10 Annehmen, dass die Kommission Sie sowieso nicht leiden kann und Ihnen deshalb eine schlechtere Note geben wird.

1. PRÜFUNGSTEIL: PRÜFUNGSVORTRAG

Mündliche Prüfung ■ 1. Prüfungsteil

Inhaltsfeld 4: **Die moderne Industriegesellschaft zwischen Fortschritt und Krise**

Aufgabe 1

Thema und Material	Die Zweite Industrielle Revolution Bildquelle
Aus dem Unterricht benötigte Kompetenzen	Folgende historische Sachverhalte sollten Sie erläutern und auf das Material anwenden können: – Merkmale der Zweiten Industriellen Revolution – veränderte Arbeits- und Lebensbedingungen in der modernen Industriegesellschaft – Soziale Frage und ihre Lösungsansätze – Bismarcks Kampf gegen die Sozialdemokratie (Sozialistengesetz, Sozialgesetzgebung)

Aufgabenstellung

Interpretieren Sie die Quelle, indem Sie

1. sie analysieren,
2. sie in den Kontext der gesellschaftlich-wirtschaftlichen Entwicklung im Kaiserreich ab 1871 einordnen und die Bildelemente erläutern
3. die Sichtweise des Zeichners beurteilen.

M Karikatur „Tragikomödie“ (Zeichner unbekannt), veröffentlicht am 8. Juni 1881 in „Berliner Wespen“

Karikatur (Zeichner unbekannt), veröffentlicht am 8. Juni 1881 in „Berliner Wespen“

Anmerkungen

1 Beelzebub: Dämon im Alten Testament, im übertragenen Sinn eine Bezeichnung des Teufels
2 Redewendung „den Teufel mit dem Beelzebub austreiben“: ein Übel durch ein anderes, eventuell sogar schlimmeres ersetzen
3 Bismarck sprach sich bereits 1881 für eine Versicherung der Arbeiter gegen Betriebsunfälle aus und kündigte staatliche Fürsorge im Falle der Erwerbsunfähigkeit an.

Hinweis zum Material

Die „Berliner Wespen“ war eine der führenden Satirezeitschriften des deutschen Kaiserreichs und stand der liberalen Deutschen Fortschrittspartei nahe. http://freisinnige-zeitung.de/archives/3599

Beispielhafte Bearbeitung der Aufgabenstellung

Bildmarkierungen und Randnotizen

Für die Analyse sollten Sie die Zeichnung mit einem Stift und einem Textmarker intensiv bearbeiten: Markieren Sie zentrale Bildelemente und kennzeichnen Sie auffällige Merkmale. Vermeiden Sie eine vorschnelle Deutung der Bildelemente, die Sie leicht zu Fehlschlüssen verleiten kann. Schreiben Sie offensichtliche Informationen zur formalen Analyse (Zeichner, Erscheinungsort usw.) auf und ergänzen Sie gegebenenfalls Elemente wie Thema und Intention, sobald Sie den nächsten Schritt (Einordnung und Deutung) vollzogen haben.

Notizen zur formalen und inhaltlichen Analyse (Teilaufgabe 1)

Zeichner	unbekannt
Adressaten	(liberale) Leserschaft der Zeitschrift „Berliner Wespen“
Quellengattung	politische Karikatur
Thema	Bismarcks Sozialpolitik
Historischer Kontext	Erscheinungsdatum 8. Juni 1881, Soziale Frage, Aufstieg der SAP trotz Sozialistengesetz
Absicht	Kritik an der Sozialgesetzgebung Bismarcks

Obere Bildhälfte:

- *Spielfigur links/Social-Demokratie (spottet mit langer Nase)*
- *Puppenspieler/Bismarck (konzentriert, verbissen)*
- *Spielfigur mittig/Staats-Socialismus (Teufel; grinst, hält Stock mit „Unfallversicherung")*

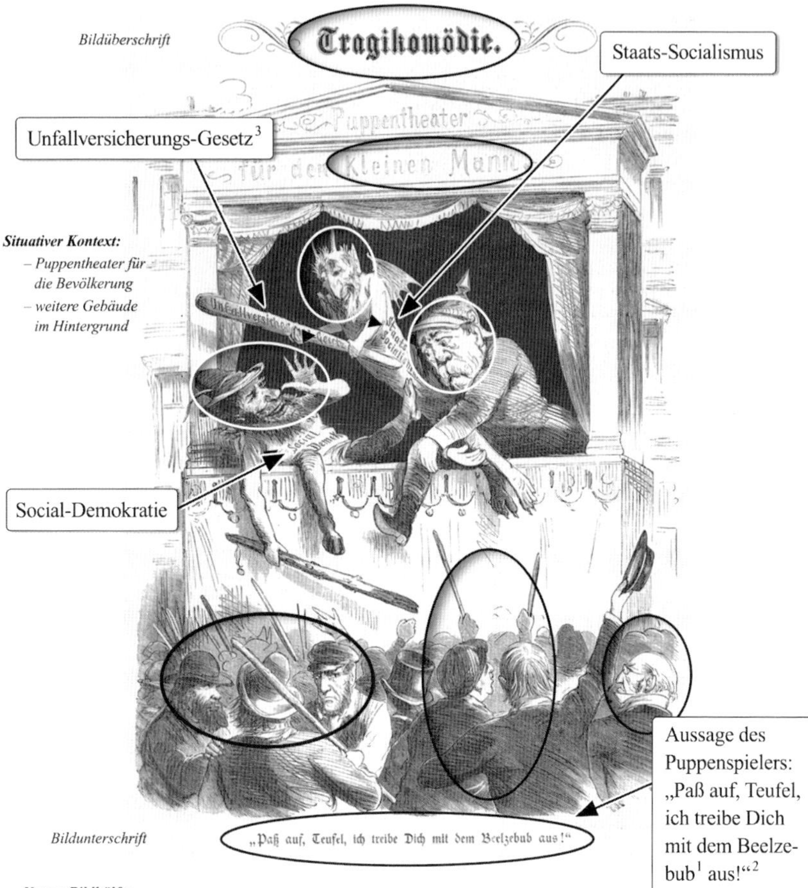

Untere Bildhälfte:

- *drei Männer/links (abgewandt, skeptisch)*
- *Menge (aufgeregt)*
- *ein Mann/rechts (blickt streng)*

Vortragsnotizen

Für die Einordnung der Karikatur in den historischen Kontext und Erläuterung der Bildelemente notieren Sie auf dem Konzeptpapier zentrale Ereignisse aus dem Umfeld der Karikatur und weisen Sie den genannten historischen Gegebenheiten die passenden Bildelemente zu. Halten Sie abschließend fest, welche zentrale Aussage der Zeichner vermittelt (Gesamtdeutung).

Grafische Gestaltung der Einordnung und Erläuterung (Teilaufgabe 2)

Kontext der gesellschaftlich-wirtschaftlichen Entwicklung im Kaisserreich ab 1871

Voraussetzung / Hintergrund
Zweite Industrielle Revolution (ab ca. 1870)
- neue Leitsektoren (z. B.) Chemie-, Elektroindustrie)
- Technologie zur Massenproduktion
- Ausbau des Banken- und Aktienwesens

veränderte Arbeits- und Lebensbedingungen

↓

Problem

Soziale Frage
- Urbanisierung führt zu problematischen Wohn- und Lebensverhältnissen
- Ausbeutung der Arbeitskraft: Löhne unter Existenzminimum, Gesundheitsbelastung und Unfallrisiko
- Problem: verlässliche soziale Absicherung fehlt

↓

Widerstand
- Arbeiterbewegung (Proteste und Streiks)
- Gründung von Gewerkschaften
- Gründung der SAP und Aufstieg ab 1877

↓

Staatliche Reaktion
- Unterdrückung der Sozialdemokratie mit Sozialistengesetzen (ab 1878)
- staatliche Sozialgesetzgebung ab 1883 (Vorschläge von Bismarck im Reichstag ab 1881)

Erläuterung der Bildelemente

Einordnung der Karikatur
- thematischer Hintergrund: Soziale Frage als Folge der Zweiten Industriellen Revolution
- Bildelemente: staatliche Sozialgesetzgebung sowie Reaktion und Folgen

Untere Bildhälfte
- kleine skeptische Männergruppe (links): kampfbereite Arbeiterschaft
- Menge: liberales Bürgertum protestiert gegen staatliche Intervention

Obere Bildhälfte
- Puppenspieler: Bismarck im Kampf gegen Sozialdemokratie
- Figur links: Spott der Sozialdemokraten (Aufstieg trotz Sozialistengesetz)
- Figur Mitte: Maßnahmen Bismarcks, z. B. Unfallversicherung im Kampf gegen SAP, werden vom liberalen Zeichner als Teufel dargestellt und als „Staatssozialismus“ kritisiert

Hintergrund / Schriftelemente
- Puppentheater und Bildüberschrift ziehen Maßnahmen ins Lächerliche
- Bildunterschrift konkretisiert Kritik: staatliche Intervention ebenso problematisch wie Gefahr durch organisierte Arbeiterbewegung

Fazit:
liberale Kritik an Plänen zur Sozialgesetzgebung: nicht nur ineffektiv, sondern schädlicher als Handlungen der Sozialdemokraten

Urteil zur Sichtweise des Zeichners

Für ein gut strukturiertes Urteil empfiehlt es sich, nicht die Darstellung jedes einzelnen Bildelements zu beurteilen, sondern von der zentralen Aussage des Zeichners auszugehen. Legen Sie eine knappe Tabelle an, in der Sie einerseits Argumente sammeln, die für die Ansicht des Zeichners sprechen, und andererseits Argumente, die die Ansicht des Zeichners relativieren oder ihr widersprechen.

Tabelle zur Beurteilung (Teilaufgabe 3)

Sichtweise des Zeichners
liberale Kritik an Plänen zur Sozialgesetzgebung: nicht nur ineffektiv, sondern schädlicher als Handlungen der Sozialdemokraten

zustimmende Argumente	relativierende/ablehnende Argumente
• Bismarcks Bemühungen gegen den Aufstieg der Sozialdemokratie erfolglos: Arbeiterbewegung (Streiks, politische Forderungen) und Partei gewannen an Stärke und Einfluss (1890: SPD 20 %) • Sozialgesetzgebung schränkte Freiheiten der (liberalen) Unternehmer ein: finanzielle Beteiligung an Versicherungsleistungen • Bismarcks Doppelstrategie aus „Zuckerbrot und Peitsche“ als politisches Kalkül (= „Puppentheater“)	• Sozialgesetzgebung als Zugeständnis zur Reduktion unkontrollierter Proteste und Streiks → Vorteil für Unternehmer • bismarcksche Sozialgesetzgebung gilt bis heute als Vorreiter moderner Sozialpolitik: kein „Theater“ • Unterstellung von „Staatssozialismus“ stark übertrieben, da keine weitreichenden Eingriffe in Produktionsprozesse der Unternehmen → keine wirkliche Lösung der Sozialen Frage → Bismarck keinesfalls überzeugter Sozialist, stattdessen staatliche Leistungen im Sinne des Wirtschaftsbürgertums (einheitliche Währung, einheitliches Rechtswesen)

Vortrag gestalten

Die bisherigen Vorschläge unterstützen Sie dabei, einen gelungenen Vortrag auszuarbeiten. Die Notizen helfen Ihnen, die Inhalte präzise und korrekt darzustellen und Ihr historisches Urteil vorzubereiten. Die grafische Gestaltung in Stichpunkten verschafft Ihnen einen besseren Überblick und veranschaulicht komplexe Zusammenhänge. So fällt es Ihnen während Ihres Vortrags leichter, frei zu sprechen und nicht nur von Ihrem Konzeptpapier abzulesen. Die folgenden kleinen Übungen dienen dazu, Ihnen die Zusammenstellung der Inhalte für Ihren Vortrag zu erleichtern und diesen angemessen darzubieten.

Übung zur Bilddeutung: Was will uns der Zeichner sagen? – Entschlüsseln Sie die Bildelemente sachkundig und sicher!

Die Interpretation einer Karikatur ist eine besondere Herausforderung, da sich Prüflinge leicht von der vermeintlich offensichtlichen Aussage des Bildes zu vorschnellen Deutungen verleiten lassen. Diese Übung soll Sie darin unterstützen, die Bildelemente systematisch zu identifizieren und bei der Deutung den Bezug zum historischen Kontext nicht zu verlieren.

Übung 1a – Formale Analyse

Um die Karikatur gut strukturiert und präzise zu analysieren, empfiehlt es sich, zuerst die formalen Aspekte zu berücksichtigen und die Karikatur kurz vorzustellen.

Jetzt sind Sie dran: Vervollständigen Sie die lückenhafte formale Analyse mit den vorgegebenen Begriffen.

Zeitschrift • die Leser der Zeitschrift • die Absicht • Soziale Frage • politische Karikatur • Thema

Ich werde die Bildquelle nun kurz vorstellen.

Es handelt sich um eine ____________________________, die von einem unbekannten Zeichner am 8. Juni 1881 in der __________________________ „Berliner Wespen“ veröffentlicht wurde. Das __________________________ ist Bismarcks Plan für eine staatliche Sozialpolitik. Zum Zeitpunkt der Veröffentlichung war die ____________________________ ein gravierendes Problem, mit dem sich die Regierung befassen musste, wenn sie Aufstände vermeiden wollte. Der Zeichner richtet sich an ______________________ „Berliner Wespen“ – überwiegend liberale Bürger, die der Fortschrittspartei nahestanden.

Er hat ______________________, Bismarcks angedachte Sozialgesetzgebung zu kritisieren.

Übung 1b – Bildbeschreibung

Nach der kurzen Vorstellung der Quelle müssen Sie systematisch – unter Berücksichtigung der Gesamtszene, der Bildaufteilung (z. B. Vorder- und Hintergrund), der Figuren, der Bildüber- und -unterschriften usw. – die Bildelemente beschreiben.

Jetzt sind Sie dran: Ordnen Sie den vorgegebenen Satzanfängen jeweils eine geeignete Fortsetzung zu. Vorsicht: Eine davon geht über eine Bildbeschreibung hinaus und muss übrigbleiben. Finden Sie heraus, welche Fortsetzung das ist?

Satzanfänge	Fortsetzungen
1 ☐ Die Schwarz-Weiß-Karikatur besteht aus … 2 ☐ Das Bild ist betitelt mit … 3 ☐ Das Puppentheater trägt die Bezeichnung … 4 ☐ In der oberen Bildhälfte sind … 5 ☐ Im Einzelnen befindet sich dort … 6 ☐ In der unteren Bildhälfte sieht man … 7 ☐ Das Zitat in der Bildunterschrift ist …	a … links drei Männer in einer kleinen Gruppe. Sie tragen Jacken, als Kopfbedeckung Hüte bzw. eine Schirmmütze und wenden sich mit verschränkten Armen und missmutigem Blick von den anderen Zuschauern ab. Einer hält einen dünnen Holzknüppel über der Schulter. b … „Puppentheater für den kleinen Mann“. c … als Aussage des Puppenspielers zu verstehen. d … die Bühne des Puppentheaters sowie der Puppenspieler und zwei Handpuppen zu sehen. e … der Puppenspieler, der am markanten Schnauzbart als Otto von Bismarck zu identifizieren ist. Er trägt eine Uniform, eine Pickelhaube und blickt mit konzentriertem Blick auf die Spielszene. Er umfasst mit dem rechten Arm eine Spielfigur, die hoch über ihn hinausragt, und wendet sich damit einer weiteren Spielfigur zu. f …die Darstellung unvollständig, da neben der SPD keine andere Partei gezeigt wird. g … einem Bildteil und verschiedenen Textelementen. h … „Tragikomödie“.

Übung 2a – Einordnung

Bei der Einordnung der Bildquelle in ihren gesellschaftlich-wirtschaftlichen Kontext sollen Sie genaue Sachkenntnis beweisen und historische Zusammenhänge vernetzend erläutern.

Jetzt sind Sie dran: Markieren Sie im folgenden Vortragsbeispiel Schlüsselbegriffe, die auf präzise Sachkenntnis hinweisen, in einer Farbe und Satzverknüpfungen, die historische Zusammenhänge miteinander vernetzen, in einer anderen Farbe.

Ich komme nun zur Einordnung der Karikatur in ihren historischen Kontext. Sie entstand 1881, also zur Zeit der Zweiten Industriellen Revolution. In dieser Zeit entwickelten sich im Deutschen Reich aufgrund diverser technologischer Innovationen neue Leitsektoren wie die Elektroindustrie oder die Chemieindustrie. Die Entwicklung ging auch über Deutschland hinaus, denn durch die Telegrafie zum einen und durch neue Transportmöglichkeiten zum anderen gab es jetzt einen globalen Informations- und Warenaustausch.

Nun formulieren Sie selbst: Führen Sie die obige Einordnung fort. Verwenden Sie dazu folgende Begriffe, um Ihre Sachkenntnis nachzuweisen und die Zusammenhänge miteinander zu verknüpfen.

• Massenproduktion	• gleichzeitig
• Urbanisierung	• folglich
• Existenzminimum	• um ... zu
• Soziale Frage	• daher

Übung 2b – Bilddeutung

Im nächsten Schritt sollen Sie nun Ihr Sachwissen zur Deutung der Bildelemente anwenden. Die Herausforderung liegt darin, nicht nur auf der Bildebene zu bleiben und gleichzeitig die historischen Sachverhalte nicht losgelöst vom Bild zu erläutern.

Jetzt sind Sie dran: Markieren Sie Formulierungen, die Ihren Zuhörern die Verknüpfung von Bild und Kontext verdeutlichen.

Die Karikatur entstand vor dem Hintergrund der sogenannten Sozialen Frage im späten 19. Jahrhundert. Mit dem Reichskanzler Otto von Bismarck als Puppenspieler thematisiert der Zeichner dessen Pläne einer staatlichen Sozialpolitik, aber auch die Reaktionen auf sein Vorhaben und die Folgen seiner Politik.

Der Reichskanzler müht sich hochkonzentriert im Kampf gegen die Sozialdemokratie ab. Seine Handpuppe symbolisiert die Sozialgesetzgebung, vom Zeichner abwertend als „Staatssozialismus" bezeichnet. Mit dem „Unfallversicherungs-Gesetz" soll die Sozialdemokratie niederknüppelt werden, zeigt also den Kampf Bismarcks gegen die Sozialdemokratie.

Nun formulieren Sie selbst: Fügen Sie die folgenden Satzteile zu sinnvollen Deutungen zusammen.

Bildelement	verknüpfendes Verb	Bilddeutung
• die linke Figur • die Geste der „langen Nase“ • die große Menschenmenge • die kleine Männergruppe	• symbolisieren • hindeuten auf • wirken • sich zeigen an	• Sozialdemokratie • Stärke der Sozialdemokratie • repräsentativ für das liberale Bürgertum • Arbeiterschaft

Übung 3 – Beurteilung

Um am Ende Ihrer Beurteilung ein abschließendes Fazit ziehen zu können, sollten Sie die zustimmenden und relativierenden Argumente noch einmal prüfen und überlegen, welche Seite für Sie mehr ins Gewicht fällt.

Jetzt sind Sie dran: Beim folgenden Fazit ist die Reihenfolge durcheinandergeraten. Setzen Sie die einzelnen Bestandteile des Fazits zu einer sinnvollen Aussage zusammen.

☐ Aber die Verteufelung der Sozialgesetzgebung Bismarcks geht mir zu weit.

☐ dass die Sicht des Zeichners auf die Stärke der Sozialdemokratie zutrifft.

☐ Bismarck erlitt eine Niederlage und die Sozialdemokraten gingen gestärkt aus dem Konflikt hervor.

☐ Insgesamt bin ich der Meinung,

☐ Sie war völlig neuartig und viel zukunftsweisender, als der Zeichner es dem Reichskanzler zutraute.

Musterlösung Übungen

Übung 1a – Formale Analyse

Ich werde die Bildquelle nun kurz vorstellen.
Es handelt sich um eine **politische Karikatur**, die von einem unbekannten Zeichner am 8. Juni 1881 in der **Zeitschrift** „Berliner Wespen“ veröffentlicht wurde. Das **Thema** ist Bismarcks Plan für eine staatliche Sozialpolitik.
Zum Zeitpunkt der Veröffentlichung war die **Soziale Frage** ein gravierendes Problem, mit dem sich die Regierung befassen musste, wenn sie Aufstände vermeiden wollte.
Der Zeichner richtet sich an **die Leser der Zeitschrift** „Berliner Wespen“ – überwiegend liberale Bürger, die der Fortschrittspartei nahestanden. Er hat die **Absicht**, Bismarcks angedachte Sozialgesetzgebung zu kritisieren.

Übung 1b – Bildbeschreibung

1g, 2h, 3b, 4d, 5e, 6a, 7c

Die Satzhälfte f) „**die Darstellung unvollständig, da neben der SPD keine andere Partei gezeigt wird.**“ lässt sich keinem Satzanfang zuordnen. Sie enthält außerdem schon ein Urteil zur Karikatur, das erst in Teilaufgabe 3 erwartet wird.

Übung 2a – Einordnung

präzise Sachkenntnis Satzverknüpfungen

Ich komme nun zur Einordnung der Karikatur in ihren historischen Kontext. Sie entstand 1881, also zur Zeit der Zweiten Industriellen Revolution. In dieser Zeit entwickelten sich im Deutschen Reich aufgrund diverser technologischer Innovationen neue Leitsektoren wie die Elektroindustrie oder die Chemieindustrie. Die Entwicklung ging auch über Deutschland hinaus, denn durch die Telegrafie zum einen und durch neue Transportmöglichkeiten zum anderen gab es jetzt einen globalen Informations- und Warenaustausch.

<u>Mögliche Ausformulierung im Vortrag</u>
Die **Massenproduktion** und -kultur ermöglichte auch den weniger privilegierten Schichten eine Teilhabe an gesellschaftlichen Aktivitäten, zum Beispiel in Form von Kinobesuchen. **Gleichzeitig** litten die Arbeiter unter der monotonen und schlecht bezahlten Tätigkeit. Dazu kommt, dass die **Urbanisierung**, die massenhafte Abwanderung vom Land in die Städte, den knappen Wohnraum in den Städten verteuerte. **Folglich** verschlimmerten sich die Lebensumstände der Arbeiter: Sie lebten von ihrem geringen Lohn am Rande des **Existenzminimums**. **Daher** schlossen sie sich seit Mitte des 19. Jahrhunderts zusammen, **um** auf die **Soziale Frage**, das heißt auf ihre unzumutbaren Lebens- und Arbeitsbedingungen, aufmerksam **zu** machen und Lösungen **zu** fordern.

Übung 2b – Bilddeutung

Verknüpfung von Bild und Kontext

Die Karikatur entstand vor dem Hintergrund der sogenannten Sozialen Frage im späten 19. Jahrhundert. Mit dem Reichskanzler Otto von Bismarck als Puppenspieler thematisiert der Zeichner dessen Pläne einer staatlichen Sozialpolitik, aber auch die Reaktionen auf sein Vorhaben und die Folgen seiner Politik.
Der Reichskanzler müht sich hochkonzentriert im Kampf gegen die Sozialdemokratie ab. Seine Handpuppe symbolisiert die Sozialgesetzgebung, vom Zeichner abwertend als „Staatssozialismus“ bezeichnet. Mit dem „Unfallversicherungs-Gesetz“ soll die Sozialdemokratie niederknüppelt werden, zeigt also den Kampf Bismarcks gegen die Sozialdemokratie.

- Die Sozialdemokratie wird durch die linke Figur symbolisiert, [die vom Zeichner sogar als teuflisch dargestellt wird.]
- Die Stärke der Sozialdemokratie zeigt sich an der frechen Geste der „langen Nase“ [in Richtung Reichskanzler, dessen Handlungen die Sozialdemokraten offensichtlich unbeeindruckt lassen.]
- Die große Menschenmenge wirkt durch ihre Kleidung repräsentativ für das (liberale) Bürgertum, [das die Sozialgesetzgebung als unzulässigen Eingriff des Staats

in die Unternehmerinteressen kritisierte und den Vorwurf des Staatsozialismus erhob.]

- Die kleine Männergruppe im Vordergrund könnte auf die Arbeiterschaft hindeuten, [sie wirkt sowohl von Bismarcks Handeln als auch von den Protesten unbeeindruckt, wenngleich kampfbereit.]

Übung 3 – Beurteilung

4 Aber die Verteufelung der Sozialgesetzgebung Bismarcks geht mir zu weit.

2 dass die Sicht des Zeichners auf die Stärke der Sozialdemokratie zutrifft.

3 Bismarck erlitt eine Niederlage und die Sozialdemokraten gingen gestärkt aus dem Konflikt hervor.

1 Insgesamt bin ich der Meinung,

5 Sie war völlig neuartig und viel zukunftsweisender, als der Zeichner es dem Reichskanzler zutraute.

Mögliche Überleitung zum zweiten Prüfungsteil

IF 5 Die Zeit des Nationalsozialismus – Voraussetzungen, Herrschaftsstrukturen, Nachwirkungen und Deutungen

Politische und ideologische Voraussetzungen des Nationalsozialismus (vgl. S. 161 ff.)

Prüferin/Prüfer

„Sie haben in Ihrem Vortrag deutlich gemacht, dass eine soziale Absicherung der Arbeitnehmer für die Stabilität einer politischen Ordnung sehr wichtig sein kann.

Die Weltwirtschaftskrise 1929 hat in Deutschland zu einer wirtschaftlichen und sozialen Misere geführt. Liegt Ihrer Meinung nach hier die Ursache für den Zusammenbruch der Weimarer Republik?“

Hinweise für den Prüfling

- Dieser Impuls greift den roten Faden des Inhaltsfelds 4 auf (Fortschritt und Krise der Industriegesellschaft) und leitet zu einem neuen Halbjahresthema über. Er ist anspruchsvoll, da er bereits zu einem ersten Urteil auffordert.
- Sie können hier folgende Aspekte anführen, um abwägend auf den Zusammenbruch der Weimarer Republik einzugehen:
  zustimmend:
  - Wirtschaftskrise führte zu hoher Arbeitslosigkeit und verstärkte die Unzufriedenheit mit dem politischen System
  - Deflationspolitik Brünings erfolgte auf Kosten von Arbeitern und Angestellten (Kürzung von Löhnen und Gehältern, Steuererhöhung)

  ablehnend: Ursachen liegen auch …
  - in politischen Grundlagen (z. B. Verfassungsschwächen, Zulassung extremistischer Parteien)
  - in fehlender gesellschaftlicher Akzeptanz der Republik (obrigkeitsstaatliches Denken, Dolchstoßlegende, Demokratieskepsis)
- Ihre Prüferin/Ihr Prüfer könnte im Gesprächsverlauf zum Beispiel auf weitere Aspekte der Weimarer Republik oder auf den Aufstieg des Nationalsozialismus eingehen.

Mündliche Prüfung ■ 1. Prüfungsteil
Inhaltsfeld 4: **Die moderne Industriegesellschaft zwischen Fortschritt und Krise**
Aufgabe 2

Thema und Material	Imperialismus am Beispiel Afrikas Textquelle
Aus dem Unterricht benötigte Kompetenzen	Folgende historische Sachverhalte sollten Sie erläutern und auf das Material anwenden können: – Merkmale, Motive und Folgen des deutschen Imperialismus – deutsche Kolonialherrschaft in Deutsch-Südwestafrika – Völkermord an den Herero und Nama

Aufgabenstellung

Interpretieren Sie die Quelle, indem Sie
1. sie analysieren.
2. ausgehend vom Text Entwicklung, Probleme und Folgen des deutschen Imperialismus am Beispiel von Deutsch-Südwestafrika erläutern.
3. Hendrik Witboois Einschätzung der Deutschen in Deutsch-Südwestafrika bewerten.

M Die Reaktion des Nama-Kapitains[1] Hendrik Witbooi auf den Verkauf von Land an deutsche Siedler

Hendrik Witbooi ist eine der bekanntesten Personen des Widerstands gegen die deutsche Kolonialherrschaft in Afrika. Sein Bild findet man heute u. a. auf dem namibischen 10-Dollar-Schein. Im folgenden Auszug aus einem Brief vom 27. Juni 1892 wendet sich Witbooi an Joseph Fredericks (Führer der Bethanien-Nama – einer Untergruppe der Nama).

Mein lieber Kapitain Joseph Fredericks!

[...] Ich erfahre, daß Ihr einem Weißen [...] Erlaubnis gegeben habt, auf Nomtsas[2] zu wohnen. Ich schreibe Euch in dieser Sache, um Euch mitzuteilen, daß ich damit nicht einverstanden bin, und daß ich nicht haben will, daß Ihr Weißen Farmplätze auf meinem Gebiet gebt. Ich wünsche auch nicht, daß Ihr einem Weißen einen Platz auf Eurem Gebiet gebt. Ich denke so: dieses Afrika ist das Land der roten[3] Kapitaine; wir sind von derselben Farbe und Lebensart, haben gemeinschaftliche Gesetze, die für uns und unsere Leute genügen. Wir sind nicht hart gegeneinander, sondern ordnen Dinge in Frieden und Brüderschaft. Wenn Leute eines Kapitains mit Menschen eines anderen

Kapitains auf demselben Platz wohnen, so halten sie Frieden, und die Kapitaine haben nichts dagegen. Sie stellen keine Gesetze gegeneinander auf über Wasser, Weide, Wege, um Geld daraus zu schlagen. [...] Die weißen Menschen aber handeln ganz anders. Ihre Gesetze sind unpassend für uns rote Menschen und undurchführbar. Diese unbarmherzigen Gesetze bedrücken den Menschen von allen Seiten; sie kennen kein Gefühl oder Rücksicht darauf, ob ein Mensch reich ist oder arm. Ich bin sehr ungehalten über Euch und alle Kapitaine von Groß-Namaqualand[4], die Ihr deutschen Schutz angenommen habt und dadurch den weißen Menschen Rechte und Einfluß in unserem Land gebt. Die Sache mit den Deutschen sehe ich mit ganz anderen Augen an. Sie geben vor, Euch vor anderen großen Nationen schützen zu wollen. Mir scheint aber, sie selbst sind die große Nation, die mit Gewalt in unser Land kommen will. Ich sehe sie mit Gewalt regieren und in unserem Land Verbote aufstellen. Ich wünsche deshalb nicht, daß Ihr in unserem Gebiet noch Plätze hergebt, auf denen diese Leute mit [ihren] Gesetzen wohnen, freie Rechte üben und Arbeiten ausführen können. Seid deshalb so gut, lieber Kapitain, und widerruft diese Sache und laßt keine weißen Menschen auf Eure Plätze kommen. [...] Mit der Ankunft der Deutschen kann ich den Frieden nicht kommen sehen; denn sie rühmen sich ihrer Macht und ihrer Werke zu sehr. [...]

In Regierungs- und Landesangelegenheiten will ich mit ihnen nichts zu tun haben, und in dem Schutzvertrag sehe ich keine Wahrheit, Beständigkeit und keinen Nutzen für Volk, Häuptling und Land. Für mich bedeutet er vielmehr Schmälerung, Verachtung und die Errichtung eigener Herrschaft über Kapitaine, Volk und Land; denn die Deutschen lassen sich im Gebiet der Kapitaine nieder, ohne erst um Erlaubnis zu bitten, drängen den Menschen, denen die Gebiete gehören, ihre Gesetze auf, verbieten das freie Herumstreifen auf den Wegen, verbieten ihnen freie Verfügung über ihr eigenes Wasser und über die Weide; sie verbieten den Landeseingeborenen die Jagd auf ihr eigenes Wild; verbieten den Menschen, mit Gewehr auf irgendeinem Platz zu erscheinen; geben den Menschen bestimmte Uhrzeiten und Tage als Termine an und halten die Menschen außerhalb der Wohnplätze an. So hart, unerträglich, unmöglich und schädlich ist das deutsche Gesetz; ferner ist es drückend und kleinlich. Es wirkt nur zum Schaden und zur Bedrückung des Menschen. Ich verstehe nicht, was Ihr Kapitaine gedacht habt, als Ihr Euch unter den Schutz dieser Menschen stelltet. Zu meinem und zu Eurem Besten, lieber Kapitain, gebe ich Euch den Rat: Gebt den Weißen keine Rechte auf unseren Plätzen, zwischen uns und auf unseren Wegen. [...]

Reinhard, Wolfgang (1982): „Hendrik Witbooi. Afrika den Afrikanern! Aufzeichnungen eines Nama-Häuptlings aus der Zeit der deutschen Eroberung Südwestafrikas 1884–1894", S. 132 ff.

Anmerkungen

1 Kapitain: traditioneller Anführer eines Volksstamms der Nama
2 Nomtsas: Gebiet etwa 270 km südlich von Windhoek, heute eine Farm, die sich auf Tourismus spezialisiert hat
3 Die Nama bezeichnen sich selbst als rot, gemeint ist ihre Hauptfarbe, die nicht so dunkel ist wie die anderer Ethnien im Südwesten Afrikas.
4 Siedlungsgebiet der Nama, im heutigen südlichen Namibia und nördlichen Südafrika gelegen

Lösungsvorschlag

TIPP *Erläuterung zur Aufgabenstellung*

Die Aufgabenstellung ist in drei Teilaufgaben untergliedert, die auch in Ihrem Vortrag als einzelne Schritte erkennbar sein sollten. Sie können also die Nummerierung der Teilaufgaben und die **Operatoren für die Gliederung Ihrer Präsentation nutzen**.

In der **ersten Teilaufgabe** sollen Sie die vorliegende **Quelle analysieren**. Das heißt, dass Sie den Brief **formal und inhaltlich vorstellen** müssen. Beginnen Sie damit, dass Sie den Autor, die Textsorte, den Adressaten, die Entstehungszeit und das Thema nennen. Im Anschluss verdeutlichen Sie in ein bis zwei Sätzen den Kerngedanken bzw. die Intention des Textes. Darauf folgt eine **strukturierte Wiedergabe des Gedankengangs**. Dabei sollen Sie nicht die einzelnen Aussagen möglichst wortgetreu nacherzählen, sondern sich auf die Darstellung der **Hauptaussagen** beschränken sowie den **Argumentationsgang** des Textes zusammenfassen. Zentrale Äußerungen sollten Sie außerdem mithilfe direkter oder indirekter Zitate am Text belegen.

In der **zweiten Teilaufgabe** sollen Sie den Brief Witboois in seinen **geschichtlichen Zusammenhang einordnen** und diesen mithilfe Ihrer historischen Kenntnisse erläutern. Dabei gibt die Aufgabenstellung genau vor, worauf Sie sich konzentrieren sollen: Sie sind dazu aufgefordert, die **Entwicklung, die Probleme und die Folgen des deutschen Imperialismus** am Beispiel von Deutsch-Südwestafrika zu beschreiben. Dazu gehört eine genaue **zeitliche Einordnung** des deutschen Imperialismus genauso wie eine Darstellung von dessen Verlauf. Thematisieren Sie hier sowohl den im europäischen Vergleich späten Erwerb von afrikanischen Besitzungen durch das Kaiserreich als auch die **Form des Abhängigkeitsverhältnisses** zwischen Mutterland und Kolonie. Anschließend müssen Sie dann auf den **Kolonialkrieg** der deutschen Schutztruppen mit den Herero und Nama sowie den daraus resultierenden Völkermord an der indigenen Bevölkerung eingehen. Außerdem müssen Sie darlegen, welche **Konsequenzen** der Imperialismus für alle Beteiligten hatte. Beachten Sie bei diesem Aufgabenteil, dass Sie bei passender Gelegenheit Bezüge zum Ausgangstext herstellen.

In der **dritten Teilaufgabe** wird von Ihnen verlangt, **Witboois Einschätzung der Deutschen zu bewerten**. Sie sollen also vor dem Hintergrund der weiteren Entwicklung in Deutsch-Südwestafrika und auf der Basis heutiger Wertmaßstäbe beurteilen, inwieweit Witboois **Ausführungen zuzustimmen** ist, inwieweit sie aber auch **relativiert werden** könnten. Achten Sie dabei darauf, dem sensiblen Thema gerecht zu werden, und vermeiden Sie es, auf gemeinhin gebrauchte Rechtfertigungen für den Imperialismus zurückzugreifen. Dies gelingt Ihnen, indem Sie die **eurozentrische Perspektive infrage stellen** und zum Beispiel auch vermeintliche Errungenschaften des Kolonialismus kritisch betrachten. Zwar können Sie die Ausführungen Witboois durchaus prüfend in Augenschein nehmen, sollten dabei aber stets im Hinterkopf behalten, dass Sie aus europäischer Perspektive über Vorgänge in Afrika urteilen. **Formulieren Sie** also besonders bei Argumenten, mit denen man Witbooi widersprechen könnte, **zurückhaltend**, indem Sie zum Beispiel den Konjunktiv verwenden und Ihre Aussagen relativieren (z. B. „Man könnte ihm vielleicht entgegnen…"). Leichter wird es Ihnen wahrscheinlich fallen, Witbooi in seiner Einschätzung der Deutschen zuzustimmen. Hier können Sie vorher erwähnte (**vermeintliche**) **Gegenargumente entkräften** und anhand Ihres historischen Wissens aufzeigen, wie weitsichtig Witbooi die Lage einschätzt. Lassen Sie erkennen, dass Sie das Thema differenziert betrachten können, und ziehen Sie am Ende ein eindeutiges **Fazit**.

Gliederung des Mustervortrags

Einleitung

- **Hinführung zum Thema des Vortrags:** Hinweis auf Erwerb der Kolonie Deutsch-Südwestafrika durch das Kaiserreich und Vorstellung der Person Hendrik Witboois
- **Präsentation des weiteren Vorgehens:** Analyse des Briefs, Erläuterung des historischen Kontextes (Entwicklung, Probleme und Folgen des deutschen Imperialismus am Beispiel Deutsch-Südwestafrika) und Bewertung von Witboois Einschätzung der Deutschen

Analyse (Teilaufgabe 1)

- **formale Vorstellung der Quelle:** Autor (Hendrik Witbooi), Textsorte (Brief), Datum des Briefs (27. Juni 1892), Adressat (anderer Nama-Kapitain Joseph Fredericks), Quellenart (Überrest), Thema (Landabgabe an deutsche Siedler durch Nama sowie Einschätzung der Gesetze und Herrschaftsmethoden der Deutschen), Intention (Wunsch nach Rücknahme der Landübergabe)
- **strukturierte Wiedergabe des Gedankengangs**
  - Aufbau: Brief ist in zwei Abschnitte mit einer konkreten und einer allgemeinen Einschätzung der deutschen Kolonialpolitik unterteilt
  - Einschätzung der deutschen Kolonialpolitik am konkreten Beispiel der Siedlungsgenehmigung von Fredericks:
    - Witboois Kritik, dass Fredericks Weißen die Erlaubnis zur Besiedelung von Nama-Gebiet gegeben hat
    - Witbooi beschwört die Gemeinsamkeiten und den Zusammenhalt der Nama-Stämme
    - Nama werden mit deutschen Siedlern und ihren repressiven Gesetzen kontrastiert
    - Witbooi entlarvt die Behauptung der Deutschen, als „Schutzmacht" vor größeren Nationen zu agieren
    - Bitte um Widerrufung der Siedlungsgenehmigung
    - Prophezeiung von Unfrieden

- allgemeine Einschätzung der deutschen Kolonialpolitik:
  - Witbooi lehnt jegliche Zusammenarbeit mit den Deutschen ab
  - Nutzlosigkeit des „Schutzvertrags" für Nama
  - Einschränkung der Lebensweise der Nama durch deutsche Gesetze
  - Rat an Fredericks, auf Kooperation mit den Deutschen zu verzichten

Historische Kontextualisierung (Teilaufgabe 2)

- **Entwicklung des deutschen Imperialismus**
  - Wettlauf um Kolonien im Zeitalter des Hochimperialismus
  - Deutschlands später Einstieg in die imperialistische Politik aufgrund von später nationaler Einigung sowie ablehnender Haltung von Reichskanzler Otto von Bismarck
  - Unterschied zwischen informeller und formeller Herrschaft
  - 1884: Deutsch-Südwestafrika wird offizielle Kolonie des Deutschen Reichs
- **Probleme des deutschen Imperialismus**
  - Konflikte mit lokaler Bevölkerung (Herero und Nama) wegen Einschränkung von deren Lebensgrundlagen durch deutsche Gesetze
  - Verstärkung sozialer Spannungen durch Behandlung der Einheimischen als Menschen zweiter Klasse und durch Konkurrenz um Weideland → menschenunwürdiger Umgang der Kolonialherren mit den Einheimischen
  - Eskalation des Konflikts und Ausbruch eines Kriegs zwischen deutschen Schutztruppen und indigener Bevölkerung 1904
  - brutales militärisches Vorgehen der deutschen Truppen unter General Lothar von Trotha → Völkermord an Herero und Nama
- **Folgen des deutschen Imperialismus**
  - geringe wirtschaftliche Bedeutung der Kolonien für Kaiserreich, sondern nur Prestige-Objekt der politischen Führung → Verursachung hoher Kosten, aber nur geringfügiger Nutzen
  - gravierende Folgen für einheimische Bevölkerung:
    - teilweise Vernichtung von Volksstämmen
    - Verlust von Souveränität und kultureller Identität der kolonialisierten Völker
    - teilweise noch heute Abhängigkeit der ehemaligen Kolonien von industrialisierter Welt
  - Folgen für weiße Siedler: Viehzucht wenig ertragreich, aber heutiger Wohlstand der Nachkommen durch Tourismus

Bewertung der Einschätzung Witboois (Teilaufgabe 3)

- **(vermeintlich) relativierende Argumente**
  - pauschale Kontrastierung von „den Weißen" mit Nama
  - Ausschließlichkeit der Negativbewertung der deutschen Gesetze, die eventuell für weiße Siedler erlassen wurden, ohne Nama bewusst schaden zu wollen → Konflikte als Zusammenprall zweier unterschiedlicher Kulturen
  - vordergründige zivilisatorische „Errungenschaften" durch Kolonialismus

- **zustimmende Argumente = Entkräftung der vermeintlich relativierenden Argumente**
  - starkes Sendungsbewusstsein der Deutschen gegenüber Einheimischen → Zerstörung der indigenen Kultur → Errungenschaften nur aus europäischer Perspektive
  - Beherrschung und Ausbeutung der Kolonien mit gewaltsamen Methoden
  - Ausbruch von Kolonialkrieg zwischen Deutschen und Herero und Nama 1904 mit Völkermord an Einheimischen
- **Fazit:** Weitsichtigkeit von Witboois Einschätzung

Mustervortrag

Einleitung
Hinführung zum Thema des Vortrags und Präsentation des weiteren Vorgehens

Im Vergleich zu anderen europäischen Ländern erwarb das **Deutsche Reich erst sehr spät Kolonien**. Eine davon war **Deutsch-Südwestafrika**, das heutige Namibia, das 1884 unter deutsche „Schutzherrschaft" gestellt wurde. **Hendrik Witbooi**, ein Anführer des Stammes der Nama, beobachtete die Besiedelung und allmähliche Inbesitznahme seines Landes durch die Deutschen kritisch und leistete **Widerstand gegen die Kolonialherrschaft**. Im Folgenden werde ich einen **Brief** des Nama-Kapitains **interpretieren**. Dabei beginne ich mit der **Analyse** der Textquelle, die ich zunächst vorstelle, um daraufhin ihre zentralen inhaltlichen Aspekte strukturiert wiederzugeben. Danach werde ich den Brief in seinen historischen Kontext einordnen, indem ich die **Entwicklung, die Probleme und die Folgen des deutschen Imperialismus** am Beispiel von Deutsch-Südwestafrika erläutere. Abschließend werde ich **Witboois Einschätzung der Deutschen** auch vor dem Hintergrund der weiteren Entwicklung in der Kolonie **bewerten**.

Analyse (Teilaufgabe 1)
Vorstellung der Textquelle

Ich beginne nun mit der **Analyse:** Der **Brief von Witbooi** stammt vom 27. Juni 1892, wurde also ungefähr acht Jahre nach der offiziellen Inbesitznahme des südwestafrikanischen Landes durch die Deutschen verfasst. **Adressiert ist er an Joseph Fredericks**, einen anderen Nama-Kapitain. Da Witbooi nicht damit rechnen konnte, dass sein Schreiben aufbewahrt werden würde, handelt es sich bei der Textquelle um einen **Überrest**. Dieser ist bezüglich der Position Witboois in hohem Maße authentisch. Aus dem Brief geht hervor, dass Joseph Fredericks **Deutschen genehmigt** hat, auf seinem Gebiet **zu siedeln**. Witbooi ist damit nicht einverstanden, sondern übt generell **Kritik am Verhalten der Deutschen** in Afrika. Mit seinem Schreiben möchte er Fredericks dazu bringen, die **Siedlungsgenehmigung zu widerrufen**.

Der Brief ist in **zwei Abschnitte** unterteilt. Im ersten Abschnitt (Z. 6–32) geht es vorwiegend um den **konkreten Fall der Ansiedlung von Deutschen auf Fredericks' Land** und die Haltung Witboois dazu, während der Nama-Kapitain im zweiten Abschnitt (Z. 33–48) allgemeiner die **Politik Deutschlands als Kolonialmacht** im Südwesten Afrikas kritisiert.

strukturierte Wiedergabe des Inhalts
– Aufbau

Im ersten Absatz des Briefs kommt Witbooi direkt zur Sache: Er stellt fest, dass **Fredericks Weißen die Erlaubnis zum Siedeln gegeben** hat, und macht deutlich, dass er damit **nicht einverstanden** ist (vgl. Z. 7 ff.). Er beschwört die Gemeinsamkeiten und den **Zusammenhalt der Nama-Stämme**, die friedlich und brüderlich miteinander umgehen würden und deshalb gut nebeneinander im selben Gebiet leben könnten (vgl. Z. 11 ff.). Die **Weißen** dagegen hätten **ganz andere Gesetze**, die die **Existenz der Nama sehr einschränken** würden (vgl. Z. 17 ff.). Aus diesem Grund ist Witbooi auch über die Tatsache „ungehalten" (Z. 21), dass **viele der Nama-Kapitaine sich unter deutschen Schutz gestellt** und damit die Inbesitznahme des Landes durch das Deutsche Reich als Kolonialmacht akzeptiert hätten (vgl. Z. 20 ff.). Witbooi hält die **Argumentation der Reichsregierung**, dass sie die Stämme im Südwesten vor „anderen großen Nationen" (Z. 24) schützen wolle, **nur für vorgeschoben**. Seiner Meinung nach ist **Deutschland** selbst die große Nation, die das afrikanische Land **mit Gewalt erobern und regieren wolle** (vgl. Z. 25 f.). Witbooi fordert Fredericks deshalb explizit dazu auf, die **Siedlungsgenehmigung rückgängig zu machen** und keine Weißen mehr mit Land zu versorgen (vgl. Z. 28 ff.). Er schließt seine Bitte mit einem **Blick in die Zukunft** ab und sagt voraus, dass mit den Deutschen im Land auf lange Sicht **kein Frieden zu erwarten** sei (vgl. Z. 30 f.).

– 1. Abschnitt: Kritik an Besiedelung von Nama-Land durch die Deutschen

Im zweiten Absatz geht Witbooi allgemeiner auf die **deutsche Kolonialpolitik** ein. Er **lehnt Vereinbarungen mit den Deutschen grundsätzlich ab** und weist die Nützlichkeit des „Schutzvertrag[s]" (Z. 34) für sein Volk vehement zurück (vgl. Z. 33 ff.). Seiner Meinung nach bringe er lediglich **Einschränkungen** und sei der **Versuch** der Deutschen, die **Herrschaft** über das Land und seine Bewohner **zu erringen** (vgl. Z. 38 ff.). Daher schließt Witbooi an seine Ausführungen den **Ratschlag** an, den **Deutschen keine Rechte an Nama-Land einzuräumen** (vgl. Z. 47 f.).

– 2. Abschnitt: allgemeine Kritik an deutscher Kolonialpolitik und Aufruf zur Verweigerung

Nach der Analyse des Briefs möchte ich nun den **historischen Hintergrund** der beschriebenen Situation genauer beleuchten, indem ich am Beispiel Deutsch-Südwestafrikas die **Entwicklung, die Probleme und die Folgen des deutschen Imperialismus** erläutere.

Überleitung zur historischen Kontextualisierung

Historische Kontextualisierung (Teilaufgabe 2)

Entwicklung des deutschen Imperialismus

In der zweiten Hälfte des 19. Jahrhunderts begann ein regelrechter **Wettlauf der industrialisierten Staaten Europas um Kolonien** in Afrika („Scramble for Africa") und Asien. Man nennt daher die Jahre von 1880 bis 1914 auch das Zeitalter des **Hochimperialismus**. **Deutschland begann** im europäischen Vergleich relativ **spät mit dem Erwerb von Kolonien**. Das lag zum einen daran, dass es als geeinte Nation erst seit der Reichsgründung von 1871 existierte. Zum anderen sperrte sich Reichskanzler Otto von **Bismarck lange Zeit gegen die imperialistische Politik**. Diese nahm erst **1884** an Fahrt auf, als bereits vorher erworbene **Besitzungen deutscher Kaufleute zu offiziellen „Schutzgebieten" des Reichs erklärt** wurden. So besaß zum Beispiel der Kaufmann Adolf Lüderitz einen Küstenstreifen im **Südwesten Afrikas** der sich in einer **informellen Abhängigkeit von den deutschen Kaufleuten** und ihren Handelsinteressen befand. 1884 änderte sich die Lage mit einem sogenannten **Schutzvertrag**. Das Gebiet (inklusive weiterer späterer Erwerbungen von Lüderitz) wurde nun **formell eine deutsche Kolonie**, mit einer Verwaltung, die der Reichsregierung, einer deutschen Gesetzgebung und deutschen Ordnungshütern (Polizei und Militär) unterstand. Einen solchen „Schutzvertrag" kritisiert Witbooi in seinem Brief, weil die darin getroffenen Vereinbarungen seiner Meinung nach keinerlei Nutzen für die indigene Bevölkerung hätten (vgl. Z. 34 f.).

Probleme des deutschen Imperialismus

Die zunehmende Besiedelung des Landes durch die Deutschen führte zu **Konflikten mit der lokalen Bevölkerung**, insbesondere mit den nomadisierenden Nama und den Herero, die nur teilweise sesshaft waren. Die **Siedler schränkten**, wie es Witbooi in seinem Brief schreibt, die **Lebensgrundlagen** der beiden Bevölkerungsgruppen **massiv ein** (vgl. Z. 38 ff.). Der freie Zugang zu Weideland und Wasser wurde begrenzt und die Bewegungsfreiheit der indigenen Bevölkerung beschnitten. Darüber hinaus betrachteten viele Siedler, vor allem aber die staatlichen Organe, die **lokale Bevölkerung als Menschen zweiter Klasse**, denen es an Bildung, Religion und Kultur fehle. Der Name „Hottentotte", mit dem die Deutschen die Nama abwertend bezeichneten, macht die rassistische Haltung der Kolonialherren deutlich. Aus dem **Sendungsbewusstsein der Kolonialherren** (auch Witbooi wirft den Deutschen ihre Arroganz vor, vgl. Z. 31 f.) und der **Konkurrenz um Weideland** entstanden **soziale Spannungen**, die ihren Ausdruck auch in einer **menschenunwürdigen Behandlung der Einheimischen** durch die Siedler fanden (Zwang zur Arbeit, körperliche Züchtigungen, Vergewaltigungen). Als 1897 eine **Rinderpest** einen Großteil des Viehbestands der Herero vernichtete, **eskalierte der Konflikt** zwischen den Siedlern und der lokalen Bevölkerung. Die Herero **begannen**

1904 einen Krieg gegen die Kolonialverwaltung und die deutschen Siedler, dem sich nach einiger Zeit auch die **Nama anschlossen**. Anfangs hatten die Herero und Nama einige Erfolge, doch nach drei Jahren wurden sie **militärisch geschlagen**. Das blutige Vorgehen der deutschen Truppen unter General von Trotha gegen die Herero und Nama ist mittlerweile als **Völkermord** anerkannt, da die deutschen Verantwortlichen die völlige **Vernichtung** der Stämme aktiv herbeiführen wollten oder sie zumindest **billigend in Kauf nahmen**.

Folgen des deutschen Imperialismus

Für das Deutsche Reich hatte sich die **Kolonialisierung** des Südwestens von Afrika **in keinster Weise gelohnt:** Die Verwaltungskosten, vor allem aber die militärischen **Kosten waren sehr hoch**, einen **nennenswerten wirtschaftlichen Nutzen für das Deutsche Reich gab es nicht**. Stattdessen waren die afrikanischen Besitzungen einzig und allein ein **Prestige-Objekt der politischen Führung**. Wesentlich **schlimmere Folgen** muss man allerdings **für die unterdrückten Einheimischen** konstatieren: Teilweise wurden wie bei den Herero und Nama **Volksstämme fast vollständig vernichtet**. War das nicht der Fall, **verloren** sie zumindest ihre **Souveränität und ihre kulturelle Identität**. Dies trug dazu bei, dass die ehemaligen Kolonien sich teilweise **auch heute noch in Abhängigkeit** von der industrialisierten Welt befinden, obwohl sie formal längst eigenständig sind. Die Einschätzung der **Lage der deutschen Siedler** ist schwieriger: Einerseits zeigt sich, dass die **Hoffnungen** auf eine einträgliche Viehzucht sich als **trügerisch** erwiesen. Andererseits blieben viele im Land und ihre Nachkommen leben bis **heute in einem relativen Wohlstand**, vor allem durch den Tourismus.

Überleitung zur Bewertung

Nach der Analyse des Briefs und seiner historischen Einordnung möchte ich nun unter Berücksichtigung heutiger Wertmaßstäbe **Witboois Einschätzung der Deutschen bewerten**.

Bewertung der Einschätzung Witboois (Teilaufgabe 3)

(vermeintlich) relativierende Aspekte

- pauschale Ablehnung „der Weißen“
- Zusammenstoß der Kulturen

Betrachtet man Witboois Äußerungen über die Deutschen, kann man zunächst feststellen, dass er sehr **pauschal über „die Weißen“ urteilt** und sie als Gruppe mit den Nama kontrastiert. So schreibt er zum Beispiel: „Die weißen Menschen [...] handeln ganz anders.“ (Z. 17 f.), weshalb er „[i]hre Gesetze [als] unpassend für uns rote Menschen“ (Z. 18) ansieht. Man könnte ihm also den Vorwurf machen, dass er **nicht differenziert** auf das konkrete Verhalten einzelner weißer Siedler eingeht, sondern diese **verallgemeinernd aufgrund ihrer fremden Sitten und Gebräuche ablehnt**. In diesem Zusammenhang fällt auch die **Ausschließlichkeit seiner Bewertung der Gesetze der Deutschen** ins Auge, die er als „nur zum Schaden und zur Bedrückung des Menschen“ (Z. 45) bezeichnet. Relativierend könnte man hier vielleicht anführen, dass die angesprochenen **Gesetze zumindest vordergründig für die weißen Siedler erlassen** wurden, ohne damit von Anfang an bewusst der einheimischen Bevölkerung schaden zu wollen. Aus dieser Perspektive wäre es so gewesen, dass ab 1884 in Südwestafrika **zwei unterschiedliche Kulturen aufeinanderprallten**, die sich als unvereinbar erwiesen, ohne dass die Deutschen die Absicht gehabt hätten, die indigene Bevölkerung zu unterdrücken. Oft wird außerdem auch angeführt, dass die deutschen Kolonialherren Afrika **zivilisatorische Fortschritte** wie zum Beispiel den **Ausbau der Infrastruktur** beschert hätten.

- vermeintliche zivilisatorische Errungenschaften durch europäische Besiedelung

Aus **heutiger Sicht** muss man jedoch sagen, dass **all die genannten Argumente** angesichts des Leids, das die Kolonialisten über die afrikanische Bevölkerung gebracht haben, **wenig überzeugen** können und mehr nach einer **nachträglichen Rechtfertigung für den Imperialismus** klingen. Schließlich ist bekannt, dass die weißen Siedler mit einem Gefühl der Überlegenheit in Afrika auftraten (auch Witbooi erwähnt dieses Benehmen der Deutschen, vgl. Z. 31 f.) und von einem **starken Sendungsbewusstsein gegenüber** den vermeintlich „wilden und unzivilisierten" **Einheimischen** erfüllt waren. Überdies war das Verhältnis zwischen Europäern und indigener Bevölkerung von europäischer Seite stark von kultureller, religiöser und ideologischer Beeinflussung sowie der **Missachtung jahrhundertealter kultureller Traditionen** geprägt. Die vermeintlichen **zivilisatorischen Errungenschaften** sind also **höchstens aus einer eurozentrischen Perspektive** als solche zu werten. In Afrika **zerstörten** sie langfristig die über Jahrhunderte gewachsene und an die klimatischen Bedingungen des Landes angepasste **Lebensweise der dortigen Bevölkerung**. Dies wirkt sich teilweise **noch heute negativ** auf das Leben in den ehemaligen Kolonien aus. Es kann also nicht weiter verwundern, sondern ist im Gegenteil sehr weitsichtig, dass Witbooi die weißen Siedler als Bedrohung wahrnimmt und eine Unterdrückung der Nama-Kultur befürchtet. So bewahrheitete sich auch die Vermutung des Nama-Kapitains, dass der Begriff „**Schutzherrschaft**", den die deutschen Kolonialherren zur Rechtfertigung ihrer Besiedelung gebrauchten, **lediglich vorgeschoben** war. In der Realität zeigte sich bereits nach kürzester Zeit, dass die Deutschen gekommen waren, um das **Land zu beherrschen und auszubeuten**. Dass sie dabei nicht vor dem **Einsatz rabiater Methoden** zurückschreckten, offenbarte sich schon bald an der Art der kolonialen Verwaltung und am Umgang mit der einheimischen Bevölkerung, der sie mit **Rassismus und Gewalt** begegneten. Falls die erlassenen Gesetze tatsächlich nicht von vornherein der Unterdrückung der Nama dienen sollten, nahmen die Deutschen damit eine **Einschränkung der Lebensweise des Volksstammes** zumindest billigend in Kauf. Sie modifizierten ihre Gesetze auch nicht, als deren Schädlichkeit für die einheimische Bevölkerung nicht mehr zu übersehen war.

zustimmende Aspekte, die Relativierung entkräften

- Sendungsbewusstsein der weißen Siedler und Zerstörung der Stammeskulturen
- Beherrschung und Ausbeutung der Kolonien mit gewaltsamen Methoden

Schließlich sagt Witbooi auch korrekt voraus, dass es mit den Deutschen **kein friedliches Auskommen** geben könne. Sichtbarer Beweis für die Richtigkeit dieser Annahme ist der **Ausbruch des Kriegs** zwischen den deutschen Kolonialisten und der unterdrückten indigenen Bevölkerung 1904. Dass dieser Krieg bis zum **Völkermord an den Herero und Nama** führen würde, konnte nicht einmal Witbooi 1892 ahnen, jedoch weist seine Argumentation insgesamt durchaus schon in eine solche Richtung.

– Kolonialkrieg und Völkermord an Herero und Nama

Ich gelange deshalb zu dem Fazit, dass **Witbooi in seiner Beurteilung** der Deutschen **erstaunlich weitsichtig** war und besser als viele seiner Landsleute den **Konflikt vorhergesehen** hat. Daher ist es nicht verwunderlich, dass er noch heute in Namibia **als großer Widerstandskämpfer und Nationalheld verehrt** wird.

Fazit

Mündliche Prüfung ■ 1. Prüfungsteil
Inhaltsfeld 4: **Die moderne Industriegesellschaft zwischen Fortschritt und Krise**
Aufgabe 3

Thema und Material	Weltwirtschaftskrise 1929 Schriftquelle (Rede)
Aus dem Unterricht benötigte Kompetenzen	Folgende historische Sachverhalte sollten Sie erläutern und auf das Material anwenden können: – Ursachen, Verlauf und Folgen der Weltwirtschaftskrise von 1929 – Aufstieg der NSDAP – Endphase der Weimarer Republik 1930–1933

Aufgabenstellung

Interpretieren Sie die Quelle, indem Sie

1. sie analysieren.
2. sie in den historischen Kontext einordnen und ausgehend vom Text die politisch-wirtschaftlichen Auswirkungen der Weltwirtschaftskrise erläutern.
3. zu den Aussagen des Verfassers Stellung nehmen.

M Thomas Mann[1]: „Ein Appell an die Vernunft"[2] (Auszug), 17. Oktober 1930

Thomas Mann beginnt seine in Berlin gehaltene Rede mit einer Rechtfertigung dafür, dass er dem Publikum nicht aus seinen Werken vorlesen werde, da die aktuelle Situation es von ihm erfordere, öffentlich Stellung zu nehmen und die Kunst ruhen zu lassen.

[…] Die Reichsregierung hat einen Finanzplan aufgestellt, der Ersparnisse am Verwaltungsapparat vorsieht und im Auslande mutig und wirksam, ja vorbildlich genannt wird, geeignet, die Kreditwürdigkeit des Reiches zu heben. Das mag tröstlich sein. […] Was haben [aber] Vorschläge zur notdürftigen Ordnung des Reichshaushaltes für kommende Budgetjahre denen zu geben, die mit Augen voller Grauen den nächsten Monaten, diesem Winter der Arbeitslosigkeit, der Aussperrung, des Hungers und des Unterganges entgegenstarren, einem Winter, der droht, die Verzweiflung von Millionen zu vollenden und alle politischen Folgerungen und Folgen der Verzweiflung eines Volkes zu zeitigen? Wie es steht, spürt jeder irgend Empfindliche. Steinschwer wie in den dunkelsten Jahren der Kriegs- und Nachkriegszeit liegt der Druck auf jeder Brust und verhindert das heitere Atmen. Die Kraft der Gemeinschaft und Schicksalsverbundenheit bewährt sich; es gibt kein Einzelglück, wenn das Elend die Stunde regiert. Wir

alle sind hineingezogen in den Wirbel aus Not und leidvoller Erbitterung, aus dem es kein Entrinnen zu geben scheint. [...]
Der Ausgang der Reichstagswahlen[3], meine geehrten Zuhörer, kann nicht rein wirtschaftlich erklärt werden. [...] Das deutsche Volk ist seiner natürlichen Anlage nach nicht radikalistisch, und wäre das Maß von Radikalisierung, das nun wenigstens für den Augenblick zu Tage getreten ist, nur eine Folge wirtschaftlicher Depression, so wäre damit allenfalls ein Anwachsen des Kommunismus, aber nicht der Massenzulauf zu einer Partei erklärt, die auf die militanteste und schreiend wirksamste Weise die nationale Idee mit der sozialen zu verbinden scheint. [...] [U]m einen Seelenzustand zu deuten wie den, den unser Volk jetzt auf eine die Welt verblüffende Weise an den Tag gelegt hat, ist es notwendig, die politische Leidenschaft, zutreffender gesagt, das politische Leiden heranzuziehen [...]. Diese Ungerechtigkeit[4] ist die erste, die man nennen muss, wenn man dem deutschen Gemütszustand gerecht werden will; aber es ist nur zu leicht, fünf, sechs andere aufzuzählen, die sein Gemüt verdüstern [...]. Es kommen tiefe, wenn auch unbestimmte und ratlose Zweifel innerpolitischer Art hinzu, Zweifel also daran, ob die im westeuropäischen Stil parlamentarische Verfassung, die Deutschland nach dem Zusammenbruch des feudalen Systems als das gewissermaßen historisch Bereitliegende übernahm, seinem Wesen vollständig angemessen ist [...]. Es gehört nicht viel psychologische Kunst dazu, meine geehrten Zuhörer, um diese außen- und innenpolitischen Leidensmotive als die Ursachen zu erkennen, die neben der wirtschaftlichen Misslage die sensationelle Wahlkundgebung des deutschen Volkes bestimmt haben. Es hat sich eines grellplakatierten Wahlangebotes zum Ausdruck seiner Gefühle bedient, des sogenannten nationalsozialistischen.

Thomas Mann: Ein Appell an die Vernunft, in: Essays, Bd. 3, S. 259–279, S. Fischer Verlag 1994

Anmerkungen

1 Thomas Mann: deutscher Schriftsteller (1875–1955), der 1929 den Nobelpreis für Literatur erhielt
2 Diese Rede wurde als „Deutsche Ansprache" mit dem Untertitel „Ein Appell an die Vernunft" bekannt und herausgegeben.
3 Gemeint sind die unmittelbar vorausgegangenen Reichstagswahlen vom 14. September 1930, bei denen die NSDAP ihren Stimmenanteil versiebenfachte und nach der SPD zur zweitstärksten Fraktion wurde.
4 Anspielung auf die im Versailler Vertrag enthaltene und bis dahin nicht verwirklichte Ankündigung, dass der Deutschland auferlegten Abrüstung die Abrüstung aller anderen Staaten folgen solle.

Lösungsvorschlag

TIPP *Erläuterung zur Aufgabenstellung*

Die geforderte Interpretation der Quelle ist in **drei Teilaufgaben** gegliedert. An diesen sollten Sie sich beim Aufbau Ihres Prüfungsvortrags orientieren. In **Teilaufgabe 1** wird erwartet, dass Sie die **Quelle formal und inhaltlich analysieren**. Dazu sollten Sie das Material zunächst kurz **vorstellen**, indem Sie den Titel, den Autor, die Adressaten, die Textsorte sowie den Erscheinungsort und -zeitpunkt benennen. Außerdem sollten Sie den Anlass, das Thema und die Intention des Autors knapp umreißen. Anschließend müssen Sie den Inhalt und den gedanklichen Aufbau des Textes **strukturiert und in eigenen Worten wiedergeben**. Vergessen Sie nicht, sich an passenden Stellen mithilfe direkter und indirekter Zitate immer wieder auf den Ausgangstext zu beziehen.

In der **zweiten Teilaufgabe** geht es um eine **historische Kontextualisierung**. Für diese sollen Sie zunächst **Ursachen und Verlauf der Weltwirtschaftskrise** darstellen. Anschließend müssen Sie die **politisch-wirtschaftlichen Auswirkungen** der Weltwirtschaftskrise erläutern. Hierbei sollten Sie auch die politischen Entwicklungen in der **Endphase der Weimarer Republik** thematisieren (Stichwort Präsidialkabinette). Wie in der Aufgabenstellung angegeben, sollen Sie sich dabei immer wieder auf den Text beziehen. So zeigen Sie, dass Sie diesen verstanden haben.

In der **dritten Teilaufgabe** müssen Sie auf der Grundlage Ihres Kontextwissens zu den Aussagen des Verfassers **Stellung nehmen**. Überlegen Sie dazu zunächst, ob seine Rede Sie insgesamt überzeugt. Falls dies so ist, führen Sie als Erstes einige **relativierende Aspekte** an, um anschließend **zustimmende Gesichtspunkte** auszuformulieren. Stehen Sie Manns Rede insgesamt eher skeptisch gegenüber, sollten Sie Ihre Argumente in umgekehrter Reihenfolge darlegen (erst zustimmende, dann relativierende Aspekte). Schließen Sie Ihre Stellungnahme mit einem differenzierten und ausgewogenen **Fazit** ab.

Gliederung des Mustervortrags

Einleitung

- **Hinführung zum Thema des Vortrags:** Titel der Quelle
- **Präsentation des weiteren Vorgehens:** Analyse der Rede, historische Kontextualisierung (Ursachen und Verlauf der Weltwirtschaftskrise, politisch-wirtschaftliche Auswirkungen), Stellungnahme zu den Aussagen des Verfassers

Analyse (Teilaufgabe 1)

- **formale Vorstellung der Quelle:** Titel und Untertitel („Deutsche Ansprache – Ein Appell an die Vernunft"), Autor (deutscher Schriftsteller und Nobelpreisträger Thomas Mann), Erscheinungsort und -datum (Berlin, 17. Oktober 1930), Textsorte (verschriftlichte Rede), Adressaten (an Literatur und Politik interessierte deutsche Öffentlichkeit), Anlass (Ergebnis der Reichstagswahl vom 14. September 1930), Thema (Erläuterung der wirtschaftlichen sowie der innen- und außenpolitischen Situation Deutschlands und Erklärungsversuche für den Stimmenzuwachs der NSDAP), Intention (Mahnung zur Vorsicht vor dem Nationalsozialismus)
- **strukturierte Wiedergabe des Inhalts**
  - Beschreibung der wirtschaftlichen und sozialen Lage in Deutschland
    - Finanzplan und Sparpolitik der Regierung sowie deren Würdigung durch das Ausland
    - rhetorische Frage nach Nutzen einer solchen Wirtschaftspolitik für die notleidende Bevölkerung
    - Vergleich der Lage mit dem Elend im Ersten Weltkrieg und den Belastungen der Nachkriegszeit
    - Hervorhebung der Betroffenheit aller Bürger
  - Analyse der Ergebnisse der Reichstagswahl von September 1930 anhand innen- und außenpolitischer Faktoren
    - keine monokausale Erklärbarkeit des Stimmenzuwachses der NSDAP durch die wirtschaftliche Lage in Deutschland
    - Annahme eines „politische[n] Leiden[s]" (Z. 24) als Grund für die Ergebnisse der Reichstagswahl → Verweis auf fatale Auswirkungen des Versailler Vertrags
    - von Mann vermutete Zweifel des Volks an parlamentarischer Verfassung → Stimmenzuwachs der NSDAP als Ausdruck der Gefühlslage des Volks

Historische Kontextualisierung (Teilaufgabe 2)

- **Ursachen und Verlauf der Weltwirtschaftskrise**
  - Störung des globalen Handels- und Währungssystems durch den Ersten Weltkrieg
  - seit Mitte der 1920er-Jahre Überproduktion und Finanzspekulation in den USA
  - in Deutschland latenter Kapitalmangel (u. a. wegen Reparationen) → Leihen hoher Geldsummen bei amerikanischen Banken → Abhängigkeit der deutschen Banken von ausländischem Kapital
  - 24./25. Oktober 1929: Börsencrash („Schwarzer Freitag") in den USA
  - Ausweitung des Börsencrashs zur Weltwirtschaftskrise durch Rückforderung von amerikanischen Auslandskrediten aus Europa → Bankenzusammenbrüche und Kreditausfälle

- **politisch-wirtschaftliche Auswirkungen der Weltwirtschaftskrise**
  - Verschlechterung der Auftragslage und Rückgang der Produktion bei Unternehmen → Arbeitslosigkeit, Massenelend, Hungersnot → Zukunftsängste, Perspektivlosigkeit, Verzweiflung in allen Bevölkerungsgruppen
  - März 1930: Scheitern der Großen Koalition unter Reichskanzler Hermann Müller (SPD) aufgrund eines Streits um die Finanzierung der 1927 eingeführten Arbeitslosenversicherung
  - 1930–1932: allein auf Vertrauen des Reichspräsidenten gestützte Minderheitsregierung des Zentrumspolitikers Heinrich Brüning
  - Ende der parlamentarischen Phase der Weimarer Republik und Beginn der Phase der Präsidialkabinette → Regieren auf Grundlage von Notverordnungen
  - strenge Deflationspolitik Brünings: Reduzierung öffentlicher Ausgaben, Absenkung von Löhnen und Preisen, Steuererhöhungen und Verringerung von Sozialleistungen mit dem Ziel, Reparationszahlungen zu beenden und Wirtschaftskrise zu überwinden
  - Folgen der Sparpolitik: Zusammenbruch zahlreicher Betriebe, Verminderung der Massenkaufkraft, Anstieg der Arbeitslosigkeit und Massenarmut → dramatische Verschlechterung der wirtschaftlichen Lage und der Lebensbedingungen der Bevölkerung → Vertrauensverlust und Kritik am politischen System
  - Zulauf zu radikalen Parteien KPD und NSDAP
  - September 1930: NSDAP zweitstärkste Fraktion im Reichstag → schwindender Rückhalt für Republik
  - Aussetzen der Reparationszahlungen in Hoover-Moratorium von 1931, aber dennoch Zuspitzung der Lage
  - Absetzung von Reichskanzler Brüning durch Reichspräsident Hindenburg → Kabinett Papen und Kabinett Schleicher
  - Juli 1932: NSDAP bei Reichstagswahlen stärkste Fraktion
  - 30. Januar 1933: Ernennung Adolf Hitlers zum Reichskanzler durch Reichspräsident Hindenburg

Stellungnahme zu den Aussagen des Verfassers (Teilaufgabe 3)

- **relativierende bzw. ergänzende Aspekte**
  - Deflationspolitik beim Volk zwar extrem unpopulär, aber fraglich, ob es zum damaligen Zeitpunkt realistische Alternative gegeben hätte (antizyklische Konjunkturpolitik nach Keynes noch nicht verbreitet)
  - Massenzulauf zur NSDAP auch aufgrund von Versprechungen zur Lösung bestehender Probleme und der Kampagne gegen den Young-Plan (1929) → Wirtschaftskrise durchaus gravierender Faktor für Wahlerfolg der NSDAP
  - Auftreten Hitlers als „starke Führungspersönlichkeit“ und „Erlöser“ als weiterer wichtiger Faktor für Wahlerfolg → Bevölkerung hatte Sehnsucht nach Überwindung der Krise durch „starken Mann“

- **zustimmende Aspekte**
  - fatale Auswirkungen der Deflationspolitik auf die Lebensverhältnisse der deutschen Bevölkerung → Verstärkung von Arbeitslosigkeit und Massenarmut → Verbreitung von Hoffnungslosigkeit
  - schwerwiegende Belastungen durch den Versailler Vertrag und weitverbreitete Demokratieskepsis
  - multikausale Begründung für das Ergebnis der Reichstagswahl → kurzfristige wirtschaftliche, aber auch kurz- und langfristige innenpolitische Belastungsfaktoren
- **Fazit:** Rede als differenzierte Analyse der wirtschaftlichen Lage und des politischen Geschehens; Darstellung eines komplexen Ursachengeflechts

Mustervortrag

Einleitung

Hinführung zum Thema des Vortrags über den Titel der Quelle

„**Ein Appell an die Vernunft**" – so wird die Rede von Thomas Mann vom 17. Oktober 1930 betitelt. Zu einem Zeitpunkt, als sich die **Gesellschaft, die Politik und die Wirtschaft im Wandel** befanden, nahm der Schriftsteller öffentlich Stellung zu den aktuellen Gegebenheiten und **rief** das deutsche Volk angesichts der Krise **zur Besonnenheit auf**.

Präsentation des weiteren Vorgehens

Im Folgenden werde ich meine Interpretation dieser Quelle präsentieren. In einem ersten Schritt werde ich die Ansprache **analysieren**, um sie anschließend in ihren **historischen Kontext einzuordnen**. Dazu werde ich Ursachen und Verlauf der Weltwirtschaftskrise sowie ihre politisch-wirtschaftlichen Auswirkungen erläutern. Abschließend **nehme ich zu den Aussagen des Verfassers Stellung**.

Analyse (Teilaufgabe 1)

Vorstellung des Textes

Nun komme ich zur Analyse, für die ich das Material zunächst kurz vorstellen möchte. Bei der Quelle handelt es sich um eine **verschriftlichte Rede** des deutschen Literaten und Nobelpreisträgers **Thomas Mann**. Er hielt seine „Deutsche Ansprache" mit dem Untertitel „Ein Appell an die Vernunft" anlässlich der **Ergebnisse der Reichstagswahl** vom 14. September 1930 knapp einen Monat später am 17. Oktober 1930 in Berlin. Mit seiner Rede richtet er sich vornehmlich an die **literarisch und politisch interessierte Öffentlichkeit** der Weimarer Republik. Mann erläutert die wirtschaftliche sowie die innen- und außenpolitische **Situation Deutschlands** und liefert **Erklärungsversuche für den Stimmenzuwachs der NSDAP**. Damit beabsichtigt er, **vor dem Nationalsozialismus zu warnen** und das Volk zur Vorsicht zu mahnen.

Zu Beginn des Redeauszugs legt Mann die aktuelle **wirtschaftliche und soziale Lage in Deutschland** dar. Er beschreibt den Finanzplan der Regierung und die damit einhergehende **Sparpolitik** (vgl. Z. 1 f.). Zudem verweist er auf die Würdigung des deutschen Krisenmanagements durch das Ausland. Zugleich stellt er aber die rhetorische Frage, welchen Nutzen diese Wirtschaftspolitik für die Bürger habe, die unter **Arbeitslosigkeit, Hungersnot und Verzweiflung** leiden würden (vgl. Z. 4 ff.). Er geht sogar so weit, die Situation mit dem Elend im Ersten Weltkrieg sowie den Belastungen der Nachkriegszeit zu vergleichen, und hebt die **Betroffenheit aller** Bürger hervor (vgl. Z. 9 ff.).

strukturierte Wiedergabe des Inhalts
- wirtschaftliche und soziale Lage

Im folgenden Absatz analysiert Mann die **Ergebnisse der Reichstagswahl** von September 1930 anhand innen- und außenpolitischer Faktoren. Er stellt die These auf, dass der **Stimmenzuwachs der NSDAP nicht monokausal mit der wirtschaftlichen Lage** in Deutschland **zu erklären** sei (vgl. Z. 15 f.). Dies begründet er damit, dass die wirtschaftliche Situation lediglich einen Zuwachs zum Kommunismus erklären würde, nicht aber den „Massenzulauf" (Z 19) zur NSDAP (vgl. Z. 17 ff.). Mann nimmt an, dass das **„politische Leiden"** (Z. 24) den Grund für den Erfolg der NSDAP darstelle. Darunter versteht er die **fatalen Auswirkungen des Versailler Vertrags**, an dessen Abrüstungsbestimmungen sich trotz anderslautender Versprechungen der Siegermächte nur Deutschland halten müsse, was im Volk als große Ungerechtigkeit wahrgenommen werde (vgl. Z. 24 ff.). Neben diesen außenpolitischen Faktoren vermutet Mann, dass das **Volk Zweifel an der parlamentarischen Verfassung** und ihrer Eignung für Deutschland habe (vgl. Z. 26 ff.). Aus der Darstellung der innen- und außenpolitischen Faktoren sowie der wirtschaftlichen Lage leitet Mann die Gründe für die Ergebnisse der Reichstagswahl ab und führt den Stimmenzuwachs der NSDAP auf die **Gefühlslage des Volks** zurück (vgl. Z. 31 ff.).

- Analyse der Ergebnisse der Reichstagswahl

Mann bezieht sich in seiner Ansprache auf die **Situation in Deutschland nach der Weltwirtschaftskrise**. Bei der folgenden Einordnung der Quelle in den historischen Kontext werde ich deshalb zunächst **Ursachen und Verlauf** der Weltwirtschaftskrise erläutern, bevor ich auf deren politisch-wirtschaftliche **Auswirkungen** zu sprechen komme.

Überleitung zu historischer Kontextualisierung

Historische Kontextualisierung (Teilaufgabe 2)

Ursachen und Verlauf der Weltwirtschaftskrise

Die Ursachen für die Weltwirtschaftskrise reichen bis zum Ersten Weltkrieg zurück. Damals wurde das **globale Handels- und Währungssystem empfindlich gestört**. Nach Beendigung des Kriegs waren die beteiligten Staaten mit der Bewältigung der Kriegsfolgen beschäftigt und zogen sich aus dem Weltmarkt zurück. In den **USA** kam es in den 1920er-Jahren zu einem **wirtschaftlichen Aufschwung**, woraus Wohlstand und ein Anstieg des Konsumniveaus resultierten. Auch die Aktienemission wurde aufgrund des niedrigen Zinsniveaus gesteigert. Dies führte langfristig zu einer **Überproduktion** und riskanten **Finanzspekulationen**. Auch die europäischen Länder profitierten von dem **Aktienboom** und nahmen Kredite auf. In **Deutschland** herrschte nach dem verlorenen Krieg unter anderem aufgrund der Reparationszahlungen ein **latenter Kapitalmangel**, der durch das **Leihen hoher Geldsummen bei amerikanischen Banken** ausgeglichen werden sollte. Damit machten sich die deutschen Banken sehr stark von den ausländischen Kreditinstituten und ihrem Kapital **abhängig**. Als am 24./25. Oktober 1929 die **Kurse** zahlreicher Unternehmen an der New Yorker Börse **einstürzten**, löste dies eine schwere Wirtschaftskrise in den USA aus. Die Aktien verloren dramatisch an Wert und die Finanzspekulation brach in sich zusammen. Durch die **Rückforderung von amerikanischen Auslandskrediten** aus Europa weitete sich der Börsencrash zur **Weltwirtschaftskrise** aus. Auch in Deutschland mussten viele Banken schließen und es kam zu Kreditausfällen. Ende 1929 stand **Deutschland kurz vor der Zahlungsunfähigkeit**, was sich schnell auf die gesamte Wirtschaft auswirkte.

politisch-wirtschaftliche Auswirkungen

– Not der Bevölkerung

Die Auftragslage der Unternehmen verschlechterte sich und die Produktion ging zurück, was eine hohe **Arbeitslosigkeit, Massenelend und eine Hungersnot** zur Folge hatte. Daraus resultierten **psychische Beeinträchtigungen** wie Zukunftsängste, Perspektivlosigkeit und Verzweiflung in allen Schichten. Dies erwähnt auch Mann in seiner Rede, wenn er die katastrophale Lage der Bevölkerung beschreibt (vgl. Z. 4 ff.). Die angespannte wirtschaftliche und soziale Situation führte zudem zu einer **politischen Krise**. So **scheiterte die Große Koalition** unter Reichskanzler Hermann Müller im März 1930 an einem Streit zwischen den Regierungsparteien SPD und DVP um die Finanzierung der 1927 eingeführten Arbeitslosenversicherung. Daraufhin regierte der Zentrumspolitiker Heinrich Brüning von 1930 bis 1932 mit einer **Minderheitsregierung**, die sich nur auf das Vertrauen des Reichspräsidenten Hindenburg stützte. Der Zusammenbruch der Großen Koalition beendete die parlamentarische Phase der Weimarer Republik und stellte den **Beginn der Phase der Präsidialkabinette** dar. Regiert wurde nun auf der Basis von **Notverordnungen** nach Artikel 48 der Weimarer Verfassung. Reichskanzler Brüning verfolgte eine **strenge Deflationspolitik** mit dem Ziel, die Reparationszahlungen zu beenden und die Weltwirtschaftskrise zu überwinden. Auf dieses Vorgehen spielt auch Mann in seiner Rede an, wenn er „Ersparnisse am Verwaltungsapparat" (Z. 1 f.) erwähnt. In der Folge der Sparpolitik kam es zum Zusammenbruch zahlreicher Betriebe, zu einer Verminderung der Massen-

– politische Krise

– Deflationspolitik

kaufkraft, einem Anstieg der Arbeitslosigkeit und zu einer Massenarmut. Die **dramatische Verschlechterung der wirtschaftlichen Lage und der Lebensbedingungen der Bevölkerung** fasst Thomas Mann in einer rhetorischen Frage zusammen (vgl. Z. 4 ff.). Brünings Deflationspolitik stieß bei der Bevölkerung auf Unverständnis und führte insbesondere in der Mittelschicht zu einem **Vertrauensverlust** und zur **Kritik am politischen System**. Dadurch gewannen die **radikalen Parteien** KPD und NSDAP an Zulauf. Am 14. September 1930 wurde die **NSDAP** bei den Reichstagswahlen zur **zweitstärksten Fraktion**, was den Anlass für Manns Rede bildete (vgl. Z. 15). Obwohl die Reparationszahlungen mit dem **Hoover-Moratorium** von 1931 aufgeschoben wurden, spitzte sich die wirtschaftliche Lage in Deutschland immer weiter zu. Reichspräsident Hindenburg entließ im Mai 1932 Reichskanzler Brüning und ernannte stattdessen **Franz von Papen**, auf den im Dezember 1932 **Kurt von Schleicher** folgte. Im Juli 1932 wurde die **NSDAP stärkste Fraktion** bei den Reichstagswahlen und, obwohl sie bei erneuten Wahlen im November 1932 schon wieder Stimmen einbüßte, wurde **Hitler** am 30. Januar 1933 von Reichspräsident Hindenburg zum **Reichskanzler** ernannt. Der **Erfolg der NSDAP** und Hitlers ist also, wie Mann sagt (vgl. Z. 31 ff.), **auch politischer Natur**.

– Ende der Weimarer Republik

Abschließend werde ich nun zu den Aussagen von Mann Stellung beziehen. Der Schriftsteller gibt zwar korrekt wieder, wie **unpopulär Brünings Deflationspolitik** beim Volk war. Allerdings ist es **fraglich**, ob es zum damaligen Zeitpunkt **realistische Alternativen** gegeben hätte. Die **antizyklische Konjunkturpolitik** nach Keynes war **noch nicht verbreitet**, sodass man kaum auf die Idee kommen konnte, durch aktive staatliche Investitionen die wirtschaftliche Lage zu stabilisieren. Relativierend muss zudem erwähnt werden, dass der Massenzulauf zur NSDAP auch durch **Versprechungen der Nationalsozialisten zur Lösung bestehender wirtschaftlicher Probleme** zu erklären ist. In diesem Zusammenhang ist vor allem die **Kampagne gegen den Young-Plan** von 1929 zu nennen. Der Young-Plan sah eine Neuregelung der im Versailler Vertrag festgelegten Reparationsverpflichtung des Deutschen Reichs vor und stieß bei der deutschen Bevölkerung größtenteils auf Unverständnis. Die NSDAP nutzte den Unmut der Menschen für ihre Zwecke und initiierte einen **Volksentscheid** gegen den Young-Plan, der zwar scheiterte, aber von Hitlers Partei **als Propaganda** genutzt wurde. Die **späteren Wahlerfolge** sind also durchaus zu einem großen Teil **auf wirtschaftliche Probleme** und die damit einhergehende Stimmungslage der Bevölkerung **zurückzuführen**. Unberücksichtigt bleibt in Manns Ausführungen außerdem, dass das **Auftreten Hitlers als „starke Führungspersönlichkeit" und „Erlöser"** einen

Stellungnahme (Teilaufgabe 3)

relativierende Aspekte

– Fehlen einer Alternative zur Deflationspolitik

– Zulauf zur NSDAP auch aufgrund wirtschaftspolitischer Versprechungen

– Wunsch der Bevölkerung nach starker Führerfigur

weiteren Erklärungsansatz für den Wahlerfolg der NSDAP darstellt. Die Bevölkerung hatte Sehnsucht nach einer Überwindung der wirtschaftlichen Krise und glaubte an die Rettung durch einen „starken Mann".

Trotz der genannten relativierenden Gesichtspunkte kann man Thomas Mann überwiegend zustimmen. So kommt der Schriftsteller zu Recht zu dem Ergebnis, dass die **Deflationspolitik fatale Auswirkungen** hatte. Sie verstärkte die durch die Wirtschaftskrise ausgelöste **Arbeitslosigkeit und Massenarmut** und verbreitete **Unzufriedenheit und Hoffnungslosigkeit** in der Bevölkerung. Dies wirkte sich wiederum auf das Wahlverhalten der Menschen aus, jedoch hat Mann Recht, wenn er zur **Begründung des Erfolgs der NSDAP** auch auf andere Faktoren verweist. So ist der Zulauf zu den radikalen Parteien und besonders zur NSDAP auch durch die schwerwiegenden **Belastungen durch den Versailler Vertrag** und die damit einhergehende weitverbreitete **Demokratieskepsis** zu erklären. Insgesamt betreibt Mann mit seiner Argumentation eine **differenzierte Ursachenforschung**. Der Schriftsteller legt mit seiner Rede eine **multikausale Begründung** für das Ergebnis der Reichstagswahl vor, die sowohl kurzfristige wirtschaftliche, aber auch kurz- und langfristige innenpolitische Belastungsfaktoren berücksichtigt.

zustimmende Aspekte

- Auswirkungen der Deflationspolitik
- Belastungen durch Versailler Vertrag als Grund für Stimmenzuwachs der NSDAP
- multikausale Begründung für Ergebnis der Reichstagswahl

Somit kann man Thomas Mann eine **differenzierte Analyse** der damaligen wirtschaftlichen Lage und des politischen Geschehens bescheinigen. Der Schriftsteller versucht, dem **Erfolg der NSDAP auf den Grund** zu gehen, und liefert eine insgesamt überzeugende Darstellung des **komplexen Ursachengeflechts** für den Aufstieg von Hitlers Partei.

Fazit

Mündliche Prüfung ■ 1. Prüfungsteil

Inhaltsfeld 5: **Die Zeit des Nationalsozialismus – Voraussetzungen, Herrschaftsstrukturen, Nachwirkungen und Deutungen**

Aufgabe 4

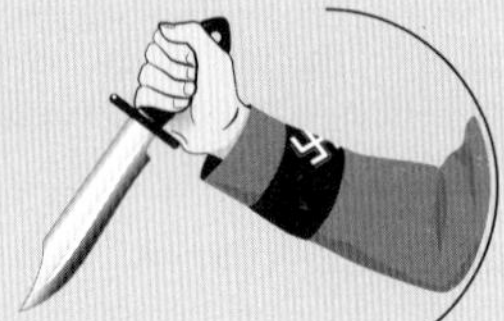

Thema und Material	Politische und ideologische Voraussetzungen des Nationalsozialismus Schriftquelle
Aus dem Unterricht benötigte Kompetenzen	Folgende historische Sachverhalte sollten Sie erläutern und auf das Material anwenden können: – NS-Ideologie – NS-Sprachgebrauch – wichtige Schritte im Prozess von „Machtergreifung“ und „Gleichschaltung“ – der Weg zur Etablierung einer totalitären Diktatur

Aufgabenstellung

Interpretieren Sie die Quelle, indem Sie

1. sie analysieren,
2. sie in den Kontext des Jahres 1933 einordnen und den Sprachgebrauch charakterisieren,
3. die Bedeutung der Rede für den nationalsozialistischen Machtaufbau beurteilen.

M Rede des Reichskanzlers Adolf Hitler im Berliner Sportpalast am 10. Februar 1933

Und da erheben sich nun eine große Anzahl von großen Aufgaben vor uns. Die erste, und damit der erste Programmpunkt: Wir wollen nicht lügen und wollen nicht schwindeln! (Bravo!) [Starker Beifall] Ich habe deshalb … ich habe deshalb es abgelehnt, jemals vor dieses Volk hinzutreten und billige Versprechungen zu geben. (Bravo!) [Beifall] Es kann niemand hier gegen mich aufstehen und zeugen, dass ich je gesagt habe, der Wiederaufstieg Deutschlands sei nur eine Frage von wenigen Tagen. Immer und immer wieder predige ich, der Wiederaufstieg der deutschen Nation ist die Frage der Wiedergewinnung der inneren Kraft und Gesundheit des deutschen Volkes. (Bravo!) [Starker Beifall] So, wie ich selbst 14 Jahre nun gearbeitet habe, unentwegt und ohne jemals schwankend zu werden am Aufbau der Bewegung, und so, wie es mir gelang, von sieben Mann zu diesen zwölf Millionen zu kommen, so will ich und so wollen wir bauen und arbeiten an der Wiederaufrichtung unseres deutschen Volkes. (Bravo!) [Beifall] Und so, wie diese Bewegung heute die Führung des Deutschen Reiches überantwortet bekommen hat, so werden wir einst dieses Deutsche Reich führen wieder zur Größe, zum Leben zurück, und sind hier entschlossen, uns durch gar nichts dabei beirren zu lassen! (Bravo!) [Starker Beifall]

Und so komme ich zum zweiten Punkt dieses Programms. Ich will Ihnen nicht versprechen, dass diese Wiederauferstehung unseres Volkes von selbst kommt. Wir wollen arbeiten, aber das Volk selbst, es muss mithelfen. (Sehr richtig! Sehr richtig!) [Beifall] Es soll nie glauben, dass ihm plötzlich Freiheit, Glück und Leben vom Himmel geschenkt wird. Alles wurzelt nur im eigenen Willen, in der eigenen Arbeit. (Sehr richtig!) [Beifall]

Und drittens … und drittens wollen wir unsere ganze Arbeit leiten lassen von einer Erkenntnis, von einer Überzeugung: Glaube niemals an fremde Hilfe, niemals an Hilfe, die außerhalb unserer eigenen Nation, unseres eigenen Volkes liegt! In uns selbst allein liegt die Zukunft des deutschen Volkes. [Beifall] Wenn wir selbst dieses deutsche Volk emporführen durch eigene Arbeit, durch eigenen Fleiß, eigene Entschlossenheit, eigenen Trotz, eigene Beharrlichkeit, dann werden wir wieder emporsteigen, genau wie die Väter einst auch Deutschland nicht geschenkt erhielten, sondern selbst sich schaffen mussten. (Bravo!) [Starker Beifall]

Und ein vierter Punkt dieses Programms, er lautet dann: Die Gesetze des Lebens sind immer gleich und immer dieselben. Und wir wollen den Aufbau dieses Volkes vornehmen nicht nach blassen Theorien, die irgendein fremdes Gehirn ersinnt, sondern nach den ewigen Gesetzen, die die Erfahrung, die Geschichte uns zeigt, und die wir kennen. Das heißt also: Im Leben, politisch und wirtschaftlich gesehen, gibt es bestimmte Gesetze, die immer Geltung besitzen, und nach diesen Gesetzen wollen wir den Aufbau des deutschen Volkes durchführen, nicht nach blassen Theorien, nicht nach blassen Vorstellungen. [Bravorufe, Beifall]

Und diese Gesetze, die fassen wir in einem fünften Punkt, in einer Erkenntnis zusammen: Die Grundlagen unseres Lebens beruhen auf zwei Faktoren, die niemand uns rauben kann, außer wir selbst geben sie preis. In unserem Volk als Substanz von Fleisch und Blut, von Wille und Ingenium[1], und in unserem Boden. Volk und Erde, das sind die beiden Wurzeln, aus denen wir unsere Kraft ziehen wollen und auf denen wir unsere Entschlüsse aufzubauen gedenken.

Und damit ergibt sich als sechster Punkt klar das Ziel unseres Kampfes: Die Erhaltung dieses Volkes und dieses Bodens, die Erhaltung dieses Volks für die Zukunft in der Erkenntnis, dass dies allein überhaupt für uns einen Lebenszweck darstellen kann. Nicht für die Ideen leben wir, nicht für Theorien, nicht für fantastische Parteiprogramme, nein, leben und kämpfen tun wir für das deutsche Volk, für die Erhaltung seiner Existenz, für die Durchführung seines eigenen Lebenskampfes in der Zukunft. [...]

Zitiert nach Reimers u. a., Begleitpublikation zur Edition G 126, Reihe Filmdokumente zur Zeitgeschichte, IWF, Göttingen 1971

Anmerkung

1 Ingenium: schöpferische Gabe, Erfindungsgeist

Lösungsvorschlag

Textmarkierungen und Randnotizen

Am Beginn der Analyse einer Textquelle steht zunächst die formale Charakterisierung des Materials. Legen Sie für diese am besten eine Tabelle an und tragen Sie die zentralen äußeren Merkmale der Quelle ein. So verschaffen Sie sich einen guten Überblick über das Material, der Ihnen bei Ihrem Vortrag von Nutzen sein wird. Anschließend sollten Sie den Text noch einmal komplett lesen und dann – während eines weiteren Lesevorgangs – entsprechend der Aufgabenstellung mit Markierungen und Randnotizen versehen. Nutzen Sie zur besseren Übersicht unterschiedliche Farben (im folgenden Beispiel durch **Fettdruck** = Analyse, Unterstreichungen = historischer Kontext und graue Markierungen = Sprachgebrauch Hitlers angedeutet). Dieses Vorgehen gibt Ihnen eine bessere Orientierung im Prüfungsvortrag und dient auch als Sicherheit, falls Sie während der Vorbereitungsphase nicht genügend Zeit haben, alle relevanten Aspekte aufzuschreiben.

Notizen zur formalen und inhaltlichen Analyse, zum historischen Kontext und zum Sprachgebrauch Hitlers (Teilaufgabe 1 und 2)

Autor	Reichskanzler Adolf Hitler
Adressaten	anwesende Zuhörer, dt. Bevölkerung, ggf. Ausland
Erscheinungsdatum	10. Februar 1933
Textart	Dokument, Rede
Thema	politisches Programm zur Stärkung des neuen Staats auf Basis der NS-Ideologie
Historischer Anlass	Rede im Berliner Sportpalast am 10. Februar 1933, also elf Tage nach Ernennung Hitlers zum Reichskanzler, im Wahlkampf für Reichstagswahl am 5. März

M Rede des Reichskanzlers Adolf Hitler im Berliner Sportpalast am 10. Februar 1933

Politisches Programm („groß[e] Aufgaben"):
1. Beteuerung der Aufrichtigkeit

Personenkult

Machtübergabe und Machtsicherung

Und da erheben sich nun eine große Anzahl von großen Aufgaben vor uns. Die erste, und damit der **erste Programmpunkt: Wir wollen nicht lügen** und wollen nicht schwindeln! (Bravo!) [Starker Beifall] Ich habe deshalb … ich habe deshalb es abgelehnt, jemals vor dieses Volk hinzutreten und billige Versprechungen zu geben. (Bravo!) [Beifall] Es kann niemand hier gegen mich aufstehen und zeugen, dass ich je gesagt habe, der Wiederaufstieg Deutschlands sei nur eine Frage von wenigen Tagen. Immer und immer wieder predige ich, der Wiederaufstieg der deutschen Nation ist die Frage der Wiedergewinnung der inneren Kraft und Gesundheit des deutschen Volkes. (Bravo!) [Starker Beifall] So, wie ich selbst 14 Jahre nun gearbeitet habe, unentwegt und ohne jemals schwankend zu werden am Aufbau der Bewegung, und so, wie es mir gelang, von sieben Mann zu diesen zwölf Millionen zu kommen, so will ich und so wollen wir bauen und arbeiten an der Wiederaufrichtung unseres deutschen Volkes. (Bravo!) [Beifall] Und so, wie diese Bewegung heute die Führung des Deutschen Reiches überantwortet bekommen hat, so werden wir einst dieses Deutsche Reich führen wieder zur Größe, zum Leben zurück, und sind hier entschlossen, uns durch gar nichts dabei beirren zu lassen! (Bravo!) [Starker Beifall]

2. Hervorhebung der Arbeit

sakrale Bilder

Arbeitslosenzahl 6 Mio.

Und so komme ich zum **zweiten Punkt** dieses Programms. Ich will Ihnen nicht versprechen, dass diese Wiederauferstehung unseres Volkes von selbst kommt. **Wir wollen arbeiten, aber das Volk selbst, es muss mithelfen**. (Sehr richtig! Sehr richtig!) [Beifall] Es soll nie glauben, dass ihm plötzlich Freiheit, Glück und Leben vom Himmel geschenkt wird. Alles wurzelt nur im eigenen Willen, in der eigenen Arbeit. (Sehr richtig!) [Beifall]

3. Abgrenzung nach außen

„Volksgemeinschaft" / Entindividualisierung

Heroismus

Und **drittens** … und drittens wollen wir unsere ganze Arbeit leiten lassen von einer Erkenntnis, von einer Überzeugung: **Glaube niemals an fremde Hilfe**, niemals an Hilfe, die außerhalb unserer eigenen Nation, unseres eigenen Volkes liegt! In uns selbst allein liegt die Zukunft des deutschen Volkes. [Beifall] Wenn wir selbst dieses deutsche Volk emporführen durch eigene Arbeit, durch eigenen Fleiß, eigene Entschlossenheit, eigenen Trotz, eigene Beharrlichkeit, dann werden wir wieder emporsteigen, genau wie die Väter einst auch Deutschland nicht geschenkt erhielten, sondern selbst sich schaffen mussten. (Bravo!) [Starker Beifall]

4. Aufbau nach „ewigen Gesetzen"

Pseudowissenschaft

Und ein **vierter Punkt** dieses Programms, er lautet dann: Die **Gesetze des Lebens** sind immer gleich und immer dieselben. Und wir wollen den **Aufbau dieses Volkes** vornehmen nicht nach blassen Theorien, die irgendein fremdes Gehirn ersinnt, sondern nach den ewigen Gesetzen, die die Erfahrung, die Geschichte uns zeigt, und die wir kennen. Das heißt also: Im Leben, politisch und wirtschaftlich gesehen, gibt es bestimmte Gesetze, die immer Geltung besitzen, und nach diesen Gesetzen wollen wir den Aufbau des deutschen Volkes durchführen, nicht nach blassen Theorien, nicht nach blassen Vorstellungen. (Bravorufe) [Beifall]

5. „Volk" und „Boden" als Lebensgrundlage

„Blut-und-Boden"-Ideologie

NS-Ideologie

Und diese Gesetze, die fassen wir in einem **fünften Punkt**, in einer Erkenntnis zusammen: **Die Grundlagen unseres Lebens** beruhen auf zwei Faktoren, die niemand uns rauben kann, außer wir selbst geben sie preis. In unserem **Volk** als Substanz von Fleisch und Blut, von Wille und Ingenium[1], und in unserem **Boden**. Volk und Erde, das sind die beiden Wurzeln, aus denen wir unsere Kraft ziehen wollen und auf denen wir unsere Entschlüsse aufzubauen gedenken.

6. Erhalt von „Volk und Boden" als Lebenszweck

„Blut-und-Boden"-Ideologie

Sozialdarwinismus

Und damit ergibt sich als **sechster Punkt** klar das **Ziel** unseres Kampfes: **Die Erhaltung dieses Volkes und dieses Bodens**, die Erhaltung dieses Volks für die Zukunft in der Erkenntnis, dass dies allein überhaupt für uns einen Lebenszweck darstellen kann. Nicht für die Ideen leben wir, nicht für Theorien, nicht für fantastische Parteiprogramme, nein, leben und kämpfen tun wir für das deutsche Volk, für die Erhaltung seiner Existenz, für die Durchführung seines eigenen Lebenskampfes in der Zukunft. [...]

Zitiert nach Reimers u. a., Begleitpublikation zur Edition G 126, Reihe Filmdokumente zur Zeitgeschichte, IWF, Göttingen 1971

Anmerkung

1 Ingenium: schöpferische Gabe, Erfindungsgeist

Legende für Markierungen im Text

Fettdruck: Analyse
Unterstreichungen: historischer Kontext
graue Markierungen: Sprachgebrauch Hitlers

Vortragsnotizen

Im nächsten Schritt sollten Sie Ihre Vortragsnotizen auf dem zur Verfügung stehenden Konzeptpapier verschriftlichen. Vermeiden Sie aus zeitökonomischen Gründen eine Ausformulierung in ganzen Sätzen und erstellen Sie stattdessen eine Strukturskizze, in der Sie Zusammenhänge durch eine sinnvolle Anordnung der Elemente sowie durch grafische Unterstützung veranschaulichen. Ihre Notizen können noch knapper ausfallen als in diesem Beispiel, da Sie die Textquelle mit Ihren Markierungen und Anmerkungen direkt neben Ihr Konzeptblatt legen können.

Grafische Gestaltung der Lösung zu den Teilaufgaben 1, 2 und 3

Teilaufgabe 1

Politisches Programm („groß[e] Aufgaben“, Z. 1):

1. **Beteuerung der Aufrichtigkeit**
   - keine falschen Versprechungen
   - Führung und Aufbau des neuen Reichs
2. **Hervorhebung der Arbeit**
   - Verpflichtung des Volks
   - „Wiederauferstehung“ (Z. 22)
3. **Abgrenzung nach außen**
   - Lob deutscher Tugenden
   - Streben nach Autarkie
4. **Aufbau nach „ewigen Gesetzen“** (Z. 41 f.)
   suggeriert ewig gültige Gesetzmäßigkeiten in der Geschichte
5. **„Volk“ und „Boden“ als Lebensgrundlage** (vgl. Z. 51 f.)
   - „Volk“ = „Fleisch und Blut“ (Z. 51)
   - Boden nicht näher definiert
6. **Erhalt von „Volk und Boden“ als Lebenszweck** (vgl. Z. 56)
   Betonung des Kampfes

Teilaufgabe 2

Rede neun Tage nach Auflösung des Reichstags:
→ **Wahlkampfpropaganda für 5. 3.**

Rede erfolgt im Kontext von Machtübergabe und Machtsicherung:

30. 1.	Reichskanzler
1. 2.	Auflösung des Reichstags
28. 2.	„Reichstagsbrandverordnung“
5. 3.	Reichstagswahl
23. / 24. 3.	„Ermächtigungsgesetz“
ab 31. 3.	Gleichschaltung

Hitler reagiert auf Wirtschafts- und Gesellschaftskrise:
Arbeitslosenzahl 6 Millionen

Rede spiegelt NS-Ideologie:
- „Volksgemeinschaft“
- Sozialdarwinismus
- Rassenlehre
- Lebensraumpolitik
- Führerprinzip (vgl. Z. 11 ff.)

Merkmale des Sprachgebrauchs

Mythische Symbolik:
- Personenkult, Führermythos
- sakrale Bilder
- Heroismus

Entindividualisierung
Betonung der „Volksgemeinschaft“

Pseudowissenschaftliche Begriffe:
- „Blut-und-Boden“-Ideologie
- Sozialdarwinismus: „Kampf um Lebensraum“

Teilaufgabe 3: Bedeutung für Machtaufbau?

Propagandistische Bedeutung: Wahlkampf mit manipulativer Inszenierung
→ politische Versprechungen treffen Bedürfnisse und Überzeugungen (vgl. Nationalismus, Sozialdarwinismus, Obrigkeitsglaube)
→ Machtinszenierung im Kontrast zu politischen Problemen der Weimarer Republik
→ Lob, vage Zielformulierungen, Verschweigen brisanter Ziele (Antisemitismus, Expansion)

Programmatische Bedeutung: Andeutung bevorstehender Maßnahmen zum Aufbau der Diktatur
→ Führermythos als Kontrast zu Demokratie und Pluralismus: Aufbau eines diktatorischen „Führerstaats“
→ Autarkiestreben: Ablehnung internationaler Zusammenarbeit
→ unverhohlene Aggressivität der „Blut-und-Boden“-Ideologie: kriegerische Expansionspläne

Vortrag gestalten

Die bisherigen Vorbereitungen unterstützen Sie dabei, einen gelungenen Vortrag auszuarbeiten. Die Notizen helfen Ihnen, die Inhalte präzise und korrekt darzustellen und Ihr historisches Urteil vorzubereiten. Die grafische Aufbereitung in Stichpunkten verschafft Ihnen einen besseren Überblick und veranschaulicht komplexe Zusammenhänge. So fällt es Ihnen während Ihres Vortrags leichter, frei zu sprechen und nicht nur von Ihrem Konzeptpapier abzulesen. Die folgende Übung dient dazu, Ihnen die Zusammenstellung der Inhalte für Ihren Vortrag zu erleichtern und diesen angemessen darzubieten.

Übung zum Formulierungscheck – Finden Sie Fehler, entdecken Sie Gelungenes!

Stärken und Schwächen eines Vortrags fallen uns oft bei anderen schneller auf als bei uns selbst. Deshalb sollen Sie nun einmal die Perspektive wechseln und ein Vortragsbeispiel aus der Sicht einer Prüferin/eines Prüfers betrachten.

Jetzt sind Sie dran: Prüfen Sie die folgenden, teilweise fehlerhaften Vortragsbeispiele und markieren Sie unter Zuhilfenahme der Bewertungskriterien (siehe IX f.) in verschiedenen Farben Formulierungen, die Ihnen besonders gelungen oder besonders problematisch erscheinen. Achten Sie dabei auch auf fachliche Richtigkeit.

Vortragsbeispiele

Teilaufgabe 1 – Analyse

1. „Ich sollte die Quelle analysieren. Es ist eine Hitler-Rede von 1933, die er im Berliner Sportpalast gehalten hat. Die Adressaten sind die Zuhörer. Hitler will über seine zukünftigen politischen Pläne informieren. Dazu sagt er, dass er nicht mehr lügen will und Deutschland wieder aufbauen will. Außerdem sagt er, dass das Volk auch arbeiten muss. …"

2. „Im Folgenden werde ich meine Interpretation einer Rede Adolf Hitlers präsentieren. In einem ersten Schritt werde ich die Rede analysieren, sie dann in den geschichtlichen Kontext einordnen und Hitlers Sprachgebrauch charakterisieren, um abschließend seine Aussagen vor dem Hintergrund der Machtsicherung zu beurteilen.
   Bei dieser Quelle handelt es sich um ein Dokument, genauer um eine Rede, die der Reichskanzler Adolf Hitler am 10. Februar 1933 im Berliner Sportpalast gehalten hat. Er war gerade seit elf Tagen im Amt und befand sich nun als Parteiführer der NSDAP im Wahlkampf für die Neuwahlen am 5. März, nachdem Reichspräsident Hindenburg am 1. Februar 1933 den Reichstag aufgelöst hatte.
   Er stellt hier sein politisches Programm zur Stärkung des Staats vor und richtet sich damit an alle anwesenden Zuhörer, aber auch an die deutsche Bevölkerung und eventuell Politiker im Ausland, da die Rede sicher im Rundfunk übertragen wurde.

Er beabsichtigt, die geplanten Maßnahmen zu rechtfertigen und Wählerstimmen für den 5. März zu gewinnen.
Zu diesem Zweck kündigt er „groß[e] Aufgaben“ (Z. 1) an und gliedert seine Rede in sechs Programmpunkte. Zunächst beteuert er seine Aufrichtigkeit und stellt in Aussicht, dass er Deutschland wieder aufbauen wolle (vgl. Z. 2 f. und 14 f.). Im nächsten Schritt betont er, dass dieser Aufbau nur mit der gemeinsamen Arbeit des ganzen Volks möglich sei (vgl. Z. 21 – 24).“

Teilaufgabe 2, Teil 1 – Einordnung in den Kontext

3. „Die Rede wurde am 10. 2. 33 gehalten. Vorher wurde Hitler mit großer Mehrheit zum Reichskanzler gewählt. Danach erließ er am 28. 2. die Reichstagsbrandverordnung und später am 23. 3. das Ermächtigungsgesetz. So bekam er immer mehr Zuspruch und sicherte seine Macht …“

4. „Die Rede wurde am 10. Februar 1933 gehalten und ist somit in die frühe Phase des Machtausbaus der Nationalsozialisten einzuordnen. 11 Tage zuvor, am 30. Januar, war Hitler vom Reichspräsidenten Hindenburg zum Reichskanzler ernannt worden und hatte – entgegen seinen vorherigen Versprechungen – am nächsten Tag den Reichstag auflösen lassen. Diese Rede ist daher eine von vielen öffentlichen Kundgebungen, die Hitler im Rahmen des Wahlkampfes für die Neuwahlen am 5. März bestritt. Gleichzeitig versuchte er, seine politischen Gegner auszuschalten. Hier kam ihm der Reichstagsbrand am 27. Februar gelegen, woraufhin er einen Erlass nach Artikel 48 durch den Reichspräsidenten erwirkte, der als „Reichstagsbrandverordnung“ bekannt ist. Dieser Erlass ermöglichte die strafrechtliche Verfolgung und Inhaftierung politischer Gegner wie der KPD und beschnitt zentrale Freiheitsrechte …“

Teilaufgabe 2, Teil 2 – Charakterisierung des Sprachgebrauchs

5. „Die Sprache ist typisch Hitler. Er stellt sich selbst immer als den Größten dar. Außerdem lobt er das deutsche Volk und will es stärken. Dazu verspricht er mehr Boden, in Wirklichkeit heißt das, dass er Länder erobern will. Er redet auch immer von Kampf…“

6. „Die nationalsozialistische Ideologie, die dem gesamten politischen Programm zugrunde liegt, offenbart sich deutlich im Sprachgebrauch der Rede. Zum einen hebt Hitler seine eigenen Leistungen besonders hervor (vgl. Z. 11 ff.) und stärkt damit den Kult um seine Person als „Führer“. Darüber hinaus bedient er sich häufig sakraler Begriffe, wie z. B. „Wiederauferstehung“ (Z. 22), um seine Versprechungen scheinbar religiös zu legitimieren. Im Kontrast dazu verleiht er seinen Ausführungen aber auch einen pseudowissenschaftlichen Anschein, indem er sich auf vermeintliche „Gesetze des Lebens“ (Z. 38 f.) beruft, diese mit der „Blut-und-Boden“-Ideologie verknüpft (vgl. Z. 49 ff.) und sich auf den Sozialdarwinismus beruft (vgl. Z. 60 ff.) …“

Teilaufgabe 3 – Beurteilung der Bedeutung für Machtaufbau

7. „Hitler zielt hier auf die Leute ab, denen es in der Weimarer Republik schlecht ging. Es gab viele Arbeitslose und die waren sicher begeistert von seiner Rede. Deshalb haben ihn auch alle gewählt. Die Rede hat also geholfen, seine Macht zu sichern …“

8. „Die Rede ist einerseits als Teil einer manipulativen Wahlkampfpropaganda einzuordnen, die den Zuspruch zur NSDAP stärken sollte. Hitlers politische Versprechungen

sind auf die Bedürfnisse vieler potenzieller Wähler zugeschnitten, die z. B. zum Heer der Arbeitslosen und Benachteiligten gehörten, die das Vertrauen in die Republik verloren hatten und für die nationalsozialistische Ideologie empfänglich waren. Gleichzeitig verschweigt Hitler Pläne, zu denen er noch keine breite Zustimmung erwartet, wie den antisemitisch und rassistisch motivierten Terror. (...)
Die Rede ist außerdem als politisches Programm zu verstehen, in dem der Reichskanzler die bevorstehenden Maßnahmen zum Aufbau der Diktatur bereits andeutet und rechtfertigt. Die Betonung von Führermythos und „Volksgemeinschaft" unterstreicht die Abkehr von demokratischen und pluralistischen Grundsätzen der Weimarer Republik. Erste Schritte zur Umsetzung finden sich gut zwei Wochen später in der „Reichstagsbrandverordnung" vom 28. Februar (...)"

Musterlösung
Übung

Vortragsbeispiele	Kommentare
Teilaufgabe 1 – Analyse	
1. „Ich sollte die Quelle analysieren. Es ist eine Hitler-Rede von 1933, die er im Berliner Sportpalast gehalten hat. Die Adressaten sind die Zuhörer. Hitler will über seine zukünftigen politischen Pläne ~~informieren~~. Dazu sagt er, dass er nicht mehr lügen will und Deutschland wieder aufbauen will. Außerdem sagt er, dass das Volk auch arbeiten muss. ..."	**Sachlicher Gehalt:** • fehlerhaft: Absicht ist nicht „informieren", sondern „überzeugen und rechtfertigen" • Adressaten werden zu wenig konkret benannt, stattdessen: Zuhörer vor Ort, deutsche Bevölkerung und Ausland • ungenaue Ausdrucksweise („dass er nicht mehr lügen will") suggeriert, Hitler hätte zugegeben, vorher gelogen zu haben **Gedankenführung/Kommunikation:** • Einleitung nicht souverän, unselbstständig • einfache, unpräzise Sprache; Wiederholung des Verbs „sagt"
2. „Im Folgenden werde ich meine Interpretation einer Rede Adolf Hitlers präsentieren. In einem ersten Schritt werde ich die Rede analysieren, sie dann in den geschichtlichen Kontext einordnen und Hitlers Sprachgebrauch charakterisieren, um abschließend seine Aussagen vor dem Hintergrund der Machtsicherung zu beurteilen.	**Sachlicher Gehalt:** • differenzierte, präzise Darstellung (Daten, Fachbegriffe)

Bei dieser Quelle handelt es sich um ein Dokument, genauer um eine Rede, die der Reichskanzler Adolf Hitler am 10. Februar 1933 im Berliner Sportpalast gehalten hat. Er war gerade seit elf Tagen im Amt und befand sich nun als Parteiführer der NSDAP im Wahlkampf für die Neuwahlen am 5. März, nachdem Reichspräsident Hindenburg am 1. Februar 1933 den Reichstag aufgelöst hatte. Er stellt hier sein politisches Programm zur Stärkung des Staats vor und richtet sich damit an alle anwesenden Zuhörer, aber auch an die deutsche Bevölkerung und eventuell Politiker im Ausland, da die Rede sicher im Rundfunk übertragen wurde. Er beabsichtigt, die geplanten Maßnahmen zu rechtfertigen und Wählerstimmen für den 5. März zu gewinnen. Zu diesem Zweck kündigt er „groß[e] Aufgaben“ (Z. 1) an und gliedert seine Rede in sechs Programmpunkte. Zunächst beteuert er seine Aufrichtigkeit und stellt in Aussicht, dass er Deutschland wieder aufbauen wolle (vgl. Z. 2 f. und 11 ff.). Im nächsten Schritt betont er, dass dieser Aufbau nur mit der gemeinsamen Arbeit des ganzen Volks möglich sei (vgl. Z. 21–24).“	**Gedankenführung/Kommunikation:** • Einleitung gedanklich stringent, souverän • gute Struktur, sinnvolle gedankliche Verknüpfungen („Zu diesem Zweck“, Konjunktionen wie „nachdem“) • präzise Sprache (Fachbegriffe, performative Verben), abstrahierende Darstellung **Komplexität der Problemdarstellung:** • klar durchdacht, sicher kommuniziert (z. B. bei Adressaten, Absicht)

Teilaufgabe 2 a – Einordnung in den Kontext

3. „Die Rede wurde am 10. 2. 33 gehalten. Vorher wurde Hitler mit großer Mehrheit ~~zum Reichskanzler gewählt~~. Danach ~~erließ er~~ am 28. 2. die ~~Reichstagsbrandverordnung~~ und später am 23. 3. das ~~Ermächtigungsgesetz~~. So bekam er immer mehr Zuspruch und sicherte seine Macht …“	**Sachlicher Gehalt:** • Ungenauigkeit bei Daten, indem Jahrhundert nicht benannt wird (1933) • erhebliche Fehler, Korrektur: Hitler wurde von Hindenburg zum Reichskanzler ernannt; Hindenburg erließ die „Reichstagsbrandverordnung“; der Reichstag verabschiedete das „Ermächtigungsgesetz“ **Gedankenführung:** • gedankliche Verknüpfung zur Quelle nur angedeutet
4. „Die Rede wurde am 10. Februar 1933 gehalten und ist somit in die frühe Phase des Machtausbaus der Nationalsozialisten einzuordnen. 11 Tage zuvor, am 30. Januar, war Hitler vom Reichspräsidenten Hindenburg zum Reichskanzler ernannt worden	**Sachlicher Gehalt:** • sachlich ausführlich und präzise

und hatte – entgegen seinen vorherigen Versprechungen – am nächsten Tag den Reichstag auflösen lassen. Diese Rede ist daher eine von vielen öffentlichen Kundgebungen, die Hitler im Rahmen des Wahlkampfes für die Neuwahlen am 5. März bestritt. Gleichzeitig versuchte er, seine politischen Gegner auszuschalten. Hier kam ihm der Reichstagsbrand am 27. Februar gelegen, woraufhin er einen Erlass nach Artikel 48 durch den Reichspräsidenten erwirkte, der als „Reichstagsbrandverordnung“ bekannt ist. Dieser Erlass ermöglichte die strafrechtliche Verfolgung und Inhaftierung politischer Gegner wie der KPD und beschnitt zentrale Freiheitsrechte …“	**Gedankenführung:** • gedankliche Verknüpfungen durch kausale Zusammenhänge und Bezug zur Quelle gut nachvollziehbar **Kommunikation:** • differenzierter Wortschatz zeigt sichere Kommunikation

Teilaufgabe 2 b – Charakterisierung des Sprachgebrauchs

5. „Die Sprache ist typisch Hitler. Er stellt sich selbst immer als den Größten dar. Außerdem lobt er das deutsche Volk und ~~will es stärken~~. Dazu verspricht er mehr Boden, in Wirklichkeit heißt das, dass er Länder erobern will. Er redet auch immer von Kampf…“	**Sachlicher Gehalt:** • Schwächen durch Vereinfachungen („verspricht […] Boden“), Verallgemeinerungen („immer“) und Fehler („will [das Volk] stärken“) **Komplexität der Problemstellung** • Fokus auf Redner erfasst nicht die Komplexität der Rede (Wahlkampf, Ideologie) **Kommunikation:** • Umgangssprache („ist typisch Hitler“) zeigt Mängel im kommunikativen Bereich
6. „Die nationalsozialistische Ideologie, die dem gesamten politischen Programm zugrunde liegt, offenbart sich deutlich im Sprachgebrauch der Rede. Zum einen hebt Hitler seine eigenen Leistungen besonders hervor (vgl. Z. 11 ff.) und stärkt damit den Kult um seine Person als „Führer“. Darüber hinaus bedient er sich häufig sakraler Begriffe, wie z. B. „Wiederauferstehung“ (Z. 22), um seine Versprechungen scheinbar religiös zu legitimieren. Im Kontrast dazu verleiht er seinen Ausführungen aber auch einen pseudowissenschaftlichen Anschein, indem er sich auf vermeintliche „Gesetze des Lebens“ (Z. 38 f.) beruft, diese mit der „Blut-und-Boden“-Ideologie verknüpft (vgl. Z. 49 ff.) und sich auf den Sozialdarwinismus beruft (vgl. Z. 60 ff.) …“	**Sachlicher Gehalt:** • differenzierte Kenntnisse, präzise, abstrahierende Charakterisierung **Komplexität der Problemstellung:** • Komplexität des Sprachgebrauchs erfasst (Bezug zur Ideologie und zum Wahlkampf) • Problemstellung durchdacht und differenziert gelöst **Kommunikation:** • präziser Wortschatz unter Verwendung von Fachsprache

Teilaufgabe 3 – Beurteilung der Bedeutung für Machtaufbau	
7. „Hitler zielt hier auf die Leute ab, denen es in der Weimarer Republik schlecht ging. Es gab viele Arbeitslose und die waren sicher begeistert von seiner Rede. ~~Deshalb haben ihn auch alle gewählt~~. Die Rede hat also geholfen, seine Macht zu sichern …“	**Sachlicher Gehalt:** • Personengruppe ungenau bestimmt („denen es […] schlecht ging“) • spekulative Einschätzung („die waren sicher begeistert“) • fehlerhafte Pauschalisierung: Hitler wurde nicht ins Amt gewählt, die NSDAP hatte selbst im März 1933 weniger als 50 % der Wählerstimmen **Eigenständigkeit des Urteils:** • Urteil nur in Ansätzen gelungen: pauschalisierende Aussagen, einseitige Betrachtung
8. „Die Rede ist einerseits als Teil einer manipulativen Wahlkampfpropaganda einzuordnen, die den Zuspruch zur NSDAP stärken sollte. Hitlers politische Versprechungen sind auf die Bedürfnisse vieler potenzieller Wähler zugeschnitten, die z. B. zum Heer der Arbeitslosen und Benachteiligten gehörten, die das Vertrauen in die Republik verloren hatten und für die nationalsozialistische Ideologie empfänglich waren. Gleichzeitig verschweigt Hitler Pläne, zu denen er noch keine breite Zustimmung erwartet, wie den antisemitisch und rassistisch motivierten Terror. (…) Die Rede ist außerdem als politisches Programm zu verstehen, in dem der Reichskanzler die bevorstehenden Maßnahmen zum Aufbau der Diktatur bereits andeutet und rechtfertigt. Die Betonung von Führermythos und „Volksgemeinschaft“ unterstreicht die Abkehr von demokratischen und pluralistischen Grundsätzen der Weimarer Republik. Erste Schritte zur Umsetzung finden sich gut zwei Wochen später in der „Reichstagsbrandverordnung“ vom 28. Februar (…)“	**Eigenständigkeit des Urteils:** • Urteil differenzierend (propagandistische und programmatische Bedeutung) und fachlich sicher begründet **Gedankenführung/Kommunikation:** • Darstellung stringent, strukturiert

Mögliche Überleitung zum zweiten Prüfungsteil

IF 6 Nationalismus, Nationalstaat und deutsche Identität im 19. und 20. Jahrhundert

Die „Deutsche Frage“ im 19. Jahrhundert (vgl. S. 171 ff.)

Prüferin/ Prüfer

„Hitler behauptet, er wolle das Deutsche Reich wieder aufbauen und beruft sich dabei auf vermeintlich ‚ewige Gesetze‘ der Geschichte.

Fassen Sie zusammen, wie sich die Situation des Deutschen Reichs rund 100 Jahre vorher darstellte.“

Hinweise für den Prüfling

- Dieser Impuls ist offengehalten, um Ihnen den Übergang zum neuen Thema zu erleichtern.
- Folgende Betrachtungsebenen können Sie berücksichtigen, um die komplexe Situation zu erfassen:
  - territorial: Ende des Heiligen Römischen Reichs deutscher Nation 1806, Deutscher Bund ab 1815
  - politisch: Deutscher Bund als Bündnis souveräner Fürstentümer und Städte; teils absolutistisch, teils konstitutionell
  - gesellschaftlich: Widerstand gegen Restauration, Streben nach Einheit und Freiheit
- Achten Sie darauf, die Interessen unterschiedlicher Bevölkerungsgruppen (regierende Fürsten, nationalliberales Bürgertum) wiederzugeben, und verwenden Sie präzise Fachbegriffe (z. B. „Deutscher Bund“ statt „zersplittertes Deutschland“).

Mündliche Prüfung ■ 1. Prüfungsteil
Inhaltsfeld 5: **Die Zeit des Nationalsozialismus – Voraussetzungen, Herrschaftsstrukturen, Nachwirkungen und Deutungen**
Aufgabe 5

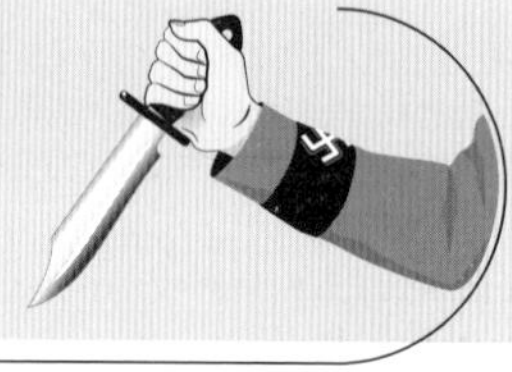

Thema und Material	Herrschaft des Nationalsozialismus in Deutschland und Europa – Widerstand Textquelle
Aus dem Unterricht benötigte Kompetenzen	Folgende historische Sachverhalte sollten Sie erläutern und auf das Material anwenden können: – Herrschaft und Gesellschaft im Nationalsozialismus – Anpassung, Unterstützung und Widerstand zur Zeit des Nationalsozialismus – Widerstand am Beispiel der „Weißen Rose“ – nationalsozialistische Rassenpolitik und Judenvernichtung

Aufgabenstellung

Interpretieren Sie die Quelle, indem Sie
1. sie analysieren,
2. unter Bezug auf das Flugblatt den Widerstand der „Weißen Rose“ erläutern und die im Text angesprochenen Ereignisse in die Phasen des Umgangs des nationalsozialistischen Deutschlands mit der deutschen und europäischen jüdischen Bevölkerung einordnen,
3. mit Bezug auf die Quelle abwägend zu Schuld und Verantwortung der Deutschen im Hinblick auf die Verbrechen gegen die Juden im Nationalsozialismus Stellung nehmen.

M Zweites Flugblatt[1] der Widerstandsgruppe „Weiße Rose“ (Auszug), 1942

[…] Jetzt stehen wir vor dem Ende. Jetzt kommt es darauf an, sich gegenseitig wiederzufinden, aufzuklären von Mensch zu Mensch, immer daran zu denken und sich keine Ruhe zu geben, bis auch der Letzte von der äußersten Notwendigkeit seines Kämpfens wider dieses System überzeugt ist. Wenn so eine Welle des Aufruhrs durch das Land geht, wenn „es in der Luft liegt“: wenn viele mitmachen, dann kann in einer letzten, gewaltigen Anstrengung dieses System abgeschüttelt werden. Ein Ende mit Schrecken ist immer noch besser als ein Schrecken ohne Ende.

[A]ls Beispiel wollen wir die Tatsache kurz anführen, die Tatsache, daß seit der Eroberung Polens *dreihunderttausend* Juden in diesem Land auf bestialischste Art ermordet

worden sind. Hier sehen wir das fürchterlichste Verbrechen an der Würde des Menschen, ein Verbrechen, dem sich kein ähnliches in der ganzen Menschengeschichte an die Seite stellen kann. [...]
Warum verhält sich das deutsche Volk angesichts all dieser scheußlichsten, menschenunwürdigsten Verbrechen so apathisch? Kaum irgend jemand macht sich Gedanken darüber. [...] Und wieder schläft das deutsche Volk in seinem stumpfen, blöden Schlaf weiter und gibt diesen faschistischen Verbrechern Mut und Gelegenheit, weiterzuwüten – und diese tun es. Sollte dies ein Zeichen dafür sein, daß die Deutschen in ihren primitivsten menschlichen Gefühlen verroht sind, daß keine Saite in ihnen schrill aufschreit im Angesicht solcher Taten [...]? Es scheint so und ist es bestimmt, wenn der Deutsche nicht endlich aus dieser Dumpfheit auffährt, wenn er nicht protestiert, wo immer er nur kann, gegen diese Verbrecherclique, wenn er mit diesen Hunderttausenden von Opfern nicht mitleidet. Und nicht nur Mitleid muß er empfinden, nein, noch viel mehr: *Mitschuld*. Denn er gibt durch sein apathisches Verhalten diesen dunklen Menschen erst die Möglichkeit, so zu handeln, er leidet[2] diese „Regierung", die eine so unendliche Schuld auf sich geladen hat, ja, er ist doch selbst schuld daran, daß sie überhaupt entstehen konnte! Ein jeder will sich von einer solchen Mitschuld freisprechen [...]. Aber er kann sich nicht freisprechen, ein jeder ist *schuldig, schuldig, schuldig*! Doch ist es noch nicht zu spät, diese abscheulichste aller Mißgeburten von Regierungen aus der Welt zu schaffen, um nicht noch mehr Schuld auf sich zu laden. Jetzt, da uns in den letzten Jahren die Augen vollkommen geöffnet worden sind, da wir wissen, mit wem wir es zu tun haben, jetzt ist es allerhöchste Zeit, diese braune Horde auszurotten. Bis zum Ausbruch des Krieges war der größte Teil des deutschen Volkes geblendet, die Nationalsozialisten zeigten sich nicht in ihrer wahren Gestalt, doch jetzt, da man sie erkannt hat, muß es die einzige und höchste Pflicht, ja heiligste Pflicht eines jeden Deutschen sein, diese Bestien zu vertilgen. [...]
Wir bitten, diese Schrift mit möglichst vielen Durchschlägen abzuschreiben und weiterzuverteilen.

hier abgedruckt nach: http://www.bpb.de/geschichte/nationalsozialismus/weisse-rose/61015/flugblatt-ii (Die Rechtschreibung und Zeichensetzung folgen dem Original.)

Anmerkungen

1 Die Flugblätter der studentischen Widerstandsgruppe wurden im Stadtgebiet München ausgelegt, anonym mit der Post an Intellektuelle im Raum München verschickt und später auch in der Münchner Universität sowie über Kommilitonen in anderen Städten verbreitet. Hier handelt es sich um das zweite von insgesamt sechs Flugblättern. Die ersten vier „Flugblätter der Weißen Rose" schrieben und verbreiteten Hans Scholl und Alexander Schmorell zwischen dem 27. Juni und dem 12. Juli 1942.

2 „leidet": hier (in einem veralteten Sinne): zulassen, erlauben

Lösungsvorschlag

TIPP *Erläuterung zur Aufgabenstellung*

Die Aufgabenstellung ist in drei Schritte untergliedert, die auch in Ihrem Vortrag als solche erkennbar sein sollten. Sie können die einzelnen **Operatoren** also für die **Gliederung** Ihrer Präsentation nutzen.

In der **ersten Teilaufgabe** sollten Sie die **Quelle formal und inhaltlich vorstellen**. Beginnen Sie damit, grundlegende Informationen zur Quelle anzuführen, indem Sie die Autoren, die Textsorte, die Adressaten, die Entstehungszeit und das Thema nennen. Im Anschluss daran geht es um die **strukturierte Wiedergabe des Gedankengangs**. Dies bedeutet nicht, die einzelnen Aussagen möglichst wortgetreu nachzuerzählen, sondern sich auf die **Darstellung der Hauptaussagen** zu beschränken. Gleichzeitig sollten Sie den **Argumentationsgang** des Textes herausarbeiten. Dies ist besonders wichtig, weil es sich bei dem Flugblatt um einen appellativen Text mit einer eindeutigen Wirkungsabsicht handelt.

In der **zweiten Teilaufgabe** sollen Sie dann den Text in einen größeren **geschichtlichen Rahmen einordnen** und mithilfe Ihrer historischen Kenntnisse **erläutern**. Sie sind hier zunächst aufgefordert, den **Widerstand der „Weißen Rose“** darzulegen. Der Text enthält bereits einige Aspekte des Widerstands dieser Gruppe (soziales Umfeld; Ziele, Motive und Mittel des Widerstands), sodass er Ihnen dabei helfen kann, ihre Besonderheit zu verdeutlichen. Der zweite Teil der zweiten Teilaufgabe bezieht sich auf einen zentralen Aspekt des Flugblatts, nämlich auf die Verfolgung und Ermordung der jüdischen Bevölkerung im Herrschaftsbereich des Nationalsozialismus. Es wird von Ihnen verlangt, die dargestellten Ereignisse in die **Phasen des Umgangs des nationalsozialistischen Deutschlands mit der jüdischen Bevölkerung** im Reich und in Europa **einzuordnen**. Skizzieren Sie dazu kurz den **Ablauf der nationalsozialistischen Judenverfolgung** und beziehen Sie sich an geeigneten Stellen auf das Flugblatt.

Die **dritte Teilaufgabe** enthält als Operator die Anforderung **„Stellung nehmen“**. Hier geht es also nicht um die bloße Präsentation von Fakten bzw. um deren Einordnung in geschichtliche Entwicklungen, sondern Sie müssen ein **Urteil fällen**, das eine **begründete eigene Einschätzung** zu einem strittigen Sachverhalt vornimmt. Ausgangspunkt Ihrer Stellungnahme sollte die sehr eindeutige Position des Flugblatts sein. Dieses wirft dem deutschen Volk ausdrücklich eine **„Mitschuld“ an den monströsen Verbrechen gegen die Juden** vor. Damit gilt es, sich auseinanderzusetzen. Beziehen Sie dabei sowohl **heutige Wertmaßstäbe** ein als auch die damaligen **historischen Rahmenbedingungen**. Vergessen Sie nicht, auch die in der Aufgabenstellung genannten **Begriffe „Schuld und Verantwortung“** zu thematisieren. Sie sollen bei Ihrer Stellungnahme **abwägend vorgehen**, was bedeutet, dass es durchaus Argumente für die kritische und vorwurfsvolle Position der Verfasser gibt, man ihre Sichtweise aber auch einschränken kann. Beides sollten Sie berücksichtigen und am Ende in einem **differenzierten Fazit** deutlich machen.

Einleitung

- **Hinführung zum Thema des Vortrags:** gegenwärtige Bedeutung der „Weißen Rose“ in der Erinnerungskultur → Überleitung zu zweitem Flugblatt
- **Präsentation des weiteren Vorgehens:** Analyse des Flugblatts, historische Kontextualisierung (Erläuterung des Widerstands der „Weißen Rose“, Einordnung des Flugblatts in die Phasen des Umgangs des nationalsozialistischen Deutschlands mit der deutschen und europäischen jüdischen Bevölkerung), Stellungnahme zu Schuld und Verantwortung der Deutschen im Hinblick auf die Verbrechen gegen die Juden

Analyse (Teilaufgabe 1)

- **formale Vorstellung der Quelle:** Autoren (Mitglieder der Widerstandsgruppe „Weiße Rose“), Textsorte (Flugblatt), Entstehungszeit (Sommer 1942), Adressaten (deutsche Öffentlichkeit, primär im universitären Bereich), Thema (Auseinandersetzung mit der Herrschaft des Nationalsozialismus), Kernaussage (Mitschuld der Deutschen an den Verbrechen des Nationalsozialismus), Intention (Aufruf zum Widerstand)
- **strukturierte Wiedergabe des Gedankengangs**
  - Aufruf, die nationalsozialistische Regierung zu stürzen
  - Beschreibung der Unmenschlichkeit des NS-Regimes am Beispiel von dessen Umgang mit den deutschen und europäischen Juden
  - Kritik an der Tatenlosigkeit des deutschen Volks angesichts der Verbrechen
  - Mitschuld der Nichthandelnden an den Verbrechen
  - erneuter Aufruf zum Widerstand

Historische Kontextualisierung (Teilaufgabe 2)

- **Erläuterung des Widerstands der „Weißen Rose“**
  - Verortung: überwiegend studentische Widerstandsgruppe im Umfeld der Münchner Universität
  - bekannteste Mitglieder: Geschwister Hans und Sophie Scholl
  - Ziele: Aufzeigen einer moralischen Verpflichtung zum Widerstand, Warnung vor der moralischen Mitschuld im Falle von Passivität angesichts der Verbrechen, Ermunterung zu zumindest passivem Widerstand gegen das Regime, Sturz der NS-Regierung
  - Mittel: geheime Verteilung und Versand von anonymen Flugblättern
  - Charakterisierung und Verlauf: Ausrichtung auf intellektuelle Kreise und Multiplikatoren, bewusste Inkaufnahme eines hohen Risikos für Leib und Leben, Scheitern und Hinrichtung der Geschwister Scholl und anderer Beteiligter

- **Einordnung des Flugblatts in die Phasen der Verfolgung und Ermordung der Juden** *(andere begründete Phaseneinteilung ebenso möglich)*
  - **1933–1938:** Ausgrenzung und Entrechtung, Hetze und Terror gegen die jüdische Bevölkerung, Höhepunkt: Pogrome vom 9./10. November 1938
  - **1939–1941:** nach Kriegsbeginn Pogrome und Massaker in eroberten Gebieten, Gettoisierung
  - **1941–1945:** Zwangsdeportationen in Gettos und Massenerschießungen sowie systematische Ermordung der europäischen Juden in Vernichtungslagern (Koordination des Massenmords auf Wannsee-Konferenz im Januar 1942)

Stellungnahme zu Schuld und Verantwortung der Deutschen (Teilaufgabe 3)

- **zustimmende Argumente**
  - Verankerung des Antisemitismus in der Gesellschaft → klagloses Hinnehmen, oft sogar Begrüßen von Maßnahmen gegen jüdische Mitbürger → Profitieren vieler Deutscher von antijüdischen Maßnahmen
  - kaum Widerstand gegen NS-Herrschaft
  - Wissen um Verbrechen an deutschen und europäischen Juden bei vielen Deutschen vorhanden
  - vor dem Hintergrund der menschenrechtlichen Wertvorstellungen des Grundgesetzes zumindest Mitverantwortung für die Verbrechen
- **relativierende Argumente**
  - Problematik von Kollektivschuldvorwürfen, oft keine individuell zuschreibbare Schuld vieler Deutscher in juristischem Sinn
  - repressiver, terroristischer Überwachungs- und Verfolgungsapparat gegen jede potenzielle Widerstandshandlung
- **Fazit**
  - Ablehnung von Kollektivschuld, aber Mitverantwortung und moralische Schuld der meisten deutschen Zeitgenossen aufgrund von Beitrag zu gesellschaftlichem Klima für Verbrechen
  - nachträgliche Beurteilung aus demokratischem Rechtsstaat schwierig
  - Vorbildhaftigkeit des mutigen Handelns der „Weißen Rose“

Mustervortrag

Einleitung
Hinführung zum Thema des Vortrags und Präsentation des weiteren Vorgehens

Bis heute handelt es sich bei der „**Weißen Rose**“ um das **berühmteste Beispiel für zivilen Widerstand** gegen den Nationalsozialismus. Die Gruppe um die **Geschwister Scholl** wandte sich in insgesamt sechs Flugblättern gegen das NS-Regime. Den mir vorgelegten **Auszug aus dem zweiten Flugblatt** möchte ich im Folgenden interpretieren. Dabei beginne ich mit einer **Analyse** der Textquelle, die ich zunächst kurz vorstellen werde, um ihre zentralen Inhalte anschließend strukturiert wiederzugeben. Danach folgt eine **historische Kontextualisierung**, bei der ich auf den **Widerstand der „Weißen Rose“** insgesamt eingehen sowie das Flugblatt in die **Phasen des Umgangs der Nationalsozialisten mit der jüdischen Bevölkerung** einordnen werde. Abschließend werde ich mich dann mit der **Frage nach Schuld und Verantwortung der Deutschen** im Hinblick auf die Verbrechen an den Juden auseinandersetzen.

Analyse (Teilaufgabe 1)

Vorstellung des Textes

Als Erstes komme ich nun zur Analyse: Das **Flugblatt** wurde Ende Juni/Anfang Juli 1942 von Hans Scholl und Alexander Schmorell, zwei **Mitgliedern der Widerstandsgruppe „Weiße Rose“**, veröffentlicht. Ihr **appellativer Text** richtet sich an die **deutsche Öffentlichkeit**, speziell im Umfeld der Münchner Universität. Thema der Flugschrift ist die **Herrschaft des Nationalsozialismus**, die damit verbundenen Verbrechen und der gebotene Umgang damit. Die Verfasser formulieren als **Kernaussage**, dass **jeder Deutsche Mitschuld an** den durch das NS-Regime begangenen **Untaten** trage und deshalb zum Widerstand aufgerufen sei.

strukturierte Wiedergabe des Inhalts

Der Text beginnt mit einem **Aufruf zum massenhaft durchgesetzten Umsturz:** Man dürfe nicht nachlassen, bis auch der Letzte vom Kampf gegen den Nationalsozialismus überzeugt sei (vgl. Z. 2 ff.). Wenn sich eine große Menge daran beteiligen würde, ließe sich die **Herrschaft des Regimes abschütteln** (vgl. Z. 4 ff.). Begründet wird dieser Appell mit dem **Verweis auf die Unmenschlichkeit des Nationalsozialismus**, der allein in Polen den Massenmord an 300 000 Juden zu verantworten habe. Die Verfasser sprechen in diesem Zusammenhang von dem „fürchterlichste[n] Verbrechen an der Würde des Menschen“ (Z. 10 f.) und **kritisieren die Tatenlosigkeit des deutschen Volks** angesichts dieser Entsetzlichkeiten. Die Urheber des Flugblatts wollen die **Bevölkerung aufrütteln**, indem sie ihr moralische und emotionale Teilnahmslosigkeit sowie Verrohung unterstellen, wenn sie sich nicht vehement gegen die begangenen Gräueltaten auflehnen würde. Die Menschen sollten nicht nur „Mitleid“ (Z. 22), sondern auch *„Mitschuld“* (Z. 23) empfinden, da sie durch ihre Tatenlosigkeit die Verbrechen überhaupt erst ermöglichen würden (vgl. Z. 23 ff.). Allen nicht handelnden Deutschen wird also eine **Mitverantwortung an den Verbrechen** zugewiesen. Dies betonen die Verfasser noch einmal eindrücklich mit der dreifach wiederholten Aufzählung des Adjektivs „schuldig“ („ein jeder ist *schuldig, schuldig, schuldig*!“, Z. 27 f.). Daran schließen sie die explizite **Aufforderung zum Umsturz** an (vgl. Z. 28 ff.). Der Text endet mit einem erneuten **Aufruf zum Widerstand:** Da die Deutschen nun wüssten, was das NS-Regime tue, sei es Pflicht, gegen die Nationalsozialisten vorzugehen und diese zu bekämpfen, um die

Schuld, die man auf sich geladen habe, zu tilgen. Ein erster Beitrag sei es, für die weitere Verbreitung des Flugblatts zu sorgen.

Überleitung zu historischer Kontextualisierung

Nach der Analyse des Flugblatts möchte ich ein paar **Hintergrundinformationen zum Widerstand der „Weißen Rose"** erläutern und die Textquelle dann in den Kontext des **Umgangs der Nationalsozialisten mit der jüdischen Bevölkerung** einordnen.

Historische Kontextualisierung (Teilaufgabe 2)

Erläuterungen zum Widerstand der „Weißen Rose"

Die „Weiße Rose" war eine **studentische Widerstandsgruppe** an der Universität München, die sich auf christliche und **humanistische Werte** berief. So sprechen ihre Mitglieder auch im vorliegenden Flugblatt vom „fürchterlichste[n] Verbrechen an der Würde des Menschen" (Z. 10 f.), wenn sie begründen, warum man sich gegen das NS-Regime stellen sollte. Die Widerstandsgruppe entstand in der **Zeit des Zweiten Weltkriegs** ab Juni 1942 in München. Ihre bekanntesten Mitglieder waren die **Geschwister Sophie und Hans Scholl**. Die Gruppe verfasste und druckte heimlich mehrere **Flugblätter**, die sie in der Universität München und zum Teil auch in anderen deutschen Städten zu verbreiten suchte. Wie der vorliegenden Quelle zu entnehmen ist, ging es den Mitgliedern der „Weißen Rose" darum, das deutsche **Volk über die Verbrechen des Nationalsozialismus aufzuklären**, es aufzurütteln und zum Widerstand aufzurufen (vgl. Z. 29 ff.). Dieses **Vorhaben scheiterte**; die erhoffte Wirkung blieb aus. Bei der Verteilung des sechsten Flugblatts im Februar 1943 in der Münchner Universität durch die Geschwister Scholl flog die **Gruppe** auf und wurde **von der Gestapo zerschlagen**. Hans und Sophie Scholl sowie andere **Mitglieder** wurden verhaftet und in mehreren Prozessen vor dem sogenannten Volksgerichtshof **zum Tode verurteilt und hingerichtet**.

Phasen der Judenverfolgung

Das vorliegende Flugblatt stammt vom Sommer 1942 und erwähnt den **Massenmord an polnischen Juden** (vgl. Z. 8 ff.), der ein Bestandteil der **Schoah**, der nationalsozialistischen **Vernichtungsmaßnahmen gegen die deutschen und europäischen Juden** während des Zweiten Weltkriegs, war. Der Prozess der antisemitisch begründeten **Entrechtung**, **Verfolgung und Ermordung** der Juden im Herrschaftsbereich des NS-Staats setzte schon bald nach Beginn der Reichskanzlerschaft Adolf Hitlers 1933 ein. In einer **ersten Phase** von 1933 bis 1938 konzentrierte sich die NS-Judenpolitik zunächst vor allem auf Maßnahmen zur **Diskriminierung und Entrechtung** der jüdischen Bevölkerung. Diese bestanden zunächst aus **Boykottaktionen** gegen jüdische Geschäfte (April 1933) und anderen diskriminierende Maßnahmen. Im Jahr 1935 folgten die **Nürnberger Gesetze**, welche Juden nach rassistischen Kriterien definierten, die Gleichberechtigung der Juden vor dem Gesetz beendeten und „Mischehen" verboten. Zudem kam es zu **Verleumdungs- und Diffamierungskampagnen** im großen Stil sowie zur **Verdrängung**

– 1. Phase 1933–1938: Diskriminierung und Entrechtung

der Juden aus dem öffentlichen Leben. Den Höhepunkt dieser ersten Phase stellte die sogenannte **Reichspogromnacht** („Reichskristallnacht") vom 9./10. November 1938 dar, in der in Deutschland Synagogen in Brand gesteckt, jüdische Geschäfte zerstört, Juden in Konzentrationslager gebracht und dort zum Teil auch ermordet wurden.

– 2. Phase 1939–1941: Ausweitung der Verfolgung und erste Mordaktionen

In der **zweiten Phase** von 1939 bis 1941 wurde die Verfolgung ausgeweitet, was auch mit dem **Anfang des Zweiten Weltkriegs** im September 1939 zu tun hatte. Mit dem Einmarsch der Wehrmacht in Polen kam es dort (auch unter Hinzuziehung einheimischer antisemitischer Kräfte) zu zahlreichen **Pogromen und Massakern** durch SS, Polizeieinheiten und Soldaten. Zudem wurden **Gettos** eingerichtet, in denen die polnischen Juden konzentriert und von der übrigen Bevölkerung abgegrenzt werden sollten.

– 3. Phase 1941–1945: systematische Vernichtung

Nach dem **Überfall auf die Sowjetunion** im Juni 1941 erfolgte in einer **dritten Phase**, die bis zum Ende des Kriegs 1945 andauerte, eine weitere **Steigerung der antijüdischen Vernichtungspolitik**. Spätestens zu diesem Zeitpunkt wurden auch **massenweise Juden** aus Deutschland und den eroberten Gebieten in Gettos in Osteuropa **deportiert**. Zudem fielen Hunderttausende von Juden hinter der Front den sogenannten mobilen **Einsatzgruppen der SS** sowie den in den besetzten Gebieten eingerichteten Dienststellen des NS-Terrorapparates zum Opfer. Darüber hinaus errichtete die SS **Vernichtungslager** in Osteuropa (u. a. Auschwitz), wohin Juden aus ganz Europa gebracht wurden, um sie dort mit industriellen Methoden umzubringen. Ungefähr ein halbes Jahr nach Beginn des Vernichtungsfeldzugs in der UdSSR fand im Januar 1942 unter Leitung des SD-Chefs Reinhard Heydrich die **Wannsee-Konferenz** zur Koordination der „Endlösung der Judenfrage" statt. Auf dieser wurde die Vernichtung des europäischen Judentums zwar nicht beschlossen – sie hatte schon vorher eingesetzt –, aber mit den Spitzen des deutschen Staatsapparats koordiniert und danach systematisch in die Tat umgesetzt. Das **Flugblatt** der „Weißen Rose" vom Sommer 1942 stellt noch nicht das ganze Ausmaß der damaligen NS-Vernichtungspolitik dar, **verweist aber unmissverständlich auf den Massenmord** an den Juden (vgl. Z. 8 ff.). Dieser endete erst mit der Befreiung der Lager durch die Rote Armee ab Ende Januar 1945.

Stellungnahme (Teilaufgabe 3)

In dem Flugblatt wird der **deutschen Bevölkerung** eindeutig vorgeworfen, wegen ihrer Loyalität gegenüber der NS-Herrschaft und ihrer Passivität („apathisches Verhalten", Z. 23) **mitschuldig an den Verbrechen des Regimes** zu sein.

Dafür lassen sich durchaus Argumente und Belege anführen, die ich nun kurz skizzieren will: Der **Antisemitismus**, der für die Nationalsozialisten die Vernichtungspolitik rechtfertigte, war schon vor 1933 **tief in der deutschen Gesellschaft verankert**. Die meisten Deutschen nahmen die sich ab 1933 steigernden **Maßnahmen gegen ihre jüdischen Mitbürger** klaglos hin, begrüßten sie oft sogar oder beteiligten sich daran. In vielen Fällen konnten sie auch **materiell davon profitieren** (Stichwort „Arisierungen“). Wirkliche **Widerstandsversuche** gegen die NS-Herrschaft gab es **nur in sehr geringem Maße**. Wenn das Flugblatt einer studentischen Widerstandsgruppe vom Sommer 1942 auf Massenmorde an Juden in Polen verweist, wird deutlich, dass auch sogenannte **normale Deutsche von den nationalsozialistischen Verbrechen** in Osteuropa wussten bzw. **wissen konnten**, zumal auch in Deutschland die Deportation der Juden überall sichtbar war. Vor dem Hintergrund der Wertvorstellungen des Grundgesetzes ist es demzufolge durchaus berechtigt, der nicht jüdischen deutschen Bevölkerung eine **moralische und politische Mitschuld** vorzuwerfen. Die **Menschenwürde** (vgl. Art. 1 Grundgesetz) wurde durch die deutschen Verbrechen, denen sich laut Flugblatt „kein ähnliches in der ganzen Menschengeschichte an die Seite stellen“ (Z. 11 f.) lassen könne, **in unvorstellbarem Ausmaß verletzt**.

zustimmende Aspekte
- tief verankerter Antisemitismus in der Bevölkerung
- kaum Widerstandsversuche
- Sichtbarkeit der Deportationen und teilweise auch der Mordaktionen
- moralische und politische Mitschuld an Verletzungen der Menschen-

Andererseits kann man jedoch die Berechtigung der Vorwürfe gegenüber der deutschen Bevölkerung etwas einschränken. **Schuldig in einem juristischen Sinn** waren sicherlich die meisten Deutschen **nicht**, da sie persönlich (als Individuum) **nicht direkt und aktiv** an der Organisation und Durchführung des Massenmords **beteiligt** waren. Der **Vorwurf einer Kollektivschuld** ist also **problematisch**. Hinzu kommt, dass das NS-Regime einen wirksamen **Unterdrückungs- und Terrorapparat** aufgebaut hatte (Gestapo, politische Justiz, Konzentrationslager u. a.), der jegliches, auch nur vorsichtiges **Widerstandshandeln** zu einer sehr gefährlichen **Bedrohung von Leib und Leben** machte. Bei der verbreiteten Zustimmung zum Nationalsozialismus war jede/r Widerstandleistende von Ausgrenzung und Denunziation bedroht. Es erforderte also **großen Mut**, sich öffentlich gegen das Regime zu stellen und dessen Verbrechen anzuklagen. Dies zeigt ja auch das **Schicksal der** Mitglieder der „**Weißen Rose**“, die für den Widerstand mit ihrem Leben bezahlten.

relativierende Aspekte
- Problematik der Kollektivschuld wegen fehlender direkter Beteiligung
- Gefahr für das eigene Leben bei Widerstand

Nach Abwägung aller zustimmenden und relativierenden Argumente lautet mein **Fazit** folgendermaßen: Wenn auch in einem strafrechtlichen Sinn für die meisten nicht jüdischen Deutschen nicht von Schuld gesprochen werden kann, so gilt das nicht unbedingt für die **Frage nach der moralischen Verantwortung**. Verbrechen vom

Fazit

Ausmaß der Schoah können schwerlich begangen werden, wenn nicht ein gesellschaftliches Klima herrscht, in dem solche **Taten befürwortet oder zumindest toleriert** werden. Die Entstehung dieses Umfelds vor und nach 1933 zu verhindern, wäre die Verantwortung der Deutschen gewesen. Bei aller Nachvollziehbarkeit der Vorwürfe der „Weißen Rose" bleibt aus heutiger Sicht aber immer noch die **Problematik einer nachträglichen Stellungnahme**. Wir urteilen vor dem **Hintergrund eines demokratischen Rechtsstaats** über das Verhalten von Personen zu einer völlig anderen Zeit in einer menschenverachtenden, terroristischen Diktatur. Bevor wir die Tatenlosigkeit der damaligen Bevölkerung verdammen, müssen wir uns die Frage gefallen lassen, ob wir in unserer Demokratie stets dem moralischen Anspruch der „Weißen Rose" gerecht werden. Wie würden wir uns da erst in einer Diktatur verhalten? In jedem Fall kann uns die „**Weiße Rose**" mit ihrem Mut und ihrer Einsatzbereitschaft auch heute noch als **Vorbild** dienen, wenn es um **Zivilcourage** und das **Engagement für demokratische Werte** geht.

Mündliche Prüfung ■ 1. Prüfungsteil
Inhaltsfeld 5: **Die Zeit des Nationalsozialismus – Voraussetzungen, Herrschaftsstrukturen, Nachwirkungen und Deutungen**
Aufgabe 6

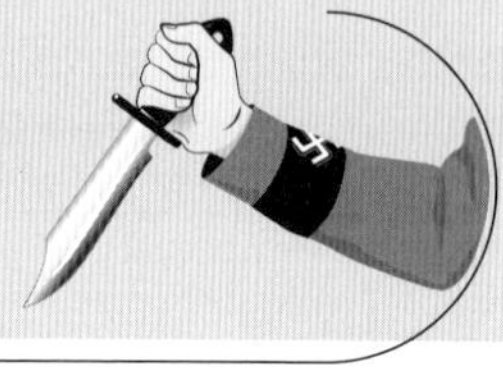

Thema und Material	Umgang mit dem Nationalsozialismus in den Besatzungszonen Schriftquelle und Statistik
Aus dem Unterricht benötigte Kompetenzen	Folgende Sachverhalte sollten Sie erläutern und auf das Material anwenden können: – Besatzungszeit nach dem Zweiten Weltkrieg – Entnazifizierung in den Westzonen und der SBZ – Nürnberger Prozesse (1945–1949)

Aufgabenstellung

Interpretieren Sie die vorliegende Quelle (M 1), indem Sie

1. die Ausführungen des Rates der EKD über die Entnazifizierung (M 1) zusammenfassen und die Statistik zu den Fallzahlen in den drei Westzonen (M 2) beschreiben.
2. ausgehend vom Text (M 1) die Maßnahmen zur Entnazifizierung in den Westzonen und in der Sowjetischen Besatzungszone (SBZ) von 1945 bis 1949 erläutern.
3. unter Heranziehung der Statistik (M 2) zu den Aussagen des Rates der EKD zur Entnazifizierung Stellung nehmen.

M 1 Aus der Erklärung des Rates der EKD[1] zur Entnazifizierung, 2. Mai 1946

I. 1. Bei der sogenannten Entnazifizierung geht es um die Reinigung des deutschen Volkes von den verderblichen Einflüssen des Nationalsozialismus. Die Notwendigkeit einer solchen Reinigung wird von der Kirche anerkannt. [...]

2. Die Kirche ist der Ansicht, daß jeder, der ein Verbrechen im Zusammenhang mit der nationalsozialistischen Herrschaft begangen hat, bestraft werden muß.

3. [...] Die Bestrafung der Mitglieder von NS-Organisationen bis hin zur Entfernung aus ihrem Amte sollte aber in jedem Falle nur erfolgen, wenn nachgewiesen wird, daß sie durch die Zugehörigkeit oder ihr Handeln den Verbrechen des Nationalsozialismus persönlich Vorschub geleistet haben und daher Mittäter oder Begünstiger sind. Das ist ein Grundsatz der Gerechtigkeit.

4. Das zur Bestrafung aller dieser Menschen jetzt eingeschlagene Verfahren ist weithin nicht geeignet, zu wirklich gerechten Ergebnissen zu führen. Vor allem

darf man Menschen nicht nur um ihrer äußeren Zugehörigkeit oder einer vermuteten Gesinnung willen zunächst bestrafen und es ihnen erst danach ermöglichen, sich zu rechtfertigen. Auch erfüllt es nicht die Notwendigkeit des Nachweises einer persönlichen Schuld, wenn Organisationen in ihrer Gesamtheit als verbrecherisch erklärt werden.

II. Neben diesen grundsätzlichen Bedenken muß auf folgende Einzelheiten hingewiesen werden:

1. Die Entfernung vieler Menschen aus Ämtern, die sie an sich untadelig wahrgenommen haben, und ihre Ausstoßung in wirtschaftliche Verelendung geht über die Maßnahmen hinaus, die in den vergangenen Jahren in der gleichen Frage in Deutschland getroffen wurden[2]. Sie zerstört wieder das langsam wachsende Rechtsempfinden und schafft die Grundlagen für einen Nihilismus, der weit über die Grenzen Deutschlands hinaus sich auswirken wird. Auch bei solchen Menschen, die, oft unter kirchlichem Einfluß, zu der Erkenntnis gekommen sind, daß ihre Beteiligung am Nationalsozialismus ein Irrweg war und eine angemessene Sühne erfordert, wird die Frucht dieser Erkenntnis jetzt wieder gefährdet.

2. Die in den Fragebogen gestellten Fragen verführen erfahrungsgemäß an manchen Stellen zur Lüge und fördern das Denunziantentum. Dies kann einer moralischen Gesundung des Volkes nicht dienlich sein.

[…]

Neubeginn und Restauration. Dokumente zur Vorgeschichte der Bundesrepublik Deutschland 1945–1949. Hrsg. v. Hans-Jörg Ruhl. München (dtv) 1982. S. 284 f.

Anmerkungen

1 Der Rat der EKD ist das Leitungsgremium der Evangelischen Kirche in Deutschland. Er besteht aus 15 Mitgliedern.

2 Offensichtlich wird hier die Entnazifizierung verglichen mit der Entfernung von politischen Gegnern und jüdischen Mitbürgern aus öffentlichen Ämtern durch die Nationalsozialisten.

M 2 Entnazifizierungsstatistik für die drei Westzonen bis 1950

Fälle insgesamt	Hauptschuldige	Schuldige / Belastete	Minderbelastete
3 660 648	1 667	23 060	150 425

Mitläufer	Entlastete	Unbelastete	aus sonstigen Gründen freigesprochen
1 005 874	1 213 873	782 803	482 946

Tabelle nach: Wissenschaftliche Dienste des Deutschen Bundestages (https://www.bundestag.de/resource/blob/414744/78fc7c8a664a0d7d87621bd9ebc4ed40/wd-1-072-11-pdf-data.pdf), S. 16

Lösungsvorschlag

TIPP *Erläuterung zur Aufgabenstellung*

Die Aufgabenstellung ist in drei Teilaufgaben untergliedert, die auch in Ihrem Vortrag als einzelne Schritte erkennbar sein sollten. Sie können also die Nummerierung der Teilaufgaben und die **Operatoren für die Gliederung Ihrer Präsentation nutzen**.

In der **ersten Teilaufgabe** sollen Sie die **Textquelle (M 1) zusammenfassen** und die **Statistik (M 2) beschreiben**. Beginnen Sie am besten damit, die Erklärung des Rates der EKD kurz vorzustellen, indem Sie die Verfasser, die Textsorte, die Adressaten, die Entstehungszeit und das Thema nennen. Im Anschluss verdeutlichen Sie in ein bis zwei Sätzen den Kerngedanken bzw. die Intention des Textes. Danach sollten Sie die **Hauptaussagen** des Schriftstücks strukturiert und in Ihren eigenen Worten **wiedergeben**. Dabei müssen Sie sich an passenden Stellen auf das Material beziehen und Ihre Aussagen mithilfe direkter und indirekter Zitate belegen. Die Statistik beschreiben Sie im Anschluss kurz, indem Sie die **Zahlen erläutern** und erklären, was diese aussagen.

In der **zweiten Teilaufgabe** sollen Sie den Text (M 1) in seinen **geschichtlichen Zusammenhang einordnen** und diesen mithilfe Ihrer historischen Kenntnisse erläutern. Die Aufgabenstellung gibt dabei genau vor, worauf Sie sich konzentrieren sollen: Sie sind aufgefordert, die **Maßnahmen zur Entnazifizierung in den Westzonen und in der Sowjetischen Besatzungszone** (SBZ) darzulegen. Gehen Sie also sowohl auf die Ziele ein, die die Siegermächte mit der Entnazifizierung verfolgten, als auch auf einzelne ergriffene Maßnahmen. Berücksichtigen Sie dabei auch **Unterschiede zwischen den einzelnen Besatzungszonen**. Vergessen Sie nicht, sich in Ihrem Vortrag an geeigneter Stelle immer wieder auf die Quelle zu beziehen.

In der **dritten Teilaufgabe** werden Sie aufgefordert, unter Heranziehung der Statistik **Stellung zu den Aussagen des Rates der EKD zu nehmen**. Finden Sie also sowohl **Aspekte** der Erklärung, denen Sie auf der Grundlage Ihrer historischen Kenntnisse **zustimmen** können, als auch Gesichtspunkte oder **Äußerungen**, die Sie **relativieren oder gar zurückweisen** wollen. Achten Sie dabei darauf, sich klar auf einzelne Aussagen des Rates der EKD zu beziehen und Ihre **Pro- und Kontra-Argumente** präzise voneinander abzugrenzen. Bei passender Gelegenheit – wahrscheinlich bietet sich die relativierende Perspektive hier eher an – sollen Sie die **Statistik zu den Fallzahlen** der Entnazifizierung (M 2) in Ihre Argumentation mit **einbeziehen**. Am Ende sollten Sie zu einem differenzierten **Fazit** gelangen.

Einleitung

- **Hinführung zum Thema des Vortrags:** Entnazifizierung als Ziel der Alliierten nach Ende des Zweiten Weltkriegs
- **Präsentation des weiteren Vorgehens:** Zusammenfassung der Erklärung des Rates der EKD (M 1) und Beschreibung der Statistik zu den Fallzahlen (M 2), Erläuterung der Maßnahmen zur Entnazifizierung und Stellungnahme zu den Aussagen des Rates der EKD zur Entnazifizierung

Zusammenfassung und Beschreibung (Teilaufgabe 1)

- **formale Vorstellung der Quelle:** Verfasser (Rat der EKD), Textsorte (öffentliche Erklärung), Datum der Erklärung (2. Mai 1946), Adressaten (deutsche Öffentlichkeit, möglicherweise Oberbefehlshaber der Besatzungsmächte), Thema (Kritik an den Maßnahmen der Entnazifizierung), Intention (Beendigung oder Veränderung der Entnazifizierungsmaßnahmen)
- **strukturierte Wiedergabe der zentralen Aussagen**
  - Aufbau: Gliederung in zwei Abschnitte (grundsätzliche Bedenken, einzelne Kritikpunkte)
  - 1. Abschnitt: grundsätzliche Bedenken des Rates der EKD
    - Zustimmung, dass Bevölkerung von Einflüssen des Nationalsozialismus „gereinigt" werden muss und NS-Verbrechen bestraft werden müssen, ansonsten aber kritische Haltung
    - Bestrafung nicht nach Mitgliedschaft in nationalsozialistischen Organisationen, sondern nur bei Nachweis einer persönlichen Schuld
    - Kritik an Umkehr der Beweislast durch die Alliierten
  - 2. Abschnitt: einzelne Kritikpunkte des Rates der EKD
    - Vergleich der Entfernung von Menschen aus ihren Ämtern mit nationalsozialistischen Maßnahmen → Zerstörung des Rechtsempfindens und Gefahr einer Renazifizierung
    - Methode der Fragebogen würde Lügen und Denunziantentum fördern
- **Beschreibung der Statistik**
  - Erfassung des gesamten Prozesses der Entnazifizierung in den Westzonen bis 1950
  - Untersuchung von insgesamt 3 660 648 Fällen: davon über die Hälfte entlastet, unbelastet oder freigesprochen → Bestrafung für weniger als 1 % der Fälle

Erläuterung der Maßnahmen zur Entnazifizierung (Teilaufgabe 2)

- **Voraussetzungen und Rahmenbedingungen**
  - Beschlüsse der Konferenzen von Jalta und Potsdam 1945
  - Londoner Statut: Einrichtung eines Internationalen Militärgerichtshofs
  - Nürnberger Prozesse: Hauptkriegsverbrecherprozess sowie Nachfolgeprozesse

- Direktive des Alliierten Kontrollrats zur Entnazifizierung: Entfernung von ehemaligen Nationalsozialisten aus Ämtern, Einteilung der Untersuchten in fünf Kategorien mithilfe eines Fragebogens

- **Vorgehen in einzelnen Besatzungszonen**
  - amerikanische Zone: Spruchkammerverfahren unter Umkehrung der Beweislast → „Persilscheine" → nachlassende Entnazifizierung mit Beginn des Kalten Kriegs
  - britische Zone: ähnliches Vorgehen wie in amerikanischer Zone, aber noch schematischere Überprüfung mithilfe von Fragebogen
  - französische Zone: Entnazifizierung unter Beteiligung deutscher demokratischer Kräfte
  - sowjetische Zone: umfassende und konsequente Entnazifizierung, aber auch Nutzung für Aufbau einer sozialistischen Gesellschaft

Stellungnahme zu den Aussagen des Rates der EKD (Teilaufgabe 3)

- **zustimmende Aspekte**
  - „Reinigung des deutschen Volkes von [...] Einflüssen des Nationalsozialismus" (Z. 1 f.) durch Umerziehungsmaßnahmen
  - Kritik an Fragebogen: Ausstellung von „Persilscheinen" → Gefahr einer falschen Selbstwahrnehmung als Opfer auf deutscher Seite
  - pauschale Verurteilung aufgrund von Zugehörigkeit zu NS-Organisationen und Verzicht auf Rechtsstaatlichkeit durch Umkehr der Beweislast
- **relativierende Aspekte**
  - übertriebene Kritik des Rates der EKD, da tatsächlich nur ein Bruchteil der Untersuchten bestraft wurde
  - tatsächlich weitreichende Beteiligung der Bevölkerung an NS-Verbrechen → Annahme einer Kollektivschuld verständlich
  - Unangemessenheit des Vergleichs der Entnazifizierung mit NS-Maßnahmen
- **Fazit:** Kritik in einzelnen Punkten durchaus berechtigt, generelle Haltung aber überzogen; Vergleich mit nationalsozialistischer Politik fatal

Mustervortrag

Einleitung
Hinführung zum Thema des Vortrags und Präsentation des weiteren Vorgehens

Nach der Kapitulation Deutschlands im Mai 1945 wurde das zerstörte Land von den vier Siegermächten (USA, Großbritannien, Frankreich und der UdSSR) besetzt und verwaltet. Dabei war es eines der **Hauptziele der Besatzungsmächte**, Deutschland vollkommen vom Nationalsozialismus zu befreien, was mit dem Begriff „**Entnazifizierung**" bezeichnet wird. Bei der deutschen Bevölkerung **erntete** die Entnazifizierungspolitik **in vielen Fällen Kritik**. Mir liegt eine dieser Kritiken als **Quelle** vor, und zwar stammt diese vom Rat der evangelischen Kirche in Deutschland. Im Folgenden werde ich dessen Erklärung interpretieren, indem ich zunächst ihren

Inhalt zusammenfasse und dazu die beiliegende **Statistik mit den konkreten Fallzahlen** zur Entnazifizierung in den drei Westzonen **beschreibe**. Danach werde ich die **Maßnahmen zur Entnazifizierung** in den Westzonen und in der Sowjetischen Besatzungszone (SBZ) **erläutern**, um dann abschließend unter Heranziehung der Statistik zu den Aussagen der Quelle **Stellung zu beziehen**.

Vorstellung des Textes

Bei der vorliegenden Quelle handelt es sich um eine **öffentliche Erklärung des Rates der evangelischen Kirche** zur Entnazifizierung. Sie wurde am 2. Mai 1946 verfasst, also etwa **ein Jahr nach Kriegsende**, als die Maßnahmen der Besatzungsmächte noch in ihren Anfängen steckten, ihre grundlegende Tendenz aber bereits erkennbar war. Der Text war vermutlich an die **deutsche Öffentlichkeit**, aber auch an die Oberbefehlshaber der jeweiligen **Besatzungsmächte** gerichtet. Das Schreiben thematisiert die **Entnazifizierungspolitik der Alliierten** und verfolgt das Ziel, **Einfluss auf die Besatzungspolitik zu nehmen** und die Entnazifizierung entweder zu beenden oder sie zumindest gerechter zu gestalten.

Zusammenfassung und Beschreibung (Teilaufgabe 1)

Aufbau

Der Text (M 1) ist in **zwei Abschnitte** gegliedert. Im ersten Teil (Z. 1–17) werden „**grundsätzlich**[e] **Bedenken**" (Z. 18) hinsichtlich der Entnazifizierungspraxis geäußert, während im zweiten Teil (Z. 18–32) auf **einzelne Kritikpunkte** hingewiesen wird.

Zusammenfassung von M 1

– 1. Abschnitt: grundsätzliche Bedenken hinsichtlich der Entnazifizierung

Zu Beginn der Erklärung erkennt der Rat der EKD an, dass die **Notwendigkeit einer „Reinigung"** (Z. 1) der deutschen Bevölkerung von nationalsozialistischen Einflüssen bestehe. Dennoch wird bereits an dieser Stelle die **kritische Haltung** des Rates deutlich, wenn er von der „sogenannten Entnazifizierung" (Z. 1) spricht. Im Folgenden äußern die Verfasser sich konkret zu ihren **Vorstellungen einer gerechten Entnazifizierung:** Personen, die „im Zusammenhang mit der nationalsozialistischen Herrschaft" (Z. 4 f.) ein Verbrechen begangen hätten, sollten bestraft werden. Allerdings dürften Mitglieder von NS-Organisationen nur dann zur Rechenschaft gezogen werden, wenn ihnen eine **persönliche Beteiligung an nationalsozialistischen Verbrechen** nachgewiesen werden könne. Dagegen zeuge es **nicht** von einem **gerechten Verfahren**, wenn **Personen allein aufgrund ihrer ehemaligen Zugehörigkeit zu einer** als verbrecherisch erklärten **NS-Organisation** so lange **als schuldig beurteilt** würden, bis sie das Gegenteil nachweisen könnten (vgl. Z. 11 ff.). Diese von den Alliierten gehandhabte Rechtspraxis trage weder zu einer gerechten Beurteilung bei, noch sei sie geeignet, die wirklich Schuldigen ausfindig zu machen.

– 2. Abschnitt: einzelne Kritikpunkte

Nach dieser allgemeinen Kritik nennt der Rat im zweiten Abschnitt zwei Aspekte, die er für **besonders bedenklich** hält. So würden bei der Entnazifizierung **Menschen**, die ihre Tätigkeit stets korrekt ausgeführt hätten, **aus ihren Ämtern entfernt** und in die Armut getrieben. Dies stuft der Rat der EKD als schwerwiegender ein als **ähnliche Amtsentfernungen zur Zeit des Nationalsozialismus** (vgl. Z. 20 ff.). Die Verfasser begründen ihre Behauptung damit, dass durch ein solches Vorgehen das gerade erst wiederhergestellte **Rechtsempfinden gestört** werde. Darüber hinaus bestehe die **Gefahr**, dass Personen, die dem Nationalsozialismus bereits abgeschworen hätten, **wieder rückfällig werden** könnten (vgl. Z. 23 ff.). Zudem seien die **Fragebogen** der Alliierten so angelegt, dass sie **Lügen provozieren** und das Denunziantentum fördern würden (vgl. Z. 30 f.). Damit würden die Alliierten das **Ziel** einer „moralischen Gesundung des Volkes" (Z. 31 f.) **verfehlen**.

Beschreibung von M 2

Die **Statistik zur Entnazifizierung** (M 2) erfasst den gesamten Prozess der Entnazifizierung in den Westzonen bis 1950. Aus ihr geht hervor, dass in den drei Westzonen insgesamt 3 660 648 Fälle untersucht worden sind. Lediglich 1 667 davon wurden als Hauptschuldige eingestuft, weitere 23 060 als Schuldige bzw. Belastete, 150 425 als Minderbelastete und ca. eine Million galt als Mitläufer. Weit **mehr als die Hälfte der Fälle** wurde entweder **entlastet**, war **unbelastet** oder wurde aus anderen Gründen **freigesprochen**. Drückt man das in Prozentzahlen aus, wird die Statistik noch deutlicher: Nur ca. 0,05 % galten als schuldig. 4,1 % wurden als minderbelastet und ca. 27,5 % als Mitläufer gesehen. Somit hatten **weniger als 1 % aller Untersuchten** überhaupt mit einer **Strafe** zu rechnen.

Erläuterung der Maßnahmen zur Entnazifizierung (Teilaufgabe 2)

Voraussetzungen und Rahmenbedingungen

Als Nächstes möchte ich nun ausgehend vom Text die **Maßnahmen der Entnazifizierung** in den Westzonen und in der SBZ erläutern. Die juristische Aufarbeitung der NS-Verbrechen wurde bereits auf der **Konferenz von Jalta** im Februar 1945 beschlossen. Bestätigung erfuhr dieser Vorsatz dann nach der bedingungslosen Kapitulation Deutschlands im Mai 1945 auf der **Potsdamer Konferenz**, die im Juli/August 1945 stattfand. Die Alliierten einigten sich hier auf eine **politische „Säuberung" der deutschen Gesellschaft** vom Gedankengut des Nationalsozialismus. Etwa zeitgleich sah das Londoner Statut vom 8. August 1945 die **Einrichtung eines Internationalen Militärgerichtshofs** vor, der der Untersuchung von Kriegsverbrechen dienen sollte.

– Nürnberger Prozesse

Auf dieser Grundlage wurden schließlich die **Nürnberger Prozesse** abgehalten, die sich aus einem Hauptkriegsverbrecherprozess von November 1945 bis Oktober 1946 sowie aus zwölf Nachfolgeprozessen gegen bestimmte Berufsgruppen des NS-Staats zusammensetzten. Von den 24 Angeklagten des Hauptprozesses wurden auf der Basis von Anklagepunkten wie **Kriegsverbrechen oder Verbrechen gegen die Menschlichkeit** zwölf zum Tode verurteilt. Außerdem erklärte man NSDAP, SS, Gestapo und SD zu verbrecherischen Einrichtungen, worauf auch der Rat der EKD in seiner Erklärung Bezug nimmt (vgl. Z. 16 f.). Neben dieser öffentlichkeitswirksamen Aburteilung von Nazigrößen sollte aber auch die einfache **Bevölkerung auf ihre Beteiligung am Nationalsozialismus hin untersucht** werden. Dazu gab es eine Direktive des Alliierten Kontrollrats vom 12. Januar 1946, die gemeinsame Grundsätze der Siegermächte zur Entnazifizierung enthielt. Darin war zum Beispiel die **Entfernung von ehemaligen Nationalsozialisten aus Ämtern** und verantwortlichen Positionen festgelegt (was ja auch der Rat der EKD in seiner Erklärung erwähnt, vgl. Z. 6 f.), genauso wie die **Einteilung der Untersuchten mithilfe eines Fragebogens** in fünf Kategorien: Hauptschuldige, Belastete, Minderbelastete, Mitläufer und Entlastete.

– Untersuchung der einfachen Bevölkerung mithilfe von Fragebogen

In den **einzelnen Besatzungszonen** verliefen die Untersuchungen dann allerdings sehr **unterschiedlich**. In der **amerikanischen Zone** wurden **Spruchkammerverfahren** durchgeführt, um alle erwachsenen Deutschen auf ihre Beteiligung am NS-System und an den damit verbundenen Verbrechen zu überprüfen. Für die Beurteilung war die **Zugehörigkeit zu einer nationalsozialistischen Organisation** ausschlaggebend: Hatte man einer solchen angehört, galt die **umgekehrte Beweislast** und man wurde so lange als schuldig angesehen, bis man einen Beweis für die eigene Unschuld vorbringen konnte. Gegen dieses Verfahren gab es, unter anderem auch vom Rat der EKD (vgl. Z. 12 ff.), teilweise **heftige Proteste**. Außerdem führte es dazu, dass Beklagte sich zweifelhafte Entlastungsschreiben, sogenannte **Persilscheine**, ausstellen ließen. Diese sollten belegen, dass der Beklagte sich nichts hatte zuschulden kommen lassen. Sicher spielt der Rat der EKD auch darauf an, wenn er davon spricht, dass die **Fragebogen** Lügen fördern würden (vgl. Z. 30 f.). Problematisch war auch, dass oft die Fälle der mutmaßlich Geringbelasteten zuerst abgearbeitet wurden, um für die schwierigeren Fälle mehr Zeit zu haben. Da aber im Zuge des **aufziehenden Kalten Kriegs** das **Interesse** der USA **an einer juristischen Aufarbeitung des Nationalsozialismus nachließ**, sah es letztlich so aus, als ob man die eher **geringer Belasteten gründlich verfolgt** hätte, während man die **tatsächlich Schuldigen nachlässig behandelt** hätte. Zudem räumte man der wirtschaftlichen und **bürokratischen Effizienz bald Vorrang vor einer konsequenten Entnazifizierung** ein, um die Besatzungskosten zu senken, sodass bestimmte Bevölkerungsgruppen von den Säuberungsmaßnahmen unbehelligt blieben. Die Entnazifizierung in der **britischen Besatzungszone** verlief ähnlich wie die in der amerikanischen. Allerdings erfolgte die Überprüfung hier noch schematischer und wurde nahezu ausschließlich mithilfe von **Fragebogen** durchgeführt. Die **französischen Besatzer** hingegen beteilig-

Vorgehen in den einzelnen Besatzungszonen

– amerikanische Zone

– britische Zone

– französische Zone

ten von vornherein **deutsche demokratische Kräfte** an der Entnazifizierung. Diese besaßen genaue Kenntnisse von den Verhältnissen und wussten, wer an welchen Verbrechen beteiligt gewesen war. In der **sowjetischen Zone** wurde die Entnazifizierung sehr **umfassend und konsequent** durchgeführt. Allerdings ging es den Besatzern hier nicht allein um die Entfernung von Nationalsozialisten aus Funktionsstellen, sondern sie nutzten die Entnazifizierung auch für den **Umbau von Wirtschaft und Gesellschaft in Richtung Sozialismus**, indem beispielsweise unter dem Deckmantel der Entnazifizierung Gegner des Sozialismus mundtot gemacht wurden.

– sowjetische Zone

Als Letztes möchte ich nun zu ausgewählten **Aussagen des Rates der EKD Stellung nehmen** und werde dazu auch die beiliegende Statistik heranziehen.

Stellungnahme (Teilaufgabe 3)

Zunächst einmal entspricht die Vorstellung des Rates von der **Entnazifizierung als „Reinigung des deutschen Volkes** von den verderblichen Einflüssen des Nationalsozialismus" (Z. 1 f.) durchaus einzelnen Maßnahmen, die in der Realität durchgeführt wurden. So wurde die **juristische Aufarbeitung** der NS-Verbrechen in den Westzonen um **politische Umerziehungsmaßnahmen** ergänzt, die aus den zuvor nationalsozialistischen Deutschen Demokraten machen sollten. Zur sogenannten **Reeducation** gehörte die Aufklärung der Bevölkerung über die NS-Verbrechen genauso wie eine umfassende **Demokratieerziehung** durch veränderte Lehrpläne oder die Zulassung von demokratischen Zeitungen und Rundfunkanstalten. Darüber hinaus muss man dem Rat der EKD aber teilweise auch in seiner **Kritik an der Entnazifizierung** zustimmen. Es ist beispielsweise durchaus zutreffend, dass die **Fragebogen Denunziantentum und Lügen begünstigten**. Man denke nur an die große Zahl von **„Persilscheinen"**, mit denen es einer nicht unerheblichen Anzahl von Deutschen gelang, ihre vermeintliche Unschuld nachzuweisen. Dies hatte **weitreichende Folgen:** Durch die vielen Freisprüche vertiefte sich in der deutschen Bevölkerung mit der Zeit die **Tendenz, sich selbst als Opfer eines verbrecherischen Regimes zu fühlen**. Eine solche Selbstwahrnehmung **verhinderte** noch über Jahre hinweg eine wirkliche **Auseinandersetzung** mit den Geschehnissen während der NS-Zeit. In der Tat ist es außerdem **problematisch**, dass man Menschen ausschließlich nach ihrer **Zugehörigkeit zu bestimmten nationalsozialistischen Organisationen beurteilt** und bestraft hat. Die Gründe, sich zum Beispiel der NSDAP anzuschließen, waren äußerst vielfältig und reichten von wirklicher ideologischer Überzeugung über Karrierestreben bis hin zu staatlich ausgeübtem Druck. Es stellt also eine unzulässige **Pauschalisierung** dar, alle ihre Mitglieder in einen Topf zu werfen. Ähnlich verhält es sich mit der **Umkehr der Beweislast**, mit der das Rechtsprinzip der

zustimmende Aspekte
– Umerziehungsmaßnahmen
– Kritik an Fragebogen
– teilweise pauschale Verurteilungen und Verzicht auf Rechtsstaatlichkeit

Unschuldsvermutung aufgegeben wurde. Ein solches Vorgehen diente nicht gerade dazu, das Vertrauen in die Rechtsstaatlichkeit zu erhöhen, sondern **untergrub vielmehr die Glaubwürdigkeit** der Alliierten.

relativierende Aspekte

Trotz der in Teilen berechtigten Vorwürfe vonseiten des Rates der EKD kann man dessen **Kritik an der Entnazifizierung auch infrage stellen**. So zeigt die beiliegende Statistik, dass insgesamt **nur ein Bruchteil der Untersuchten bestraft** wurde. Bei nur knapp einem Prozent von Bestraften wirken die Beschwerden des Rates der EKD übertrieben und im Kern unberechtigt. Zudem muss man dem Rat einschränkend entgegenhalten, dass weite Teile der **deutschen Bevölkerung tatsächlich** auf die eine oder andere Weise **an den Verbrechen der Nationalsozialisten beteiligt** waren. Schließlich war der **Holocaust** ein auch organisatorisch und logistisch komplexes Unternehmen, in das neben den direkt Verantwortlichen in der Politik sowie den Aufsehern in den Vernichtungslagern vor Ort auch **normale Beamte verwickelt** waren. Die vom Rat kritisierte **allgemeine Schuldannahme** war also in vielen Fällen **berechtigt**. Geradezu erschreckend ist der **Vergleich mit dem Nationalsozialismus**, den der Rat der EKD hinsichtlich der Entfernung von Personen aus ihren Ämtern zieht. In den Zeilen 20 ff. behaupten die Verfasser, das Vorgehen der Alliierten würde sogar die Maßnahmen übertreffen, die von den Nationalsozialisten ergriffen worden sind. Ein solcher Vergleich muss als **völlig unangemessen** zurückgewiesen werden, erfolgte doch die Entfernung von Menschen aus ihren Positionen **während der NS-Herrschaft** überwiegend aus **rassischen Gründen**. Zudem waren die Entlassungen der **Auftakt für weit schlimmere Verbrechen**, nämlich den rassistischen Völkermord. Dass der Rat der EKD dies nicht erkennt und das Vorgehen der Nationalsozialisten mit **rein politisch motivierten Maßnahmen der Alliierten** vergleicht, ist ungeheuerlich und muss vehement abgelehnt werden.

- Bestrafung nur eines geringen Teils der Untersuchten
- weitreichende Beteiligung der Bevölkerung an NS-Verbrechen
- unangemessener Vergleich mit NS-Maßnahmen

Fazit

Obgleich die **Kritik des Rates der EKD zeittypisch** und in einzelnen Punkten durchaus berechtigt ist, so wird sie insgesamt weder der **Komplexität des Entnazifizierungsprozesses** noch der doch recht unterschiedlichen Vorgehensweise in den einzelnen Besatzungszonen gerecht. Insbesondere der **Vergleich mit der rassistischen Politik der Nationalsozialisten ist absolut unpassend** und aus heutiger Sicht verstörend.

Mündliche Prüfung ■ 1. Prüfungsteil
Inhaltsfeld 6: **Nationalismus, Nationalstaat und deutsche Identität im 19. und 20. Jahrhundert**
Aufgabe 7

Thema und Material	Die „Deutsche Frage“ im 19. Jahrhundert Schriftquelle
Aus dem Unterricht benötigte Kompetenzen	Folgende Sachverhalte sollten Sie erläutern und auf das Material anwenden können: – Vorstellung von der „deutschen Nation“ in verschiedenen Bevölkerungsgruppen im Vormärz – Ideen und Erfolge der nationalliberalen Bewegung in der ersten Hälfte des 19. Jahrhunderts (Wartburgfest; Durchsetzen von Verfassungen, z. B. Baden; Hambacher Fest; Revolution 1848/49) – Maßnahmen der Fürsten zur Restauration in der ersten Hälfte des 19. Jahrhunderts (Wiener Kongress, Heilige Allianz, Karlsbader Beschlüsse)

Aufgabenstellung

Interpretieren Sie die Quelle, indem Sie
1. sie analysieren,
2. sie in den historischen Kontext ab 1817 einordnen sowie die politische Haltung Metternichs charakterisieren und
3. die Einschätzung des Autors, „die Erhaltung dessen, was besteht, muss folglich die erste und wichtigste aller Sorgen sein“ (Z. 33 f.), beurteilen.

M Fürst von Metternich an einen Gesandten aus Baden, 4. Mai 1820

Die Zeit rückt unter Stürmen vorwärts; ihren Ungestüm[1] aufhalten zu wollen, würde vergebliches Bemühen sein. Festigkeit, Mäßigung und endlich Vereinigung in wohlberechneten Kräften, dies allein bleibt der Macht der Beschützer und den Freunden der Ordnung übrig. Das Ziel ist leicht zu bestimmen; in unseren Zeiten ist es nichts mehr und nichts weniger als die Aufrechterhaltung dessen, was vorhanden ist. Dieses zu erreichen, ist das einzige Erhaltungsmittel; es ist vielleicht sogar das geeignetste, das bereits Verlorene wiederzuerlangen. Dazu müssen sich daher die Anstrengungen eines jeden vereinigen, sowie die Maßregeln aller derjenigen, die ein und derselbe Grundsatz, ein und dasselbe Interesse miteinander verbinden.

Die Brennstoffe, welche seit langer Zeit vorbereitet waren, haben sich in der Epoche von 1817 bis 1820 entflammt. Der falsche Schritt, [...] die Duldung, welche man in Deutschland diesen gefährlichen Lehren angedeihen ließ; die bewiesene Schwäche, um die Mißbräuche der Presse zu unterdrücken; die Übereilung endlich, womit man den Staaten des südlichen Deutschlands Konstitutionen gab; alle diese Ursachen haben den Parteien[2], die durch nichts befriedigt werden können, den allerunglücklichsten Mißbrauch nahegelegt.

Nichts beweist mehr die Unmöglichkeit, die Parteien zu befriedigen als die Bemerkung, daß die tätigsten Umtriebe[3] gerade in dem Staate stattgefunden haben, wo man die meiste Nachgiebigkeit gegen ihre vermessenen[4] Wünsche an den Tag gelegt hat.[5] Das Übel war vor dem Kongresse zu Karlsbad zu einem solchen Grade gediehen, daß es nur einer unbedeutenden politischen Verwicklung bedurft hätte, um die gesellschaftliche Ordnung völlig umzustürzen. Die Weisheit des Systems, welches die großen Mächte annahmen, hat uns vor dieser Gefahr geschützt, die selbst noch im gegenwärtigen Augenblick tödlich sein könnte.

Um also auf eine glücklichere Zukunft hinauszuarbeiten, muß man wenigstens der Gegenwart gewiß sein; die Erhaltung dessen, was besteht, muss folglich die erste und wichtigste aller Sorgen sein. Darunter verstehen wir nicht nur die alte Ordnung der Dinge, soweit sie in einigen Ländern seit jeher geschont blieb, sondern auch alle neuen gesetzlich geschaffenen Institutionen. [...] In den gegenwärtigen Zeiten ist der Übergang vom Alten zum Neuen mit ebensoviel Gefahr verbunden als die Rückkehr vom Neuen zu dem, was nicht mehr vorhanden ist. Beides kann gleichmäßig den Ausbruch von Unruhen herbeiführen, was um jeden Preis zu vermeiden wesentlich ist. Auf keine Weise von der bestehenden Ordnung, welchen Ursprungs sie auch sei, abzuweichen, Veränderungen, wenn sie durchaus nötig scheinen, nur mit völliger Freiheit und nach reiflich überlegtem Entschluß vorzunehmen; dies ist die erste Pflicht einer Regierung, die dem Unglücke des Jahrhunderts widerstehen will. Ein solcher Entschluß, wie gerecht und natürlich er auch sein möge, wird allerdings hartnäckige Kämpfe verursachen; allein der Vorteil, auf eine bekannte und anerkannte Grundlage gebaut zu haben, ist augenscheinlich, weil von diesem Stützpunkte aus es leicht sein wird, die notwendig unsichere Bewegung des Feindes nach allen Richtungen hin aufzusuchen und zu vereiteln.

W. Wulf (Hrsg.), Restauration und Liberalismus 1815–1849, Frankfurt am Main 1974, S. 21 f.

Anmerkungen

1 Ungestüm: Wucht
2 Parteien: hier Gruppierungen mit revolutionärer politischer Einstellung
3 tätigste Umtriebe: die aktivsten Umsturzversuche
4 vermessen: übertrieben
5 1818 oktroyierte der badische Großherzog Karl Ludwig eine Verfassung, die den Bürgern Badens Rechtsgleichheit und einige Freiheitsrechte zusicherte.

Hinweis zu Autor und Material

Clemens Fürst von Metternich war von 1809 bis zu seinem Sturz 1848 österreichischer Außenminister und leitender Minister im österreichischen Kaisertum. Der Textauszug stammt aus einem Brief, den er am 4. Mai 1820 einem Gesandten aus Baden schrieb.

Beispielhafte Bearbeitung der Aufgabenstellung

Textmarkierungen und Randnotizen

Am Beginn einer Quelleninterpretation steht stets zunächst die formale Analyse des Dokuments. Legen Sie für diese am besten eine Tabelle an und tragen Sie die zentralen äußeren Merkmale der Quelle ein. So verschaffen Sie sich einen guten Überblick über das Material, der Ihnen bei Ihrem Vortrag von Nutzen sein wird. Anschließend sollten Sie den Text noch einmal komplett lesen und ihn dann – während eines weiteren Lesevorgangs – entsprechend der Aufgabenstellung mit Markierungen und Randnotizen versehen. Nutzen Sie zur besseren Übersicht unterschiedliche Farben (im folgenden Beispiel durch **Fettdruck** = Analyse, Unterstreichungen = historischer Kontext und graue Markierungen = politische Haltung Metternichs angedeutet). Dieses Vorgehen gibt Ihnen eine bessere Orientierung im Prüfungsvortrag und dient auch als Sicherheit, falls Sie während der Vorbereitungsphase nicht genügend Zeit haben, alle relevanten Aspekte aufzuschreiben.

Notizen zur formalen und inhaltlichen Analyse, zur Einordnung in den historischen Kontext und zur Charakterisierung der politischen Haltung Metternichs (Teilaufgabe 1 und 2)

Autor	österreichischer Außenminister und leitender Minister im österreichischen Kaisertum Clemens Fürst von Metternich
Adressat	Gesandter des liberalen Großherzogtums Baden
Textart	Quellenart: Dokument, Textsorte: Brief
Entstehungszeitpunkt	4. Mai 1820
Historischer Kontext	erste Repressionen gegen nationalliberale Bewegung durch Karlsbader Beschlüsse (1819), anschließende Unruhen im Deutschen Bund
Thema	Bewahrung der gegenwärtigen Ordnung im Deutschen Bund als Chance zur Eindämmung revolutionärer Bewegungen
Absicht	Appell zu einem gemeinsamen Vorgehen der Einzelstaaten bei der Abwehr revolutionärer Bestrebungen

M Fürst von Metternich an einen Gesandten aus Baden, 4. Mai 1820

Die <u>**Zeit rückt unter Stürmen vorwärts**</u>; ihren Ungestüm[1] aufhalten zu wollen, würde vergebliches Bemühen sein. **Festigkeit, Mäßigung und endlich Vereinigung in wohlberechneten Kräften**, dies allein bleibt der Macht der Beschützer und den Freunden der Ordnung übrig. Das **Ziel** ist leicht zu bestimmen; in unseren Zeiten ist es nichts mehr und nichts weniger als die **Aufrechterhaltung dessen, was vorhanden ist**. Dieses zu erreichen, ist das einzige Erhaltungsmittel; es ist vielleicht sogar das geeignetste, das bereits Verlorene wiederzuerlangen. Dazu müssen sich daher die Anstrengungen eines jeden vereinigen, sowie die Maßregeln aller derjenigen, die ein und derselbe Grundsatz, ein und dasselbe Interesse miteinander verbinden.

Die **Brennstoffe**, welche seit langer Zeit vorbereitet waren, haben sich in der <u>**Epoche von 1817 bis 1820 entflammt**</u>. Der **falsche Schritt**, [...] die **Duldung**, welche man in Deutschland diesen gefährlichen Lehren angedeihen ließ; die bewiesene Schwäche, um die **Mißbräuche der Presse** zu unterdrücken; die Übereilung endlich, womit man den <u>Staaten des südlichen Deutschlands Konstitutionen</u> gab; alle diese Ursachen haben den Parteien[2], die durch nichts befriedigt werden können, den allerunglücklichsten Mißbrauch nahegelegt.

Nichts beweist mehr die **Unmöglichkeit, die Parteien zu befriedigen** als die Bemerkung, daß die **tätigsten Umtriebe[3] gerade in dem Staate** stattgefunden haben, wo man die **meiste Nachgiebigkeit** gegen ihre vermessenen[4] Wünsche an den Tag gelegt hat. Das **Übel** war **vor dem <u>Kongresse zu Karlsbad</u>** zu einem solchen Grade gediehen, daß es nur einer unbedeutenden politischen Verwicklung bedurft hätte, um die gesellschaftliche Ordnung völlig umzustürzen. Die Weisheit des Systems, welches die großen Mächte annahmen, hat uns vor dieser Gefahr geschützt, die selbst noch im gegenwärtigen Augenblick tödlich sein könnte.

Um also auf eine **glücklichere Zukunft** hinauszuarbeiten, muß man wenigstens der Gegenwart gewiß sein; die **Erhaltung dessen, was besteht, muss folglich die erste und wichtigste aller Sorgen sein**. Darunter verstehen wir nicht nur die **alte Ordnung** der Dinge, soweit sie in einigen Ländern seit jeher geschont blieb, sondern auch **alle neuen gesetzlich geschaffenen Institutionen**. [...] In den gegenwärtigen Zeiten ist der Übergang vom Alten zum Neuen mit ebensoviel Gefahr verbunden als die Rückkehr vom Neuen zu dem, was nicht mehr vorhanden ist. Beides kann gleichmäßig den **Ausbruch von Unruhen** herbeiführen, was **um jeden Preis zu vermeiden** wesentlich ist. Auf keine Weise von der bestehenden Ordnung, welchen Ursprungs sie auch sei, abzuweichen, **Veränderungen**,

---

Ausgangslage: Unruhen → **Ziel:** Bewahrung des Status quo; **Weg:** Einigkeit

Restaurationsbestreben

<u>Wartburgfest 1817</u> (national-liberale Protestkundgebungen)

Kritik an nachlässigem Umgang mit neuen politischen Lehren → Beförderung von Unruhen

<u>Badische Verfassung 1818</u>

Beleg

- staatsgefährdende Krise in besonders liberalem Staat
- Rettung durch Karlsbader Beschlüsse

<u>Karlsbader Beschlüsse 1819</u>

Solidarität gegen Revolutionäre

Restaurationsbestreben

Forderung für die Zukunft:

- Erhaltung des Bestehenden (alte **und** neue Ordnungen!)
- Reformen nur von oben
- Unruhen vermeiden

Legitimität der Herrschaft

wenn sie durchaus nötig scheinen, **nur mit völliger Freiheit und nach reiflich überlegtem Entschluß** vorzunehmen; dies ist die **erste Pflicht einer Regierung**, die dem Unglücke des Jahrhunderts widerstehen will. Ein solcher Entschluß, wie gerecht und natürlich er auch sein möge, wird allerdings **hartnäckige Kämpfe** verursachen; allein der Vorteil, auf eine bekannte und anerkannte Grundlage gebaut zu haben, ist augenscheinlich, weil von diesem Stützpunkte aus es leicht sein wird, die notwendig unsichere Bewegung des Feindes nach allen Richtungen hin aufzusuchen und zu vereiteln.

Einräumung, dass Beharren auf bestehender Ordnung zu Konflikten führen könne

W. Wulf (Hrsg.), Restauration und Liberalismus 1815–1849, Frankfurt am Main 1974, S. 21 f.

Anmerkungen

1 Ungestüm: Wucht
2 Parteien: hier Gruppierungen mit revolutionärer politischer Einstellung
3 tätigste Umtriebe: die aktivsten Umsturzversuche
4 vermessen: übertrieben
5 1818 oktroyierte der badische Großherzog Karl Ludwig eine Verfassung, die den Bürgern Badens Rechtsgleichheit und einige Freiheitsrechte zusicherte.

Hinweis zu Autor und Material

Clemens Fürst von Metternich war von 1809 bis zu seinem Sturz 1848 österreichischer Außenminister und leitender Minister im österreichischen Kaisertum. Der Textauszug stammt aus einem Brief, den er am 4. Mai 1820 einem Gesandten aus Baden schrieb.

Legende für Markierungen im Text

Fettdruck: Analyse
Unterstreichungen: historischer Kontext
graue Markierungen: politische Haltung Metternichs

Vortragsnotizen

Im nächsten Schritt sollten Sie Ihre Vortragsnotizen auf dem zur Verfügung stehenden Konzeptpapier verschriftlichen. Vermeiden Sie aus zeitökonomischen Gründen eine Ausformulierung in ganzen Sätzen und erstellen Sie stattdessen eine Strukturskizze, in der Sie Zusammenhänge durch eine sinnvolle Anordnung der Elemente sowie durch grafische Unterstützung veranschaulichen. Ihre Notizen können noch knapper ausfallen als in diesem Beispiel, da Sie die Textquelle mit Ihren Markierungen und Anmerkungen direkt neben Ihr Konzeptblatt legen können.

Grafische Gestaltung der Interpretation (Teilaufgabe 1, 2 und 3)

Teilaufgabe 1: Analyse

Ausgangslage (Unruhen), **Zielsetzung** (Bewahrung des Status quo), **Weg** (Einigkeit)

Begründung: Kritik an Nachlässigkeit beim Umgang mit revolutionären Ideen
→ Beförderung von Unruhen

Beleg
- revolutionäre Erhebungen in besonders liberalem Staat
- Rettung durch Karlsbader Beschlüsse

„Weisheit des Systems, welches die großen Mächte annahmen“ (Z. 29)

Forderung für die Zukunft
- Erhaltung des Bestehenden (alte und neue Ordnungen!)
- Reformen nur von oben
- Unruhen vermeiden

Einräumung, dass das Beharren auf bestehender Ordnung zu Konflikten führen könne

Teilaufgabe 2a: Einordnung

Sorge entspringt politischen Unruhen ab 1817:
- Wartburgfest 1817 (nationalliberale Protestkundgebungen)
- Ermordung Kotzebues durch Burschenschafter Sand 1819

unterschiedliche Wege der Bekämpfung:
- oktroyierte Verfassungen als Zugeständnis an nationalliberale Bewegung (z. B. Baden 1818)
- Repressionen (Karlsbader Beschlüsse 1819): Pressezensur, Versammlungsverbote, Verfolgung Oppositioneller

Teilaufgabe 2b: Charakterisierung

Solidarität der Großmächte gegen Revolutionäre

Restaurationsbestreben

Legitimität der Herrschaft

Teilaufgabe 3: Urteil

Dafür spricht:
- reale Gefahr: Wunsch nach Ruhe und Ordnung aufseiten von Adel und Bürgertum
- Gewährleistung außenpolitischer Stabilität durch Beibehaltung des Deutschen Bunds

↑

Erhaltung des Status quo als Problemlösung?

↓

Dagegen spricht:
- Konfliktpotenzial durch unterschiedliche Ordnungen (konstitutionelle und absolutistische Monarchien)
- revolutionäres Potenzial durch Ignorieren der Forderungen von Liberalen und Vertretern der unteren sozialen Schichten

Vortrag gestalten

Die bisherigen Vorschläge unterstützen Sie dabei, einen gelungenen Vortrag auszuarbeiten. Die Notizen helfen Ihnen, die Inhalte präzise und korrekt darzustellen und Ihr historisches Urteil vorzubereiten. Die grafische Gestaltung in Stichpunkten verschafft Ihnen einen besseren Überblick und veranschaulicht komplexe Zusammenhänge. So fällt es Ihnen während Ihres Vortrags leichter, frei zu sprechen und nicht nur von Ihrem Konzeptpapier abzulesen. Die folgenden kleinen Übungen dienen dazu, Ihnen die Zusammenstellung der Inhalte für Ihren Vortrag zu erleichtern und diesen angemessen darzubieten.

Übungen zur Darstellung von Zusammenhängen: Punkten Sie mit Fachbegriffen und überzeugenden Erklärungen!

Oft fällt es in einer Prüfung schwer, sich von den eigenen Notizen zu lösen. Statt eines freien, souveränen Vortrags werden dann einfach die Stichpunkte aus der Vorbereitung aneinandergereiht. Die folgenden Übungen sollen Sie darin unterstützen, Ihren Vortrag schlüssig aufzubauen, indem Sie Gedankengänge präzise darlegen, historische Zusammenhänge miteinander verknüpfen und Ihr Urteil überzeugend strukturieren.

Übung 1 – Analyse

Um den Gedankengang eines Textes zu erfassen und präzise wiederzugeben, empfiehlt es sich auch in einem Vortrag, treffende Verben zu verwenden, statt die Inhalte mit „Er schreibt …“, „Er sagt …“ aneinanderzureihen.

Jetzt sind Sie dran: Formulieren Sie die folgenden Sätze so um, dass Sie die Verben „schreiben“ und „sagen“ vermeiden. Verwenden Sie eigene passende Verben oder orientieren Sie sich an den Vorschlägen in den grauen Kästen.

Z. 1–9: Zu Beginn des Briefes **sagt** Metternich, dass die Lage stürmisch sei, und **sagt** dann: Der Status quo, die derzeitige Lage, müsse bewahrt werden.

einschätzen • Ziel definieren

Z. 9–12: Um dieses Ziel zu erreichen, **schreibt er**, dass alle Staaten einheitlich vorgehen müssten.

einen Weg vorschlagen

Z. 13–21: Er **sagt**, dass die Nachlässigkeit einzelner Staaten überhaupt erst zum Aufruhr geführt hätte.

eine Einschätzung begründen, indem

____

____

Z. 22–25: Er **schreibt**, dass die revolutionären Erhebungen in einem liberalen Staat besonders akut seien.

als Beleg anführen

____

____

Z. 25–31: Er **sagt**, dass die Karlsbader Beschlüsse eine Rettung vor einem potenziellen Umsturz waren.

rechtfertigen

____

____

Z. 32–42: Abschließend **sagt** er, dass die derzeitige politische Lage mit den bestehenden alten und neuen Ordnungen erhalten bleiben müsse.

fordern

____

____

Z. 42–47: Er **schreibt**, dass die Verantwortung für Veränderungsprozesse bei den Regierungen liege. Reformen dürften also nur von oben erfolgen.

beschränken

____

____

Z. 47–52: Er **schreibt**, dass seine Forderung zu Konflikten führen werde, **sagt** aber selbst, dass dies zur Bekämpfung des „Feindes" (Z. 51 f.) notwendig sei.

einräumen • entgegnen

____

____

Übung 2a – Einordnung in den historischen Kontext

Bei der Darstellung des historischen Kontextes wird von Ihnen erwartet, dass Sie Ihren Zuhörern Zusammenhänge (z. B. Ursachen und Wirkungen) möglichst genau erklären.

Jetzt sind Sie dran: Tragen Sie den passenden verknüpfenden Begriff aus dem Wortspeicher in den Lückentext ein.

im Zuge • als Anlass • bezweckte damit • resultierten • dort • bezieht sich

Thema: Wartburgfest 1817

Metternich ______________________ in seinem Brief auf politische Unruhen. Diese ______________________ aus der Unzufriedenheit vieler liberal-national Gesinnter mit den Beschlüssen des Wiener Kongresses. Die Proteste fanden ihren ersten Höhepunkt im Wartburgfest 1817. ______________________ forderten die Vertreter der Burschenschaften u. a. die nationale Einheit sowie eine konstitutionelle Monarchie.

Thema: Badische Verfassung 1818

Der badische König oktroyierte 1818 eine Verfassung mit einigen Zugeständnissen an die liberale Bewegung. Er ______________________, einen drohenden Umsturz aufzuhalten.

Thema: Karlsbader Beschlüsse 1819

Die Ermordung des Schriftstellers Kotzebue nutzte Metternich ______________________ für umfängliche Repressionen. ______________________ der Karlsbader Beschlüsse wurden Universitäten polizeilich überwacht und die Pressefreiheit wurde eingeschränkt.

Übung 2b – Charakterisierung der politischen Haltung
Achten Sie in Ihrem Vortrag darauf, dass Sie zur Charakterisierung der politischen Haltung Metternichs nicht nur die Textaussagen zusammenfassen, sondern diese auch mithilfe von Fachbegriffen kategorisieren. Damit verleihen Sie Ihren Ausführungen noch einmal eine andere Qualität.

Jetzt sind Sie dran: Fügen Sie die passenden Fachbegriffe aus dem Wortspeicher in den Lückentext ein.

repressiven Maßnahmen • Konstitutionalismus • Restauration • Solidarität

Ich werde nun Metternichs politische Haltung charakterisieren und gehe dabei auf einige seiner Aussagen genauer ein.

Es wird sehr deutlich, dass Metternich die Forderungen der nationalliberalen Bewegung grundsätzlich ablehnt. Er bezeichnet sie als „Brennstoffe" (Z. 13) und „gefährlich[e] Lehren" (Z. 16). Von den politischen Reformen einzelner Regierungen spricht er als „Schwäche" (Z. 16).

Metternich wünscht sich die alte Herrschaftsordnung zurück. Damit lässt er sich deutlich als Verfechter der ______________________________ charakterisieren. Er duldet den ______________________________ nur, um weitere Unruhen zu vermeiden.

Gegenüber dem badischen Gesandten lobt er die ______________________________ der „großen Mächte" (Z. 29). Er beschwört deren gemeinsames Vorgehen, bekennt sich also zum Prinzip der ______________________________.

Übung 3 – Beurteilung der Einschätzung Metternichs
Um die Einschätzung des Autors überzeugend beurteilen zu können, sollten Sie diese kurz mit eigenen Worten wiedergeben und dann abwägen, welche Argumente für eine Zustimmung sowie für eine Ablehnung dieser Einschätzung sprechen. Schließen Sie Ihr Urteil mit einem Fazit ab.

Jetzt sind Sie dran: Bringen Sie die folgenden Beispielsätze einer Beurteilung in eine sinnvolle Reihenfolge, indem Sie ihnen die Ziffern 1 bis 6 zuordnen.

☐ Gegen Metternichs Einschätzung spricht, dass er offenbar nicht die Schlagkraft der nationalliberalen Forderungen wahrnimmt. Eine Unterdrückung der Proteste kann auf Dauer nicht funktionieren, wie später die Revolution von 1848 zeigt.

☐ Abschließend halte ich Metternichs Einschätzung in der damaligen Situation für problematisch, weil er das gesellschaftspolitische Konfliktpotenzial unterschätzt, das sich schließlich 1848 mit großer Wucht entlädt.

☐ Metternichs Einschätzung trifft insofern zu, als eine Beruhigung der Lage von einem Großteil der Bevölkerung gewünscht wird. Viele sind angesichts der gewaltsamen revolutionären Ausschreitungen besorgt und wünschen sich Sicherheit in einer verbindlichen politischen Ordnung.

☐ Metternich meint, dass sich die Situation beruhigen würde, wenn alle derzeit bestehenden politischen Ordnungen erhalten bleiben würden.

☐ Er bezieht die Beibehaltung des Status quo nicht nur auf die absolutistischen Systeme wie in Österreich und Preußen, sondern auch auf die konstitutionellen Monarchien wie in Baden, wie er in Z. 35 ff. ausführt.

☐ Außerdem widerspricht sein Vorschlag seiner eigenen Forderung nach einem einheitlichen Vorgehen, da er die Bewahrung sowohl der alten, absolutistischen Ordnungen wie auch der neuen, konstitutionellen Ordnungen befürwortet.

Musterlösung Übungen

Übung 1 – Analyse

Z. 1–9: Zu Beginn des Briefes **schätzt** Metternich die Lage als stürmisch **ein**, um daraufhin sein **Ziel** zu **definieren:** Der Status quo, die derzeitige Lage, müsse bewahrt werden.

Z. 9–12: **Als Weg**, um dieses Ziel zu erreichen, **schlägt er vor**, dass alle Staaten einheitlich vorgehen müssten.

Z. 13–21: Er **begründet seine Einschätzung, indem** er aufzeigt, dass die Nachlässigkeit einzelner Staaten überhaupt erst zum Aufruhr geführt hätte.

Z. 22–25: **Als Beleg führt er an**, dass die revolutionären Erhebungen in einem liberalen Staat besonders akut seien.

Z. 25–31: Er **rechtfertigt** die Karlsbader Beschlüsse als Rettung vor einem potenziellen Umsturz.

Z. 32–42: Abschließend **fordert** er, dass die derzeitige politische Lage mit den bestehenden alten und neuen Ordnungen erhalten bleiben müsse.

Z. 42–47: Er **beschränkt** die Verantwortung für Veränderungsprozesse **auf** die Regierungen. Reformen dürften also nur von oben erfolgen.

Z. 47–52: Er **räumt ein**, dass seine Forderung zu Konflikten führen werde, **entgegnet** aber selbst, dass dies zur Bekämpfung des „Feindes" (Z. 51 f.) notwendig sei.

Übung 2 a – Einordnung in den historischen Kontext

Thema: Wartburgfest 1817

Metternich **bezieht sich** in seinem Brief auf politische Unruhen. Diese **resultierten** aus der Unzufriedenheit vieler liberal-national Gesinnter mit den Beschlüssen des Wiener Kongresses.

Die Proteste fanden ihren ersten Höhepunkt im Wartburgfest 1817. **Dort** forderten die Vertreter der Burschenschaften u. a. die nationale Einheit sowie eine konstitutionelle Monarchie.

Thema: Badische Verfassung 1818

Der badische König oktroyierte 1818 eine Verfassung mit einigen Zugeständnissen an die liberale Bewegung. Er **bezweckte damit**, einen drohenden Umsturz aufzuhalten.

Thema: Karlsbader Beschlüsse 1819

Die Ermordung des Schriftstellers Kotzebue nutzte Metternich **als Anlass** für umfängliche Repressionen. **Im Zuge** der Karlsbader Beschlüsse wurden Universitäten polizeilich überwacht und die Pressefreiheit wurde eingeschränkt.

Übung 2 b – Charakterisierung der politischen Haltung

Ich werde nun Metternichs politische Haltung charakterisieren und gehe dabei auf einige seiner Aussagen genauer ein.

Es wird sehr deutlich, dass Metternich die Forderungen der nationalliberalen Bewegung grundsätzlich ablehnt. Er bezeichnet sie als „Brennstoffe“ (Z. 13) und „gefährliche Lehre[n]“ (Z. 16). Von den politischen Reformen einzelner Regierungen spricht er als „Schwäche“ (Z. 16).

Metternich wünscht sich die alte Herrschaftsordnung zurück. Damit lässt er sich deutlich als Verfechter der **Restauration** charakterisieren. Er duldet den **Konstitutionalismus** nur, um weitere Unruhen zu vermeiden.

Gegenüber dem badischen Gesandten lobt er die **repressiven Maßnahmen** der „großen Mächte“ (Z. 29). Er beschwört deren gemeinsames Vorgehen, bekennt sich also zum Prinzip der **Solidarität**.

Übung 3 – Beurteilung der Einschätzung Metternichs

[4] **Gegen Metternichs Einschätzung spricht**, dass er offenbar nicht die Schlagkraft der nationalliberalen Forderungen wahrnimmt. Eine Unterdrückung der Proteste kann auf Dauer nicht funktionieren, wie später die Revolution von 1848 zeigt.

[6] **Abschließend halte ich Metternichs Einschätzung** in der damaligen Situation **für problematisch**, weil er das gesellschaftspolitische Konfliktpotenzial unterschätzt, das sich schließlich 1848 mit großer Wucht entlädt.

[3] **Metternichs Einschätzung trifft insofern zu**, als eine Beruhigung der Lage von einem Großteil der Bevölkerung gewünscht wird. Viele sind angesichts der

gewaltsamen revolutionären Ausschreitungen besorgt und wünschen sich Sicherheit in einer verbindlichen politischen Ordnung.

1 **Metternich meint, dass sich die Situation beruhigen würde**, wenn alle derzeit bestehenden politischen Ordnungen erhalten bleiben würden.

2 **Er bezieht die Beibehaltung nicht nur auf** die absolutistischen Systeme wie in Österreich und Preußen, sondern auch auf die konstitutionellen Monarchien wie in Baden, wie er in Z. 35 ff. ausführt.

5 **Außerdem widerspricht sein Vorschlag** seiner eigenen Forderung nach einem einheitlichen Vorgehen, da er die Bewahrung sowohl der alten, absolutistischen Ordnungen wie auch der neuen, konstitutionellen Ordnungen befürwortet.

Mögliche Überleitung zum zweiten Prüfungsteil

IF 6 Nationalismus, Nationalstaat und deutsche Identität im 19. und 20. Jahrhundert

Die Überwindung der deutschen Teilung in der friedlichen Revolution von 1989 (vgl. S. 178 ff.)

Prüferin / Prüfer

„Sie haben in Ihrem Vortrag den Wunsch der nationalliberalen Bewegung nach einem einheitlichen deutschen Nationalstaat erwähnt.

Rund 170 Jahre später, 1989/90, gibt es erneut Bemühungen, dass zwei deutsche Staaten zu einer Einheit zusammenwachsen. Skizzieren Sie die Probleme, die dabei auftraten."

Hinweise für den Prüfling

- Dieser Impuls nimmt das Grundproblem des Inhaltsfelds 6 auf (Frage nach der deutschen Identität) und leitet zu einem neuen Halbjahresthema über.
- Folgende Aspekte können Sie beispielsweise berücksichtigen, um die Problematik zu skizzieren:
  - unterschiedliche politische Systeme (liberale Demokratie vs. SED-Diktatur)
  - Einbindung in konkurrierende Verteidigungsbündnisse (NATO vs. Warschauer Pakt)
  - unterschiedliche Wirtschaftsordnungen (Soziale Marktwirtschaft vs. Planwirtschaft)
  - gesellschaftliche Differenzen (liberale vs. sozialistische Werte, Wohlstand)
- Ihre Prüferin / Ihr Prüfer könnte im Gesprächsverlauf nun zum Beispiel auf weitere Aspekte des Epochenjahres 1989 oder auf den Prozess der Wiedervereinigung eingehen.

Thema und Material	„Volk" und „Nation" im Kaiserreich und im Nationalsozialismus Darstellungstext
Aus dem Unterricht benötigte Kompetenzen	Folgende historische Sachverhalte sollten Sie erläutern und auf das Material anwenden können: – Entstehung und politische Grundlagen des Kaiserreichs – veränderte Funktion des Nationalismus im Kaiserreich – politischer Charakter des 1871 entstandenen Staats unter Berücksichtigung unterschiedlicher Perspektiven – Funktion von Segregation und Integration am Beispiel des Kaiserreichs

Aufgabenstellung

1. Analysieren Sie den vorliegenden Textauszug.
2. Erläutern Sie ausgehend vom Text die Grundzüge der Verfassung des Kaiserreichs sowie zentrale Aspekte seiner gesellschaftlichen Entwicklung.
3. Nehmen Sie Stellung zu den Aussagen der Verfasserin hinsichtlich des Modernisierungspotenzials des Kaiserreichs.

M Warum sich eine Beschäftigung mit der Reichsgründung heute lohnt

Am Anfang war die Verfassung. Denn das Kaiserreich begann nicht am 18. Januar 1871, nicht mit Waffenklirren und Männerjubel im Spiegelsaal des Versailler Schlosses, nicht mit der Proklamation des Kaisers. Das Reich begann ruhig, ordnungs- und rechtmäßig; über Nacht war es da. Die Verfassung, eine Revision der Konstitution des Norddeutschen Bundes von 1867, trat am 1. Januar 1871 in Kraft, und mit ihr setzte das „Deutsche Reich" ein.

Deutschlands Verfasstheit erwies sich damit als denkbar unspektakulär. Das Reich hatte die in Europa übliche Staatsform einer konstitutionellen Monarchie. Das heißt, der Monarch war institutionell eingehegt. Für die meisten Zeitgenossen war die Begründung durch eine Verfassung inzwischen selbstverständlich – diese Selbstverständlichkeit aber war neu und steht für einen Modernisierungs- und auch einen gewissen Demokratisierungsprozess. Noch der Vorgänger des neuen Kaisers auf dem preußischen Thron, König Friedrich Wilhelm IV., hatte eine Verfassung für Teufelszeug erklärt und sich erst mit der Revolution von 1848/49 zur preußischen Konstitution drängen lassen.

[…]

Auch sonst bot das Kaiserreich progressives Potenzial und war damit Teil des internationalen Aufbruchs, der Massenpolitisierung und der Demokratisierung – das ist die These dieses Textes. […] Anhand von drei Feldern soll das in diesem Text verdeutlicht werden: erstens anhand der Verfassung, zweitens anhand des Konzeptes von Nation und drittens anhand der sozialen Reformen.

[…]

Die Verfassung aber, die das Kaiserreich begründete, war von einem recht demokratisch gewählten Parlament, dem Reichstag des Norddeutschen Bundes, beraten und verabschiedet worden: Die Grundlage des Staates war also ein Effekt der Volkssouveränität. Und auch damit war das Kaiserreich ein gewöhnlicher Staat. Denn die Reichsgründung gehört in die Jahre eines weltweiten partizipativen Aufbruchs, in dem Politik und mit ihr der Staat zu einer Angelegenheit der Massen wurde. […] Im politischen Leben Deutschlands entwickelte sich das Parlament zur entscheidenden Institution. Das war so von Bismarck nicht intendiert gewesen, aber die kompromissfreudige Verfassung ließ es zu.

[…]

So oder so: Das Deutsche Reich war ein Nationalstaat und gründete damit auf dem Volk. […] Es lässt sich kaum überschätzen, wie wichtig das Konzept der Nation für Vorstellungen von Gleichheit war. […]

Die Gründung des Nationalstaats erwies sich daher als wesentlich für die Demokratisierungsprozesse. Weitgehend alphabetisiert würden sich Arbeiter, Bauern oder Hausangestellte als politisierte, selbstbewusste Bürger erweisen. […] Mindestens so bemerkenswert ist der politische Aufbruch der Frauen. Denn die Inklusionskraft der Nation trug immer mehr dazu bei, die strengen Geschlechterschranken zu hinterfragen. Das weite Männerwahlrecht befeuerte Feministinnen weltweit, für das Frauenwahlrecht zu kämpfen.

[…]

Die Aufbrüche waren internationale Phänomene: die Erweiterung des Wahlrechts auf nahezu alle Männer, die Frauenbewegung, der Wohlstandsanstieg für alle, der Kampf der Arbeiter und Arbeiterinnen um Gerechtigkeit, das Engagement für sozialstaatliche Absicherungen. Das Kaiserreich mit allen seinen Versprechungen und Aufbrüchen war kein Sonderfall, sondern recht gewöhnlich. Diese Einsicht macht seine Geschichte weniger exotisch, aber dafür umso interessanter. Sie verspricht bessere Erkenntnisse über eine Geschichte, die gerade auch im Zeitalter des Nationalismus über die Grenzen hinausging und die erste Globalisierung hervorbrachte.

Hedwig Richter: Warum sich eine Beschäftigung mit der Reichsgründung heute lohnt, in: Aus Politik und Zeitgeschichte, 71 (2021), S. 25–29.

Hinweis zur Autorin

Hedwig Richter (*1973) ist Professorin für Neuere und Neueste Geschichte an der Universität der Bundeswehr München.

Lösungsvorschlag

TIPP *Hinweise zum Herangehen an die Aufgabenstellung*

In der **ersten Teilaufgabe** wird erwartet, dass Sie den vorliegenden Textauszug **analysieren**, indem Sie ihn zunächst kurz **vorstellen**. Dabei müssen Sie Angaben zur Verfasserin, zu den Adressaten, zur Textart sowie zum Erscheinungsort und -zeitpunkt der Darstellung machen. Außerdem sollten Sie Anlass, Thema und Intention des Textes knapp umreißen. Anschließend müssen Sie den **Argumentationsgang** des Historikerurteils strukturiert und **systematisch wiedergeben**.

In der **zweiten Teilaufgabe** sollen die im Text erwähnten historischen Bezüge erläutert werden. Die Aufgabe ist dabei zweigeteilt. In einem ersten Schritt müssen Sie mithilfe des Textes die **Grundzüge der Verfassung** von 1871 erläutern. Greifen Sie dazu auf Ihr im Geschichtsunterricht erworbenes Wissen zurück und stellen Sie systematisch die einzelnen Bestandteile der Verfassung des Kaiserreichs dar. In einem zweiten Schritt sollen Sie dann auf die **gesellschaftliche Entwicklung** des Kaiserreichs eingehen. Beziehen Sie sich für beide Aufgabenteile an geeigneten Stellen immer wieder auf den Text (konkrete Verweise mit Zeilenangaben nicht vergessen!), um zu zeigen, dass Sie diesen verstanden haben.

In der **dritten Teilaufgabe** sollen Sie auf der Grundlage Ihres Kontextwissens darlegen, inwiefern Sie den **Aussagen** der Historikerin zum Modernisierungspotenzial des Kaiserreichs **zustimmen**, inwiefern Sie diese aber auch relativieren oder **ablehnen** würden. Finden Sie für beide Seiten klar voneinander abgegrenzte **Argumente** und schließen Sie Ihre Stellungnahme mit einem **Fazit** ab.

Gliederung des Mustervortrags

Einleitung

- **Hinführung zum Thema des Vortrags:** langes Zurückliegen der Reichsgründung, aber trotzdem weiterhin Debatte unter Historikerinnen und Historikern über Modernität des Kaiserreichs → Verknüpfung mit Hedwig Richters Artikel
- **Präsentation des weiteren Vorgehens:** Analyse des Darstellungstextes, historische Kontextualisierung (Erläuterung der Grundzüge der Verfassung sowie der gesellschaftlichen Entwicklung des Kaiserreichs), Stellungnahme zu Thesen des Textes

Analyse (Teilaufgabe 1)

- **Vorstellung des Textes**
  - Titel: Warum sich eine Beschäftigung mit der Reichsgründung heute lohnt
  - Autorin: Historikerin Hedwig Richter

- Erscheinungsort/-zeitpunkt: veröffentlicht in der Zeitschrift „Aus Politik und Zeitgeschichte" im Jahr 2021
- Textsorte: historischer Darstellungstext (Historikerurteil)
- Thema: Modernisierungspotenzial des Kaiserreichs auf den Ebenen Verfassung, Demokratisierung und soziale Reformen
- Anlass: Beitrag zur historischen Debatte um die Rückständigkeit des deutschen Kaiserreichs
- Adressaten: vornehmlich fachwissenschaftlich interessiertes Publikum und kundige Laien
- Intention: Revision der Rückständigkeits- und Sonderwegsthese in Bezug auf das Kaiserreich, stattdessen Unterstreichung des progressiven Potenzials

- **strukturierte Wiedergabe der Argumentation**
  - zentrale These: Kaiserreich in Bezug auf Verfassung, Demokratisierungstendenzen und soziale Reformen progressiver als meist angenommen → Kaiserreich stelle keineswegs einen Sonderfall dar
  - Argument 1: Kaiserreich als konstitutionelle Monarchie im Rahmen des damaligen gesamteuropäischen Demokratisierungsprozesses
  - historischer Beleg 1: Verabschiedung der Verfassung von einem relativ demokratisch gewählten Parlament
  - Argument 2: Nationalstaat als Begründung des Konzepts der Gleichheit
  - historischer Beleg 2: auch niedrigere Schichten hätten sich als mündige Bürger verstanden; zudem internationaler Aufbruch im Kampf für Frauenwahlrecht durch Inklusionskraft des Nationsbegriffs
  - Argument 3: soziale Reformen im Kaiserreich
  - historischer Beleg 3: Verbesserung des Lebensstandards der Bevölkerung, Eintreten der Arbeiterschaft für ihre Rechte, staatliche Maßnahmen zur sozialen Absicherung
  - Fazit: Kaiserreich hinsichtlich seiner Entwicklung sowie der Verbindung von Nationalismus und Globalisierung kein Sonderfall

Historische Kontextualisierung (Teilaufgabe 2)

- **Darstellung der Grundzüge der Verfassung**
  - weitgehende Übereinstimmung der Verfassung des neu gegründeten Reichs mit Verfassung des Norddeutschen Bundes von 1867
  - konstitutionelle Monarchie mit politischer und militärischer Führung beim Kaiser (zugleich preußischer König und oberster Kirchenherr der Protestanten)
  - Zusammensetzung der Verfassung aus vier verschiedenen Organen:
    - Bundesrat als föderale Institution: konnte mit Zustimmung des Kaisers Reichstag auflösen und Ratifizierung bei Gesetzesanträgen verweigern
    - Kaiser mit stärkster Stellung: konnte Reichstag auflösen und Neuwahlen anordnen
    - Reichskanzler: Ernennung der Regierung, die nur Kaiser verpflichtet war

   - Reichstag als demokratisches Element: von Männern ab 25 Jahren gewählt, aber nur Befugnisse bei Gesetzgebungsverfahren und im Budgetrecht → Volkssouveränität eingeschränkt
- Fazit: Verfassung als Kompromiss zwischen konservativen und demokratischen sowie zwischen zentralen und föderalen Elementen → Notwendigkeit, Balance ständig neu auszuhandeln → Entstehung einer demokratischen Öffentlichkeit und politischen Diskussionskultur

- **Erläuterung der gesellschaftlichen Entwicklung**
  - Modernisierungs- und Demokratisierungstendenzen
  - wachsende Industrialisierung und zunehmende Globalisierung → Entfaltungs- und Aufstiegsmöglichkeiten für Bürgertum
  - Wanderbewegung vom Land in die Stadt → Urbanisierung → Entstehung einer modernen Stadtkultur ↔ Modernisierungskrise
  - Entstehung der modernen Klassengesellschaft: Adel an der Spitze, Wirtschaftsbürgertum mit Relevanz für wirtschaftlichen Aufstieg Deutschlands, Bildungsbürgertum in teilweise einflussreichen Positionen, Mittelstand mit Streben nach größerer Partizipation, Arbeiterschaft mit ausgeprägtem Klassenbewusstsein (Entstehung von Gewerkschaften und sozialistischen Parteien), Streben von Frauen nach mehr Teilhabe

Stellungnahme bezüglich des Modernisierungspotenzials des Kaiserreichs (Teilaufgabe 3)

- **zustimmende Aspekte**
  - weite Verbreitung der konstitutionellen Monarchie im 19. Jahrhundert in Europa → nur unwesentlich verzögerte Entwicklung des Kaiserreichs im europäischen Vergleich → kein Sonderweg in Bezug auf Verfassungsentwicklung
  - tatsächlich zügige und breite Modernisierung im Hinblick auf Partizipation und Demokratisierungsprozesse (Vereinsleben, Entwicklung der Sozialdemokratie, Frauenbewegung)
  - relative Modernität der Verfassung
- **relativierende Aspekte**
  - eher geringe Befugnisse des Parlaments im Budgetrecht und bei der Gesetzgebung, Druckmittel von Kaiser und Kanzler im Gesetzgebungsverfahren
  - Überwiegen konservativer Verfassungselemente, z. B. Fehlen eines Grundrechtekatalogs → Verfassung nicht besonders partizipativ
  - keine zufriedenstellenden Antworten des Staats auf soziale Probleme, stattdessen Unterdrückung der Sozialdemokratie
  - Fazit: Verfassung zwar Kompromiss, aber Kaiserreich trotzdem im Großen und Ganzen autoritärer Obrigkeitsstaat, in dem Volksvertretung nur schwache Stellung hatte → kein außergewöhnlicher Modernisierungsschub

Einleitung

Hinführung zum Thema des Vortrags und Präsentation des weiteren Vorgehens

Vor fast genau 150 Jahren wurde am 18. Januar 1871 das deutsche **Kaiserreich gegründet**. Dessen Entstehung beschäftigt heute noch Historikerinnen und Historiker, was auch die vorliegende **Darstellung** zeigt. Diese werde ich im Folgenden **analysieren**, indem ich sie zunächst einer formalen Quellenkritik unterziehe und ihren Argumentationsgang wiedergebe. Daran schließe ich die **Erläuterung der historischen Bezüge** und meine **Stellungnahme** zu den Thesen der Autorin an.

Analyse (Teilaufgabe 1)

Vorstellung des Textes

Es handelt sich bei dem vorliegenden Text um eine **historische Darstellung**, die von der Historikerin Hedwig Richter im Jahr 2021 in der Zeitschrift „Aus Politik und Zeitgeschichte" unter dem Titel „Warum sich eine Beschäftigung mit der Reichsgründung heute lohnt" veröffentlicht wurde. Thematisch behandelt das Historikerurteil das **Modernisierungspotenzial des deutschen Kaiserreichs** auf den Ebenen Verfassung, Demokratisierung und soziale Reformen. Der Text liefert damit einen **Beitrag zur historischen Debatte** um die Rückständigkeit oder Fortschrittlichkeit des deutschen Kaiserreichs. Die Darstellung richtet sich demzufolge vornehmlich an ein fachwissenschaftlich interessiertes Publikum, ebenso aber auch an kundige Laien. Mit dem Text **stellt** die Verfasserin die im Hinblick auf das Kaiserreich weitverbreitete **Rückständigkeits- und Sonderwegsthese infrage**. Im Gegensatz zu dieser Auffassung betont sie das **Fortschrittspotenzial des Kaiserreichs**.

strukturierte Wiedergabe der Argumentation

Im Folgenden möchte ich den **Argumentationsgang** des Textes wiedergeben. Dem Historikerurteil liegt die **zentrale These** zugrunde, dass das **Kaiserreich** in Bezug auf Verfassung, Demokratisierungstendenzen und soziale Reformen **fortschrittlicher** gewesen sei **als meist angenommen** (vgl. Z. 17 f.). Es sei somit keineswegs ein Sonderfall gewesen (vgl. Z. 47 f.). Die These wird durch die Tatsache gestützt, dass die am 1. Januar 1871 in Kraft getretene **Verfassung** des Deutschen Reichs den Monarchen institutionell eingehegt und die in Europa weitverbreitete **Staatsform der konstitutionellen Monarchie** auch für Deutschland geschaffen habe. Hedwig Richter weist darauf hin, dass dieser Prozess im Zusammenhang mit einem **gesamteuropäischen Demokratisierungsprozess** stehe (vgl. Z. 17 f.). Dies verdeutlicht sie, indem sie erwähnt, dass die Verfassung im Zuge eines weltweiten partizipativen Aufbruchs von einem relativ demokratischen und institutionell bedeutenden **Parlament** verabschiedet worden sei (vgl. Z. 23 ff.). Als weiteren Argumentationsstrang führt sie aus, dass der neu entstandene **Nationalstaat das Konzept der Gleichheit begründet** habe (vgl. Z. 34 f.). Diese Behauptung wird in folgender Weise historisch belegt: Arbeiter, Bauern und Hausangestellte hätten sich als **mündige Bürger** verstanden (vgl. Z. 37 f.). Außerdem habe das inklusive Konzept der Nation **Frauen** weltweit dazu **motiviert**, sich für das Frauenwahlrecht einzusetzen (vgl. Z. 39 ff.). Als drittes Argument für ihre These, dass das Kaiserreich Teil einer internationalen Modernisierungsbewegung gewesen sei, nennt die Historikerin die dort erreichten **sozialen Reformen**. Der **Lebensstandard der Bevölkerung** habe sich **verbessert** und die **Arbeiterschaft** habe begonnen, verstärkt **für ihre Rechte einzutreten** (vgl. Z. 45 f.). Darüber hinaus habe sich auch der Staat um **Maßnahmen zur sozialen Absicherung** bemüht (vgl. Z. 46 f.). Zum Schluss ihrer Ausführungen gelangt Richter zu dem **Fazit**, dass das **Kaiserreich** aufgrund der genannten Modernisierungstendenzen im internationalen Vergleich **keinen Sonderfall dargestellt**, sondern sich mit seiner Verbindung von Nationalismus und Globalisierung im damals üblichen Rahmen entwickelt habe (vgl. Z. 47 ff.).

Überleitung zu historischer Kontextualisierung

Um die Aussagen Richters hinsichtlich des Modernisierungspotenzials des Kaiserreichs besser einordnen und beurteilen zu können, werde ich nun die verfassungsrechtlichen sowie die innen- und sozialpolitischen **Grundlagen des Kaiserreichs** genauer erläutern.

historische Kontextualisierung (Teilaufgabe 2)

Darstellung der Grundzüge der Verfassung

Die im Januar 1871 in Kraft getretene **Verfassung** des neu gegründeten Reichs glich inhaltlich – wie von Richter ausgeführt (vgl. Z. 4 f.) – in der Tat weitestgehend der **Verfassung des Norddeutschen Bundes** von 1867. Damit war das deutsche Kaiserreich eine **konstitutionelle Monarchie**, bei der die politische und militärische Führung beim **Kaiser** lag, der zugleich **preußischer König** und oberster Kirchenherr der Protestanten war. Die Verfassung setzte sich aus **vier verschiedenen Organen** zusammen, denen unterschiedliche Kompetenzen zufielen: Der **Bundesrat**, der von Preußen dominiert wurde, bildete die **föderale Institution** des Kaiserreichs. Er konnte mit der Zustimmung des Kaisers den Reichstag auflösen und Gesetzesanträgen des Reichstags die Ratifizierung verweigern. Der **Kaiser** hatte die **stärkste Stellung** im Reich inne, da er den Reichstag auflösen und Neuwahlen anordnen konnte, wenn er bestimmte Gesetzesvorhaben realisieren wollte. Er bestimmte außerdem den **Reichskanzler**, der wiederum die **Regierung ernannte**. Diese war nur dem Kaiser verpflichtet und nicht dem **Parlament**. Somit konnte die gewählte Volksvertretung die Regierung lediglich kritisieren, ihr aber nicht das Vertrauen entziehen und ihren Rücktritt erzwingen. Der **Reichstag** wurde in allgemeinen, gleichen, direkten und geheimen **Wahlen** von Männern ab 25 Jahren gewählt, was Richter in ihrem Artikel als besonders **demokratisches Element** des Kaiserreichs hervorhebt (vgl. Z. 41, 44 f.). Allerdings besaß das Parlament lediglich Befugnisse beim **Gesetzgebungsverfahren** sowie im **Budgetrecht**. Die Volkssouveränität war also in der Praxis nicht so groß wie von Richter beschrieben (vgl. Z. 25 ff.). Insgesamt kann die Verfassung als **Kompromiss zwischen konservativer Monarchie und bürgerlicher Gesellschaft** zur Integration der einzelnen Länder und zum Zusammenwachsen des Reichs gesehen werden. Sie verband auf Einigung ausgerichtete Merkmale mit **föderalen Elementen**, verursachte aber auch gewaltige Spannungen zwischen Parlament und Exekutive. Die **Balance zwischen starker Monarchie und parlamentarischer Demokratie** musste aber im Reichstag immer wieder neu ausgehandelt werden, wodurch eine **demokratische Öffentlichkeit** und eine **politische Diskussionskultur** entstanden.

gesellschaftliche Entwicklung des Kaiserreichs
- Entstehung einer modernen Stadtkultur

Mit Blick auf die **gesellschaftliche Entwicklung** des Kaiserreichs lassen sich in Anknüpfung an Richters Ausführungen einige Modernisierungs- und **Demokratisierungstendenzen** (vgl. Z. 11 f.) feststellen. So sorgte eine rasant wachsende **Industrie mit neuen Leitsektoren** (u. a. chemische Industrie und Elektroindustrie) für eine zunehmende **Globalisierung** des Handels, worauf auch Richter in ihrem Text anspielt (vgl. Z. 50 f.). Dem aufstrebenden Bürgertum boten sich dadurch neue **Entfaltungsmöglichkeiten und Aufstiegschancen**. Aufgrund eines größeren Angebots an Arbeitsplätzen in den neuen Industriezentren setzte eine Wanderbewegung vom Land in die Stadt ein. Damit war ein Anwachsen der Städte und die Ausbreitung städtischer Lebensformen verbunden (**Urbanisierung**). Es entwickelte sich eine **moderne Stadtkultur**, die bei aller Fortschrittlichkeit aber auch ihre Schattenseiten hatte (**Modernisierungskrise**).

- Entwicklung der modernen Klassengesellschaft

Im Kaiserreich entwickelte sich außerdem eine **moderne Klassengesellschaft**, die ich im Folgenden kurz skizzieren möchte. Der **Adel** stand als mächtigste Klasse an der Spitze des Staats und besetzte **Schlüsselpositionen** in Bürokratie, Diplomatie und Armee. Das **Wirtschaftsbürgertum** pflegte einen am Adel orientierten Lebensstil und gewann aufgrund seiner **Relevanz für den wirtschaftlichen Aufstieg** Deutschlands zunehmend an Bedeutung. Ähnlich verhielt es sich mit dem **Bildungsbürgertum**, das durch den steigenden Bedarf an akademisch qualifizierten Führungskräften **teilweise einflussreiche Positionen** erlangte. Der **Mittelstand** (Handwerker, Händler und Bauern, aber auch Angestellte und niedere Beamte) strebte nach einem bürgerlichen Lebensstandard. Darauf spielt auch Richter an, wenn sie die Angehörigen dieser sozialen Schicht als „politisierte, selbstbewusste Bürger“ (Z. 38) charakterisiert. Die **Arbeiterschaft** wuchs im Zuge der Verstädterung und Industrialisierung zahlenmäßig stark an und entwickelte – wie auch von Richter erwähnt (vgl. Z. 45 f.) – ein **ausgeprägtes Klassenbewusstsein**.

In **Gewerkschaften** und **sozialistischen Parteien** forderten Arbeiterinnen und Arbeiter ein politisches Mitspracherecht ein. Doch nicht nur die Arbeiterschaft trat für ihre Rechte ein, sondern auch die **Frauen** reklamierten, wie von Richter in ihrem Artikel erwähnt (vgl. Z. 38 ff.), politische und bürgerliche Rechte für sich.

Nachdem ich den Argumentationsgang dargestellt und die historischen Bezüge erläutert habe, werde ich mich nun **kritisch mit den Thesen des Textes auseinandersetzen**.

Überleitung zur Stellungnahme

Der Darstellung von Richter ist in vielerlei Hinsicht **zuzustimmen**. So war die **konstitutionelle Monarchie** im 19. Jahrhundert tatsächlich die **am weitesten verbreitete Staatsform** in Europa. Die Entwicklung des Kaiserreichs war damit im europäischen Vergleich nur unwesentlich verspätet. Insofern ist Richters Argument, dass für das **Kaiserreich** in Bezug auf die Verfassungsentwicklung **kein Sonderweg** auszumachen sei, durchaus plausibel. Zudem ist nicht von der Hand zu weisen, dass das Kaiserreich in Bezug auf **Partizipation und Demokratisierungsprozesse** neue Möglichkeiten schuf. Dies lässt sich unter anderem an der **Entwicklung des Vereinslebens** und der **Sozialdemokratie**, aber auch an der erstarkenden **Frauenbewegung** ablesen. Das deutsche Kaiserreich verstärkte also zumindest teilweise die Umsetzung demokratischer und partizipativer Praktiken. Der Grund dafür ist unter anderem in seiner **relativ modernen Verfassung** zu finden, die zu den fortschrittlichsten ihrer Zeit gehörte.

Stellungnahme (Teilaufgabe 3)

zustimmende Aspekte
- Verbreitung der konstitutionellen Monarchie
- demokratische Entwicklungen im Kaiserreich
- relative Modernität der Verfassung

Dennoch müssen einige von Richters Aussagen auch **relativiert** werden. So klingt es zum Beispiel leicht übertrieben, dass sie beim Parlament von einer „entscheidenden Institution“ (Z. 29) spricht, die großen Einfluss auf das Handeln von Kaiser und Kanzler habe nehmen können. Das **Parlament** hatte insgesamt **nur geringe Befugnisse** im Budgetrecht und bei der Gesetzgebung. Darüber hinaus standen Kaiser und Kanzler erhebliche Druckmittel für die Durchsetzung von Gesetzen zur Verfügung, was insbesondere das **Recht des Monarchen zur vorzeitigen Parlamentsauflösung** mit anschließenden Neuwahlen unterstreicht. Insgesamt überwogen die **konservativen Verfassungselemente**, die die Monarchie und Preußen stärkten. Überdies blieb die Verfassung von 1871 mit ihrem **fehlenden Grundrechtekatalog** hinter den Ideen von 1848/49 zurück und kann deshalb **keinesfalls als besonders partizipativ bezeichnet** werden. Die zunehmende Beteiligung breiter Schichten am politischen Geschehen lag somit weniger in der progressiven Verfassung begründet als vielmehr in den fehlenden Antworten des neuen Staats auf die **sozialen Problemlagen**. Bei Richter unerwähnt bleiben an

relativierende Aspekte
- eingeschränkte Befugnisse des Parlaments
- Überwiegen konservativer Verfassungselemente
- eingeschränkte Partizipationsmöglichkeiten

dieser Stelle die weitverbreitete Massenarmut, die Streikbewegungen oder die **Unterdrückung der Sozialdemokratie** durch das Sozialistengesetz. Gerade letzteres spricht nicht besonders dafür, dass der Staat für alle gesellschaftlichen Gruppen Partizipationsmöglichkeiten schaffen wollte.

Fazit

Mein **Fazit** lautet deshalb, dass die **Verfassung zwar als Kompromiss** zwischen konservativer Monarchie und bürgerlicher Gesellschaft gesehen werden kann. Die These von einer sehr weitgehenden Demokratisierung ist aber dennoch fraglich, da das **Kaiserreich** trotz einiger fortschrittlicher Verfassungselemente ein **autoritärer Obrigkeitsstaat** blieb. In diesem hatten die gewählten **Volksvertreter nur eine schwache Stellung**, sodass alles in allem **nicht** von einem **außergewöhnlichen Modernisierungsschub** gesprochen werden kann.

Aufgabe 9

Thema und Material	Nationale Identität unter den Bedingungen der Zweistaatlichkeit in Deutschland Bildquelle (Karikatur)
Aus dem Unterricht benötigte Kompetenzen	Folgende Sachverhalte sollten Sie erläutern und auf das Material anwenden können: – staatliches und nationales Selbstverständnis der DDR und der Bundesrepublik – Handlungsoptionen der politischen Akteure in Ost- und Westdeutschland nach 1945, insbesondere Neue Ostpolitik – Entspannungspolitik im Ost-West-Konflikt (KSZE)

Aufgabenstellung

Interpretieren Sie die Quelle, indem Sie
1. sie analysieren,
2. sie in den historischen Kontext von 1972–1977 einordnen und die Bildelemente erläutern sowie
3. die Einschätzung des Karikaturisten beurteilen.

M Karikatur „Deutsche Einheit“ von Rudolf Schöpper, 16. Juni 1977

Rudolf Schöpper, Deutsche Einheit, 16. 06. 1977, Universitäts- und Landesbibliothek Münster, N. Schöpper K 39,053

Hinweis zum Zeichner

Rudolf Schöpper (1922–2009) zeichnete seit 1962 politische Karikaturen. Diese erschienen zunächst unregelmäßig in der Gewerkschaftszeitung „Einheit“, in den „Ruhr Nachrichten“, der „Westfalenpost“ und der „Kölnischen Rundschau“, ehe er 1977 nach Münster übersiedelte und bei den „Westfälischen Nachrichten“ (WN) fest angestellt wurde. Bis 1991 zeichnete er regelmäßig Karikaturen für die WN. 1969 wurde ihm der Theodor-Wolff-Preis verliehen (Journalistenpreis der deutschen Zeitungen).

Lösungsvorschlag

TIPP *Erläuterung zur Aufgabenstellung*

Bei der Lösung der **Teilaufgabe 1** wird erwartet, dass Sie die **Quelle zunächst kurz vorstellen**. Sie sollten also Angaben zum Zeichner, zu den Adressaten, zur Quellengattung sowie zum Erscheinungsort und -zeitpunkt der Karikatur machen, um den historischen Bezugsrahmen zu erfassen. Außerdem sollten Sie das Thema der Karikatur und die Intention des Zeichners knapp umreißen. Anschließend müssen Sie den **Aufbau der Zeichnung und ihre Bildelemente** detailliert und systematisch beschreiben.

In der **zweiten Teilaufgabe** soll die Karikatur zunächst in den **Kontext** ihrer Entstehung eingeordnet werden. Dafür müssen Sie in einem ersten Schritt auf wichtige **Ereignisse in der Zeit von 1972 bis 1977** eingehen, die mit der Karikatur in Zusammenhang stehen. Erwähnen Sie hier zum Beispiel zentrale Stationen von Brandts Neuer Ostpolitik sowie der internationalen Entspannungspolitik der 1970er-Jahre. Außerdem sollten Sie beschreiben, wie beides sich auf die DDR auswirkte. In einem zweiten Schritt müssen Sie die **Bedeutung der Bildelemente** erläutern. Stellen Sie dar, worauf die einzelnen Bestandteile der Karikatur anspielen und wie die historischen Sachverhalte vom Karikaturisten interpretiert werden. Fassen Sie abschließend in einem kurzen **Fazit** zusammen, mit welcher Einstellung der Zeichner auf die Akteure blickt.

In der **dritten Teilaufgabe** sollen Sie auf der Grundlage Ihres Kontextwissens argumentieren, inwiefern Sie der **Aussage des Karikaturisten zustimmen** können, inwiefern Sie diese aber auch **relativieren oder ablehnen** würden. Schließen Sie Ihre Beurteilung mit einem differenzierten **Fazit** ab.

Gliederung des Mustervortrags

Einleitung

- **Hinführung zum Thema des Vortrags:** deutsche Einheit als Thema in West und Ost → Verknüpfung mit Rudolf Schöppers Karikatur zum Verhältnis von Bundesrepublik und DDR in den 1970er-Jahren
- **Präsentation des weiteren Vorgehens:** Analyse der Karikatur, historische Kontextualisierung (Einordnung in den historischen Kontext von 1972 bis 1977 und Erläuterung der Bildelemente), Beurteilung der Einschätzung des Karikaturisten

Analyse (Teilaufgabe 1)

- **Vorstellung der Quelle**
  - Titel: Deutsche Einheit
  - Zeichner: politischer Karikaturist Rudolf Schöpper

- Erscheinungszeitpunkt und -ort: 16. Juni 1977, genauer Erscheinungsort unbekannt (wahrscheinlich Tageszeitung „Westfälische Nachrichten“ in Münster und Bielefeld)
- Adressaten: Leserschaft einer westfälischen Tageszeitung (vermutlich „Westfälische Nachrichten“)
- Quellengattung: politische Karikatur
- situativer Kontext und Anlass: deutsch-deutsche Annäherung im Zuge der Neuen Ostpolitik Brandts ab 1970, Vortag des Feiertags zur deutschen Einheit in der Bundesrepublik am 17. Juni 1977
- Thema: Hindernisse einer deutschen Einigung trotz vorangegangener Annäherungsversuche zwischen Ost und West
- Intention: Kritik am diktatorischen Charakter des SED-Regimes unter Honecker sowie an Passivität der Bevölkerung in West und Ost

- **strukturierte Beschreibung des Aufbaus und der Bildelemente**
  - Aufbau: Zeichnung (Zaun in der Mitte, der Personen links und rechts voneinander trennt) und Bildunterschrift („Deutsche Einheit“)
  - Bildmittelpunkt: Zaun aus Betonpfeilern mit Stacheldrahtverstrebungen und Selbstschussanlage; zerbrochenes Schild mit der Aufschrift „Deutschland“ (auf linker Zaunseite noch stehend „Deutsch-“, auf rechter Zaunseite am Boden liegend „-land“)
  - linke Bildseite: kleiner Mann in überwiegend heller Kleidung und weißer Zipfelmütze auf Hocker vor dem Zaun sitzend; Blickrichtung zum Zaun und Beobachtungshaltung; Blumentopf mit verschiedenen blühenden Blumen vor dem Zaun
  - rechte Bildseite:
    - mit dem Rücken zum Zaun stehender uniformierter Mann in übergroßer Darstellung: Abzeichen mit Hammer und Zirkel sowie Stern auf Uniformjacke; Schirmmütze als Kopfbedeckung; selbstbewusste Haltung; Blick von oben herab durch Brille auf kleineren Mann, den der Uniformierte mit Hammer-und-Sichel-Symbol und Maschinengewehr bedroht; linker Stiefel tritt auf abgebrochenen Teil des „Deutschland“-Schilds
    - kleiner Mann in schwarzer Latzhose, mit hochgekrempelten Ärmeln und dunkler Zipfelmütze: leicht geduckte Haltung, um am großen Mann vorbei auf Zaun und gegenüberliegende Seite blicken zu können; sehnsüchtiger und niedergeschlagener Gesichtsausdruck

Historische Kontextualisierung (Teilaufgabe 2)

- **Einordnung in den historischen Kontext**
  - politische Schritte im Rahmen der Neuen Ostpolitik
    - von westlicher Seite Aufgabe des Alleinvertretungsanspruchs sowie Aufnahme von Gesprächen mit UdSSR, DDR und anderen Ostblockstaaten nach Regierungsantritt der sozialliberalen Koalition unter Brandt

    - Vertragswerke, z. B. Moskauer Vertrag, Warschauer Vertrag, Grundlagenvertrag → Anerkennung der Existenz und Gleichberechtigung der DDR, aber Festhalten am langfristigen Ziel der deutschen Einheit vonseiten der Bundesrepublik ↔ DDR-Verfassung von 1974 ohne Grundsatz der nationalen Einheit
  - internationale Entspannungspolitik
    - Neue Ostpolitik als Wegbereiter für europäische Sicherheitskonferenz
    - Zusammenarbeit im Rahmen des KSZE-Prozesses ab 1973 zwischen Staaten des Warschauer Pakts, der NATO und neutralen Ländern
    - Ergebnisse: internationale Anerkennung der DDR, Vereinbarungen zur Wahrung der Souveränität sowie der Achtung von Menschenrechten
  - Folgen der nationalen und internationalen Entspannungspolitik für die DDR
    - Bemühungen Honeckers um internationale Anerkennung der DDR (Grundlagenvertrag 1972, KSZE, UNO-Mitgliedschaft 1973)
    - innenpolitische Krise nach Verabschiedung der KSZE-Schlussakte → verstärkte Einforderung von Rechten durch Oppositionsgruppen, Anstieg von Ausreiseanträgen sowie verschärfte Repressionsmaßnahmen durch SED (u. a. Bespitzelung, Richtlinien zur Demoralisierung, Ausbürgerung prominenter Oppositioneller)
- **Erläuterung der Bildelemente**
  - Zaun: deutsch-deutsche Grenze
  - „Deutschland"-Schild: zerbrochene deutsche Einheit
  - kleiner Mann mit Blumentopf auf linker Zaunseite:
    - Bürger der Bundesrepublik (stilisiert als deutscher Michel) mit erwartungsvollem Blick Richtung Grenze → Hoffnung auf Annäherung und erste Schritte zur Einigung
    - passive Haltung → kein weiterer Einsatz für Wiedervereinigung
    - Blumentopf als Symbol der Hoffnung und freundlichen Gesinnung

  → gesamte linke Zaunseite: Symbol der Neuen Ostpolitik und der Schritte zur Annäherung in der Hoffnung auf Chancen zur Einheit
  - kleiner Mann in Latzhose auf rechter Zaunseite:
    - DDR-Bürger (stilisiert als deutscher Michel) mit sehnsüchtigem Blick zur Grenze → Hoffnung auf Annäherung und Ausweg
    - Latzhose und hochgekrempelte Ärmel als Symbol für Arbeitsbereitschaft, aber: keine weitere Aktivität → Sehnsucht scheint angesichts der Übermacht der SED-Regierung nicht stark genug
  - große Gestalt in Uniform auf rechter Zaunseite:
    - Erich Honecker, Staatssekretär der DDR, der DDR-Bürger einschüchtert (visualisiert durch Körperhaltung, Größe und Bewaffnung)
    - zusätzliche Unterstreichung der Stärke mit militärischen Mitteln (Uniform und Gewehr als Symbole für NVA und MfS)
    - Stiefel auf dem zerbrochenen „Deutschland"-Schild zeigt Verachtung für die Einheit

    - Hammer und Sichel als Symbole für sozialistische Ideologie des Arbeiter- und Bauernstaats, die als Rechtfertigung für Repressionen herangezogen wurde
    - DDR-Wappen auf Uniformjacke als patriotisches Zeichen, Stern als Symbol der Verbundenheit mit der Sowjetunion → Honecker linientreuer als Vorgänger Ulbricht

  → gesamte rechte Zaunseite: Symbol für repressives Vorgehen des SED-Regimes gegen Oppositionelle und Regimekritiker, insbesondere nach Zugeständnissen im Rahmen der KSZE
  - zusammenfassende Deutung:
    - Kritik an Unaufrichtigkeit und Gewaltbereitschaft der SED-Führung: Verschärfung der Unterdrückung der eigenen Bevölkerung trotz Annäherung an den Westen im Rahmen der Neuen Ostpolitik und Zusicherung der Achtung von Menschenrechten auf der KSZE
    - Kritik an Passivität der Bürger auf beiden Seiten der Grenze

Beurteilung der Einschätzung des Karikaturisten (Teilaufgabe 3)

- **zustimmende Aspekte**
  - von westlicher Seite unter Willy Brandt tatsächlich Annäherungsversuche („Wandel durch Annäherung", Neue Ostpolitik): Anerkennung der Souveränität der DDR als erster Schritt zur Einigung
  - seit KSZE Hoffnung der DDR-Bevölkerung auf mehr Rechte und Reisefreiheit
  - strikte Haltung der SED-Führung gegenüber Oppositionellen
- **relativierende Aspekte**
  - Darstellung der Bürger aus der Bundesrepublik als zu naiv-optimistisch: Umstrittenheit der Neuen Ostpolitik, Kritik an Zementierung der deutschen Teilung
  - Darstellung der DDR-Bürger als zu passiv: Proteste, Ausreiseanträge und Zulauf zu oppositionellen Gruppen nach KSZE-Schlussakte → entscheidender Beitrag zur Systemdestabilisierung in 1980er-Jahren
  - Überschätzung der Machtposition Honeckers bzw. des SED-Regimes, da DDR sich damals schon in der Krise befand und aus Position der Schwäche repressiv reagierte
- **Fazit:** durchaus korrekte Darstellung der Situation 1977, aber Überschätzung der Machtposition des SED-Regimes gegenüber der Einsatzbereitschaft der DDR Bevölkerung

Im Jahr 1977 befand sich die **deutsche Einheit** noch in weiter Ferne, war aber dennoch seit Willy Brandts Neuer Ostpolitik wieder verstärkt Thema. So nahm auch Rudolf Schöpper den bevorstehenden Tag der deutschen Einheit zum Anlass, sich in der mir vorliegenden Karikatur von 1977 mit dem **Verhältnis zwischen Bundesrepublik und DDR** auseinanderzusetzen. Im Folgenden werde ich die **Zeichnung analysieren** und in ihren **historischen Kontext einordnen**, um sie anschließend zu **deuten** und die Aussage des Karikaturisten zu **beurteilen**. Ich beginne nun zunächst mit der Analyse.

Einleitung
Hinführung zum Thema des Vortrags und Präsentation des weiteren Vorgehens

Der Zeichner Rudolf Schöpper schuf seit 1962 politische Karikaturen wie diese und publizierte sie überwiegend in westfälischen Zeitungen. Die vorliegende **Karikatur** wurde am 16. Juni 1977 gezeichnet, der genaue Ort der Veröffentlichung ist nicht bekannt. Der handschriftliche Hinweis am Bildrand spricht allerdings für **Münster und Bielefeld**. Die Adressaten waren daher vermutlich **Leserinnen und Leser einer westfälischen Zeitung**. Schöpper entwarf die Karikatur unter dem Eindruck der **deutsch-deutschen Annäherung im Rahmen der Neuen Ostpolitik** sowie der KSZE. Der konkrete Anlass war vermutlich der **Feiertag zur deutschen Einheit in der Bundesrepublik** am folgenden Tag, dem 17. Juni 1977. Schöpper thematisiert, welche **Hindernisse der deutschen Einigung** noch im Weg stehen, und **kritisiert**, dass vor allem das **SED-Regime** unter Honecker die deutschen Einigkeitsbestrebungen verhindern würde.

Analyse (Teilaufgabe 1)
Vorstellung der Karikatur

Im Folgenden möchte ich nun die einzelnen **Bildelemente** näher beschreiben: Die Karikatur besteht aus einer **Zeichnung** und einer **Bildunterschrift**, die „Deutsche Einheit" lautet. Die Szene zeigt einen **Stacheldrahtzaun** und **Personen auf jeder Seite** des Zauns. Dahinter ist linksseitig die **Hälfte eines Schilds** mit der Aufschrift „Deutschland" zu sehen. Es ist nach „Deutsch-" abgebrochen, der Rest liegt vom Betrachter aus gesehen auf der rechten Zaunseite auf dem Boden.

Beschreibung der Bildelemente
- Aufbau

Auf der Seite **links des Zauns** sitzt ein **kleiner Mann** mit Blick zur Grenze **auf einem Hocker**. Er trägt eine schwarze Weste, eine weiße Hose und auf dem Kopf eine **Zipfelmütze** der gleichen Farbe. Die rechte Hand hat er auf dem Oberschenkel abgestützt, die linke schirmt die **Augen in Richtung Zaun** ab. Vor den Füßen des Mannes steht ein **Blumentopf** mit verschiedenen Blumen.

- linke Zaunseite

Auf der **rechten Zaunseite** stehen **zwei Männer**. Der eine befindet sich näher an der Grenze und ist mehr als **doppelt so groß** wie alle anderen Figuren auf dem Bild. Er wendet dem Zaun den Rücken zu und hält in der rechten Hand ein **Maschinengewehr**, das auf einen

- rechte Zaunseite

kleinen Mann vor ihm gerichtet ist. Der große Mann trägt eine **Uniform** mit einem **Hammer-und-Zirkel-Abzeichen** und einem **Stern** darüber auf der Brust, seinen Kopf bedeckt eine Schirmmütze. In der linken Hand hält er eine **mit einem Hammer gekreuzte Sichel**, deren Spitze auf den Kopf des kleinen Mannes direkt vor ihm zeigt. Der uniformierte Mann steht sehr **aufrecht** und blickt **selbstbewusst von oben herab** durch seine Brille auf den kleinen Mann. Sein linker **Fuß steht auf dem abgebrochenen Teil des „Deutschland"-Schilds** vor ihm. Der **kleine Mann** wendet den Blick zum Zaun. Er trägt eine schwarze Latzhose und ein weißes Oberteil mit **hochgekrempelten Ärmeln** sowie eine **dunkle Zipfelmütze**. Der kleine Mann lehnt sich leicht nach links, damit er am großen Mann und am Zaun vorbei **zur anderen Seite der Grenze hinüberschauen** kann. Sein Gesichtsausdruck wirkt **sehnsüchtig und niedergeschlagen**.

Nach der Beschreibung werde ich nun die Karikatur in den **Kontext** ihrer Entstehungszeit **einordnen** und vor diesem Hintergrund die **Bildelemente deuten**.

Überleitung zu historischer Kontextualisierung

Schöpper zeichnete die Karikatur 1977, also in einer **Zeit internationaler Entspannung**, die sich auch im Verhältnis der beiden deutschen Staaten widerspiegelte. Unter ihrem Kanzler Willy Brandt hatte die Bundesrepublik Anfang der 1970er-Jahre die **Hallstein-Doktrin**, also ihren Alleinvertretungsanspruch, **aufgegeben** und das Gespräch mit der DDR und der Sowjetunion gesucht. Die im Rahmen von Brandts **Neuer Ostpolitik** abgeschlossenen **Ostverträge** mit der Sowjetunion und Polen (Moskauer Vertrag und Warschauer Vertrag, beide 1970) stärkten das gegenseitige Vertrauen und ebneten so den Weg zum **Grundlagenvertrag mit der DDR** von 1972. Darin vereinbarten die Vertragspartner **gutnachbarliche Beziehungen** auf der Basis von **Gleichberechtigung und Souveränität** beider Staaten. Allerdings ging damit vonseiten der Bundesrepublik **keine völkerrechtliche Anerkennung der DDR** einher, weshalb beide Staaten im jeweils anderen Teil Deutschlands „**Ständige Vertretungen**" anstelle von Botschaften einrichteten. Während die **DDR** das **Ziel der Wiedervereinigung** in ihrer Verfassung von 1974 **aufgab**, hielt die **Bundesrepublik** weiter daran fest, was sie im „**Brief zur deutschen Einheit**" explizit formulierte.

historische Kontextualisierung (Teilaufgabe 2)

politische Schritte im Rahmen der Neuen Ostpolitik

Die eben beschriebene Annäherung zwischen Ost und West bildete die Basis für die Durchführung einer **europäischen Sicherheitskonferenz**, an der einzelne Staaten des Warschauer Pakts (u. a. die Sowjetunion), die NATO-Staaten (inklusive USA und Kanada) sowie neutrale Länder teilnahmen. 1973 begann in Helsinki die **Konferenz für Sicherheit und Zusammenarbeit in Europa**. In der Schlussakte von 1975 verpflichteten sich die Teilnehmer unter anderem zur

internationale Entspannungspolitik

Anerkennung der **Souveränität aller Beteiligten** sowie zur **Wahrung von Menschenrechten**.

Folgen für die DDR

Erich Honecker, der 1971 seinen Vorgänger Ulbricht als Staatschef, genauer als Ersten Sekretär des Zentralkomitees der SED, abgelöst hatte, hatte sich von Beginn an um eine **internationale Anerkennung der DDR** bemüht. Er erreichte dieses Ziel unter anderem mit der Unterzeichnung des Grundlagenvertrags, der Teilnahme an der KSZE und der Aufnahme in die UNO 1973. Der außenpolitische Erfolg wurde jedoch von **innenpolitischen Krisen** begleitet, denn **Oppositionsgruppen** in der DDR **forderten** die in der KSZE-Schlussakte von 1975 bestätigten **Freiheitsrechte** ein. Darauf reagierte die SED mit verschärften, aber **verdeckten Repressionsmaßnahmen**. Die **Bespitzelung** durch sogenannte inoffizielle Mitarbeiter wurde ausgeweitet und man legte intern fest, wie Systemkritiker demoralisiert werden sollten. Darüber hinaus wurden prominente **Oppositionelle** wie Wolf Biermann **ausgebürgert**. Die Diskrepanz zwischen den versprochenen Freiheiten und der staatlichen Unterdrückung konnte der Staat jedoch nicht erfolgreich verschleiern, womit er die **Unzufriedenheit** vieler Bürger schürte.

Erläuterung der Bildelemente

- Zaun: deutsch-deutsche Grenze
- zerbrochenes Schild: Blick auf deutsche Einheit in West und Ost

Wenn man nun die Bildelemente genauer betrachtet, ist es offensichtlich, dass der **Zaun** auf der Karikatur die **Grenzbefestigung zwischen Bundesrepublik und DDR** darstellen soll. Das zerteilte **Schild** mit der Aufschrift „Deutschland" steht für die **zerbrochene deutsche Einheit**. Der **erhaltene Teil** auf der westlichen Seite könnte darauf hinweisen, dass die Bundesrepublik noch immer am **Fernziel der Wiedervereinigung** festhielt, während die **DDR** dieses Ziel in der Verfassung von 1974 **endgültig aufgegeben** hatte. Dies wird durch den Fuß Honeckers auf dem Schild unterstrichen.

- linker deutscher Michel: hoffnungsvolle, aber passive Bevölkerung der Bundesrepublik
- Blumentopf: Wunsch nach freundschaftlichen Beziehungen
- rechter deutscher Michel: verängstigte, aber sehnsüchtige DDR-Bevölkerung

Auf der linken Seite der Grenze sitzt in **Gestalt des deutschen Michels** ein **Bürger der Bundesrepublik**. Sein erwartungsvoller Blick zur Mauer symbolisiert die **Hoffnung auf eine Annäherung** an den ostdeutschen Bruderstaat. Der **Blumentopf** mit den blühenden Blumen verstärkt diesen Eindruck der **Hoffnung** und des Wunsches nach freundschaftlichen Beziehungen zum Osten. Allerdings sitzt der bundesdeutsche Michel **passiv** auf seinem Hocker und scheint sich nicht aktiv für die Realisierung seiner Wünsche engagieren zu wollen. Sein Gegenpart auf der rechten Seite, ein **DDR-Bürger**, der ebenfalls als **deutscher Michel** dargestellt ist, **blickt sehnsüchtig zur Mauer**. Er scheint ebenfalls auf eine Annäherung und einen Ausweg aus seiner Lage zu hoffen. Die Latzhose und die hochgekrempelten Ärmel signalisieren zwar **Arbeitsbereitschaft**; dennoch wirkt die Figur eher **vorsichtig** und scheint für eine Gegenwehr **nicht stark genug**. Die beiden **Michel-Figuren** sollen offenbar die **Zusammengehörigkeit der beiden Teile Deutschlands** betonen. Sie zeigen eine hoffnungsvolle, aber insgesamt **passive deutsche Bevölkerung auf beiden Seiten** der Grenze, deren Engagement sehr verhalten ist. Umso stärker erscheint **Honecker**, der in seiner Uniform **übergroß und mächtig** gezeichnet ist. Das DDR-Wappen mit Hammer und Zirkel unterstreicht seine **Loyalität zum Staat**, der Stern zeigt die **Verbundenheit mit der Sowjetunion**, deren Linie Honecker klarer verteidigte als sein Vorgänger Ulbricht. Seine Haltung und das **Gewehr**, durch die er den DDR-Michel einschüchtert, stehen für die **Verstärkung der repressiven staatlichen Maßnahmen** ab 1976 wie zum Beispiel die Ausweitung der Bespitzelungen durch die „Stasi". Die Sichel und der Hammer, beides Symbole für die sozialistische **Ideologie des Arbeiter- und Bauernstaats**, mit denen der gezeichnete Honecker den deutschen Michel niederdrückt, weisen auf die **Rechtfertigung des Staats für die Repressionen** hin.

- bewaffneter Honecker: repressive Maßnahmen der DDR

Insgesamt kritisiert der Zeichner also die **Unaufrichtigkeit und Gewaltbereitschaft der SED-Führung** unter Honecker: Trotz der Zugeständnisse im Rahmen der Neuen Ostpolitik und der KSZE verschärfte der Staat die **Unterdrückung der eigenen Bürger**. Die Hoffnung auf **Wiedervereinigung tritt er**, repräsentiert durch Honecker, im wahrsten Sinne des Wortes **mit Füßen**. Der Karikaturist betrachtet aber auch die **Bürger auf beiden Seiten** der Grenze skeptisch, da sie **passiv** bleiben und sich nicht aktiv für die deutsche Einheit einsetzen.

Gesamtdeutung: Kritik an Repressionsmaßnahmen der DDR, aber auch an Passivität der Bevölkerung in West und Ost

Im Folgenden möchte ich nun die Einschätzung Schöppers beurteilen, die in vielerlei Hinsicht zuzutreffen scheint. So hoffte der Westen nach dem Motto „Wandel durch Annäherung" (Egon Bahr) tatsächlich auf eine Verständigung mit dem östlichen Nachbarn. Mit der **Neuen Ostpolitik unternahm Brandts Regierung Annäherungsversuche** an die osteuropäischen Staaten und die DDR. Dadurch konnten zumindest teilweise die **Beziehungen zwischen Ost und West** auf persönlicher und auf politischer Ebene **verbessert** werden. Außerdem stellte die Neue Ostpolitik einen **Hoffnungsschimmer für** einen im Westen gewünschten, langfristigen **Einigungsprozess** dar. Auf der anderen Seite der Mauer hofften die **DDR-Bürger** auf eine Umsetzung der Beschlüsse der KSZE und **versprachen sich** davon mehr **Rechte**, wie z. B. Reisefreiheit. Diesen Hoffnungen stand jedoch die Entschlossenheit der **SED-Führung** gegenüber, die die Souveränität der DDR sowie die Stärke des eigenen Regimes beweisen wollte und sich **strikt gegen Reformen** positionierte. Wie in der Karikatur angedeutet, baute Honecker stattdessen mithilfe der „Stasi" den Repressionsapparat weiter aus und ließ **Regimekritiker systematisch verfolgen**.

Beurteilung der Karikatur (Teilaufgabe 3)

zustimmende Aspekte

- Hoffnung auf Annäherung im Westen unter Brandt
- Wunsch der DDR-Bevölkerung nach mehr Rechten
- strikte Haltung der SED-Führung gegenüber Oppositionellen

Obwohl Schöppers Einschätzung in vielerlei Hinsicht überzeugend ist, gibt es doch auch Aspekte seiner Darstellung, die ich relativieren würde. So wirken die beiden **Michel-Figuren unbedeutender und passiver**, als es zur damaligen Situation passt. In der Bundesrepublik war Brandts **Neue Ostpolitik hoch umstritten** und viele waren besorgt, welche Konsequenzen die Anerkennung der DDR haben würde. Zudem wurde der Regierung vorgeworfen, die **Teilung durch die Annäherung** noch zu **zementieren**. Auch der **DDR-Bürger wird zu untätig dargestellt**. Die Nichtumsetzung der Bestimmungen der KSZE-Schlussakte zog vermehrt **Proteste und Ausreiseanträge** nach sich und die auf der Konferenz vereinbarten Beschlüsse stärkten langfristig die **oppositionellen Gruppen** in der DDR. Die daraus entstehende Protestbewegung war so widerstandsfähig, dass sie schließlich in den 1980er-Jahren entscheidend zur **Destabilisierung des Systems** beitrug. **Honecker** war daher **nur scheinbar so übermächtig**, wie in der Karikatur dargestellt: Er verschärfte die Repressionen gegen Oppositionelle aus Sorge um ein Ausufern der Proteste, denn die **politischen und wirtschaftlichen Schwächen des Systems** waren bereits damals so gravierend, dass man durchaus von einer innenpolitischen Krise sprechen kann.

relativierende Aspekte
- Umstrittenheit der Neuen Ostpolitik im Westen
- Unterschätzung der Rolle der DDR-Bevölkerung
- Überschätzung der Machtposition der DDR-Führung

Abschließend lässt sich also feststellen, dass die Zeichnung die **Situation** im Juni 1977 zwar **in weiten Teilen richtig** wiedergibt, dass sie aber bei der Einschätzung des Machtverhältnisses zwischen dem SED-Regime und seinen Bürgern die **Position des Staats zu dominant** darstellt. Gerade im Hinblick auf die späteren Ereignisse muss man der **DDR-Bevölkerung mehr Einsatzbereitschaft** bescheinigen, als es der Karikaturist 1977 tut.

Fazit

Mündliche Prüfung ■ 1. Prüfungsteil
Inhaltsfeld 6: **Nationalismus, Nationalstaat und deutsche Identität im 19. und 20. Jahrhundert**
Aufgabe 10

Thema und Material	Überwindung der deutschen Teilung Darstellungstext (Interview)
Aus dem Unterricht benötigte Kompetenzen	Folgende Sachverhalte sollten Sie erläutern und auf das Material anwenden können: – Zweistaatlichkeit in Deutschland – friedliche Revolution und Mauerfall 1989 – Weg zur Wiedervereinigung – Bedeutung des 9. November in der deutschen Geschichte

Aufgabenstellung

1. Fassen Sie die Ausführungen des Historikers Wolfgang Niess zur Bedeutung des 9. November in der deutschen Geschichte und Erinnerungskultur zusammen.
2. Niess nennt diverse Beispiele dafür, „dass die Demokratie in Deutschland erkämpft werden musste“ (vgl. Z. 21 f.). Erläutern Sie wichtige Etappen dieses Kampfes für die Demokratie in Deutschland im Jahr 1989.
3. Nehmen Sie ausgehend von Niess’ Argumentation Stellung zu der Frage, ob der 9. November an die Stelle des 3. Oktober als Nationalfeiertag treten sollte.

M Ein geschichtsträchtiges Datum: Sollte der 9. November nationaler Gedenktag werden?

Revolution, Hitlerputsch, Pogromnacht, Mauerfall: Der Historiker Wolfgang Niess erklärt im Gespräch mit Christoph Heinemann vom Deutschlandfunk am 22. Oktober 2021, warum der 9. November ein nationaler Gedenktag werden sollte.

[…]

Heinemann: Wie hat sich der Umgang mit dem 9. November nach 1945 in der Bundesrepublik entwickelt?

Niess: In der unmittelbaren Nachkriegszeit gab es noch etwas Erinnerung an die November-Revolution und vereinzelt auch Erinnerung an den Pogrom von 1938. […] Aber es gab erst 1978 erstmals eine zentrale Gedenkveranstaltung der Republik, bei der ein führender Repräsentant des Staates gesprochen hat. […]
In der DDR stand die November-Revolution ganz im Zentrum der Erinnerung. Die DDR hat ja für sich in Anspruch genommen, die historischen Lehren daraus gezogen zu haben. In der DDR, hieß es, sei verwirklicht, was die Revolutionäre

von 1918 gewollt hätten. Das hat mit der Wirklichkeit nichts zu tun – weder mit der der DDR, noch mit der des Jahres 1918 –, sondern diente der geschichtspolitischen Legitimierung des Staates. An die November-Pogrome wurde in der DDR häufig nur im Zusammenhang mit der allgemeinen Verfolgung von Gegnern und Opfern des Regimes erinnert. [...]

Heinemann: Was sollten Schülerinnen und Schüler über Geschichte und Demokratie am Beispiel des 9. November 1918 bis 1989 lernen?

Niess: Schwierige Frage, weil man so vieles lernen kann – zum Beispiel, dass die Demokratie in Deutschland erkämpft werden musste, zum Beispiel, dass es immer in der deutschen Geschichte auch Gegner der Demokratie gab. Demokratie ist nicht ein für allemal da, sondern kann auch wieder verspielt werden, wenn die Demokraten sich nicht entschieden für sie einsetzen. Man kann auch lernen, dass dann selbst Rückfälle in die Barbarei möglich sind, wie die NS-Verbrechen, Rückfälle, die zuvor keiner uns Deutschen zugetraut hätte. Aber man kann durch Georg Elser als Beispiel auch lernen, wo Widerstand geboten ist und wo ein Einzelner in der Lage dazu sein kann und was er alles schaffen kann. Aber ganz generell: Man kann vor allem lernen, dass es sich lohnt, für die Demokratie sich zu engagieren und für sie zu streiten.

Heinemann: Vor dem Hintergrund dieser Lektion stellt sich schon die Frage: Warum wurde der 9. November nach der Wiedervereinigung nicht zum Nationalfeiertag?

Niess: Es haben damals viele befürchtet, dass die Freude über den Fall der Mauer die Erinnerung an die November-Pogrome überlagern und auch verdrängen könnte. Wem das Gedenken an 1938 besonders wichtig war, der hat sich damals gegen den 9. November ausgesprochen. [...] Die Politik wollte 1990 auf keinen Fall an der Erinnerungskultur zu den November-Pogromen rühren. Sie wollte keinen Nationalfeiertag, bei dem manche Gruppen in der Gesellschaft vielleicht Vorbehalte haben könnten oder gar Widerspruch äußern könnten. Man hat stattdessen diesen 3. Oktober gewählt, ein Verwaltungsdatum, [...] In meinen Augen spiegelt sich im 9. November wie in keinem anderen Tag des Jahres der lange, von furchtbaren Rückfällen unterbrochene Kampf um die Demokratie in Deutschland. [...] Der 9. November könnte zu einem Tag werden, an dem sich Deutschland jedes Jahr seiner demokratischen Traditionen ebenso bewusst wird wie seiner historischen Verbrechen und an dem es sich, wenn ich es etwas pathetisch formuliere, zu Demokratie und Menschenrechten bekennt. [...]

Historiker: Der 9. November sollte nationaler Gedenktag werden. Wolfgang Niess im Gespräch mit Christoph Heinemann | 22. 10. 2021. https://www.deutschlandfunk.de/geschichtstraechtiges-datum-historiker-der-9-november-100.html

Lösungsvorschlag

TIPP *Erläuterung zur Aufgabenstellung*

Die Aufgabenstellung ist in drei Teilaufgaben untergliedert, die auch in Ihrem Vortrag als einzelne Schritte erkennbar sein sollten. Sie können also die Nummerierung der Teilaufgaben und die **Operatoren für die Gliederung Ihrer Präsentation nutzen**.

In der **ersten Teilaufgabe** sollen Sie das **Interview formal und inhaltlich vorstellen**. Beginnen Sie damit, dass Sie die Gesprächspartner, die Textsorte, die Adressaten, die Entstehungszeit und das Thema nennen. Im Anschluss daran verdeutlichen Sie in ein bis zwei Sätzen den Kerngedanken bzw. die Intention des Textes. Darauf folgt eine **strukturierte Wiedergabe des Gedankengangs**. Dabei sollen Sie nicht die einzelnen Aussagen möglichst wortgetreu nacherzählen, sondern sich auf die Darstellung der **Hauptaussagen** beschränken. Wichtig ist zudem, dass Sie den **Argumentationsgang** des Interviews berücksichtigen und zentrale Passagen mithilfe von **Zeilenangaben** am Text belegen.

In der **zweiten Teilaufgabe** sollen Sie das Gespräch in seinen **geschichtlichen Zusammenhang** einordnen und diesen mithilfe Ihrer historischen Kenntnisse **erläutern**. Dabei gibt die Aufgabenstellung genau vor, worauf Sie sich konzentrieren müssen: Sie sind dazu aufgefordert, die wichtigsten **Etappen des Kampfes für die Demokratie in Deutschland im Jahr 1989** zu erläutern. Bleiben Sie also unbedingt bei den Ereignissen dieses Jahres und gehen Sie allenfalls kurz auf vorherige oder nachfolgende Geschehnisse ein, wenn Sie glauben, diese seien für das Verständnis unabdingbar.

In der **dritten Teilaufgabe** wird von Ihnen verlangt, Stellung zu der Frage zu nehmen, ob der **9. November den 3. Oktober als Nationalfeiertag ersetzen** sollte. Es geht hier darum, auf der Basis von Niess' Argumentation ein eigenständiges **Urteil zu einem strittigen Sachverhalt** zu fällen. Finden Sie also sowohl Argumente, die für den 9. November als Nationalfeiertag sprechen, als auch Gesichtspunkte, die diesen Vorschlag zurückweisen. Dabei können Sie durchaus auf im Interview erwähnte Aspekte zurückgreifen, sollten aber darüber hinaus **eigenständige Argumente** entwickeln. In jedem Fall sollten Sie bei Ihrer Stellungnahme abwägend vorgehen, was bedeutet, dass Sie **Pro- und Kontra-Gesichtspunkte** berücksichtigen müssen. Am Ende sollten Sie dann ein differenziertes **Fazit** ziehen.

Einleitung

- **Hinführung zum Thema des Vortrags:** Wiedervereinigung am 3. Oktober als deutscher Nationalfeiertag → Diskussion um ein anderes Datum (9. November)
- **Präsentation des weiteren Vorgehens:** Zusammenfassung der Argumentation, Erläuterung des Kampfs um Demokratisierung 1989, Stellungnahme zum 9. November als Ersatz für 3. Oktober

Zusammenfassung (Teilaufgabe 1)

- **formale Vorstellung der Darstellung:** Gesprächspartner (Christoph Heinemann als Interviewer von Historiker Wolfgang Niess), Textsorte (Radiointerview des Deutschlandfunks), Datum des Interviews (22. Oktober 2021), Adressaten (Hörerschaft des Deutschlandfunks sowie politisch interessierte Öffentlichkeit in Deutschland), Thema (Auseinandersetzung mit historischer Bedeutsamkeit des 9. November), Intention (Plädoyer für Verlegung des Feiertags vom 3. Oktober auf den 9. November)
- **strukturierte Wiedergabe**
  - Rückblick auf den Umgang mit dem 9. November in Bundesrepublik und DDR:
    - Bundesrepublik: zaghafte Erinnerung an die Ausrufung der Republik 1918 und sehr späte offizielle Erinnerung (erst 1978) an die Reichspogromnacht
    - DDR: Instrumentalisierung der Ausrufung der Republik 1918 zur Legitimierung der eigenen Staatlichkeit und Unterordnung der Erinnerung an die Reichspogromnacht unter Erinnerung an alle Opfer der nationalsozialistischen Verfolgung
  - Lernpotenzial des 9. November (besonders für Schülerinnen und Schüler):
    - keine Selbstverständlichkeit der Demokratie → Kampf und Verteidigung nötig
    - Notwendigkeit von aktivem Einsatz für Demokratie und Widerstand gegen Demokratiegegner
  - 9. November als nationaler Gedenktag für das Erkämpfen und Verteidigen der Demokratie in Deutschland:
    - Gründe der Politik gegen 9. November als Nationalfeiertag: Angst vor Verdrängung der Erinnerung an Novemberpogrome, Ablehnung des Tags als Feiertag von manchen Gruppen
    - Plädoyer von Niess für 9. November als Nationalfeiertag

Erläuterung des historischen Kontextes (Teilaufgabe 2)

- **Ausgangspunkt:** Öffnung und Demokratisierung unter Gorbatschow in der Sowjetunion und in anderen Ostblockstaaten → Weigerung der DDR-Regierung, Reformen durchzuführen

- **Ereignisse in der DDR 1989**
  - Mai 1989: Fälschung der Kommunalwahlen → verstärkter Zulauf zu Bürgerrechtsbewegung und Proteste
  - Massenflucht aus der DDR
  - Montagsdemonstrationen, die sich zu Massenprotesten ausweiten („Wir sind das Volk!")
  - Mauerfall → Pläne zur Wiedervereinigung („Wir sind ein Volk!"), aber auch zur Reformierung der DDR
- **Endpunkt:** Wiedervereinigung am 3. Oktober 1990

Stellungnahme zur Frage der Verlegung des Nationalfeiertags auf den 9. November (Teilaufgabe 3)

- **relativierende Argumente**
  - Überfrachtung des Nationalfeiertags mit unterschiedlichen Gedenkereignissen
  - Gefahr der Überlagerung des Gedenkens an Novemberpogrom
  - 3. Oktober als Nationalfeiertag bereits etabliert
- **zustimmende Argumente**
  - Möglichkeit, anhand der historischen Ereignisse des 9. November zum aktiven Einsatz für Demokratie aufzurufen
  - 9. November als zentrales Datum für deutsche Demokratie: Novemberrevolution und Ausrufung der Republik (1918), Scheitern des Hitler-Putsches (1923), Mauerfall (1989)
  - Verknüpfung von hellen und dunklen Kapiteln der deutschen Geschichte → authentischer und sinnvoller Gedenktag für Wert der Demokratie
- **Fazit:** Plädoyer für Änderung des deutschen Nationalfeiertags → leichterer Zugang der Bevölkerung zu diesem Datum

Mustervortrag

Einleitung
Hinführung zum Thema des Vortrags und Präsentation des weiteren Vorgehens

Am 3. Oktober 1990 wurde die **deutsche Wiedervereinigung** besiegelt, weshalb dieses Datum seit über 30 Jahren als deutscher **Nationalfeiertag** begangen wird. Allerdings gibt es in Deutschland immer wieder **Diskussionen**, ob der Tag vielleicht ungünstig gewählt sei, da er sich lediglich auf einen formellen Akt beziehe. Zahlreiche Historiker und Politiker halten den **9. November für geeigneter**. Diesen Tag schlägt auch der Historiker Wolfgang Niess in einem Gespräch mit dem Deutschlandfunk vor, das ich im Folgenden genauer untersuchen werde. Dazu möchte ich das **Interview** zunächst kurz **vorstellen**, um dann Niess' Ausführungen **zusammenzufassen**, den **Kampf für die Demokratie** im Jahr 1989 zu **erläutern** und anschließend zu der **Frage** Stellung zu nehmen, ob man den **3. Oktober durch den 9. November als Nationalfeiertag ersetzen** sollte.

Das **Interview**, das mir in Auszügen vorliegt, hat Christoph Heinemann vom **Deutschlandfunk** am 22. Oktober 2021 mit dem **Historiker** Wolfgang Niess geführt. Es handelt sich dabei um einen **Darstellungstext**, der zu einem historisch-politischen Thema Stellung bezieht. Er richtet sich vornehmlich an die **Hörerschaft des Deutschlandfunks**, aber auch allgemein an eine **politisch und historisch interessierte Öffentlichkeit**. Niess setzt sich in dem Gespräch mit der **Bedeutung des 9. November** für die deutsche Geschichte auseinander und plädiert dafür, diesen Tag anstelle des 3. Oktober **als Nationalfeiertag** zu begehen.

Zusammenfassung (Teilaufgabe 1)
Vorstellung des Interviews

Zu Beginn des abgedruckten Auszugs aus dem Interview rekapituliert Niess den **Umgang mit dem 9. November nach 1945**. In der **Bundesrepublik** habe man teilweise der **Novemberrevolution** gedacht, aber nur **ganz vereinzelt des Pogroms** von 1938. Letzteres sei erst 1978 in den Fokus der Erinnerung gerückt, als es zum ersten Mal eine zentrale staatliche Gedenkveranstaltung gegeben habe (vgl. Z. 9 f.). In der **DDR** dagegen habe man besonders an die **Novemberrevolution** erinnert, um damit die eigene staatliche Existenz zu legitimieren (vgl. Z. 11 ff.). Die Reichspogromnacht sei lediglich thematisiert worden, wenn es um die **allgemeine Verfolgung von Gegnern im „Dritten Reich“** gegangen sei. Auf die Frage hin, was Schülerinnen und Schüler **am Beispiel des 9. November lernen** könnten, führt Niess aus, dass die **Demokratie** in Deutschland erkämpft werden musste und **nicht als Selbstverständlichkeit** zu betrachten sei (vgl. Z. 21 f.), da es immer auch Gegner der Demokratie gegeben habe. Man könne an den historischen Beispielen lernen, dass man sich **aktiv für die Demokratie einsetzen** müsse, weil sie nicht automatisch für immer gesichert sei (vgl. Z. 23 ff.). Darüber hinaus könne man aus der Beschäftigung mit der Geschichte des 9. November mitnehmen, dass **in bestimmten Situationen auch Widerstand notwendig** sei, um die Demokratie zu sichern. Allgemein betont Niess, dass der 9. November verdeutlichen könne, wie lohnenswert es sei, sich aktiv für die Demokratie einzusetzen (vgl. Z. 30 f.). Obwohl sich also der 9. November ideal als **Nationalfeiertag** angeboten hätte, wurde er 1990 nicht gewählt, sondern der **3. Oktober** wurde festgelegt. Im letzten Teil des Interviewausschnitts erläutert Niess, warum die Politik damals so entschieden habe. Laut dem Historiker habe man **verhindern** wollen, dass die **Erinnerung an die Novemberpogrome durch** den Jubel über die **Wiedervereinigung verdrängt** werde (vgl. Z. 34 f.). Zudem habe man es vermeiden wollen, ein Datum zu wählen, dass manche gesellschaftliche Gruppen vielleicht **als Feiertag ablehnen** würden (vgl. Z. 38 ff.).

strukturierte Wiedergabe der Inhalte
- Rückblick auf Umgang mit 9. November in Bundesrepublik und DDR
- Lernpotenzial des 9. November
- Diskussion über 9. November als Nationalfeiertag

Niess ist aber der Meinung, dass der **9. November hervorragend als Nationalfeiertag geeignet** wäre, weil an keinem anderen Tag „der lange [...] Kampf um die Demokratie in Deutschland" (Z. 42 f.) so augenfällig werde. Seiner Meinung nach könne Deutschland an diesem Tag sowohl seine **demokratischen Errungenschaften feiern** als auch seiner **historischen Verbrechen gedenken** und sich „zu Demokratie und Menschenrechten" (Z. 46 f.) bekennen.

Niess nennt eine Vielzahl von Beispielen dafür, „dass die Demokratie in Deutschland erkämpft werden musste" (vgl. Z. 21 f.). Dabei geht er auch auf den **Mauerfall 1989** und die **deutsche Wiedervereinigung** ein. Im Folgenden möchte ich deshalb erläutern, auf welche Weise im Jahr 1989 in Deutschland die **Demokratie herbeigeführt** wurde.

Überleitung zur Erläuterung

Nachdem Michail **Gorbatschow** 1985 das Amt des Generalsekretärs der KPdSU übernommen hatte, erfolgten in der UdSSR und anderen Ostblockstaaten eine Öffnung und **Demokratisierung**. Die Regierung der **DDR** war jedoch zu **keinerlei Reformen** bereit, was die schon länger schwelende **Systemkrise** des Landes erheblich verschärfte. Eine besondere Dynamik gewann die Lage im Mai 1989, als bekannt wurde, dass die Regierung der DDR die **Kommunalwahlen** zugunsten der SED **gefälscht** hatte. Zeitgleich kündigte Ungarn an, seine Grenze zu Österreich öffnen zu wollen, weshalb es in den Sommer- und Herbstmonaten 1989 zu einer **Massenflucht** aus der DDR kam. **Ausreisewillige besetzten** die bundesdeutschen **Botschaften** in Budapest, Prag und Warschau sowie die Ständige Vertretung in Ostberlin. Im September 1989 waren die Botschaften so überfüllt, dass die DDR-Regierung einer **Ausreise der Botschaftsflüchtlinge** zustimmen musste, um die bevorstehenden Feierlichkeiten zum 40-jährigen Staatsjubiläum nicht zu gefährden. Die Massenflucht fand in aller Öffentlichkeit statt und erschütterte das DDR-Regime bis in seine Grundfesten. **Bürgerrechtsbewegungen**, die sich bereits zu Beginn der 1980er-Jahre gebildet hatten und **für eine Demokratisierung der DDR** eintraten, erhielten immer mehr Zulauf. Ab September 1989 äußerten die Bürgerrechtler wöchentlich vor der Leipziger Nikolaikirche und bald auch in anderen Städten der DDR ihren friedlichen Protest („Wir sind das Volk!"). Diese **Montagsdemonstrationen** wuchsen bald zu Massenprotesten an. Am 4. November 1989 ging auf dem Alexanderplatz in Ostberlin eine halbe Million DDR-Bürger für Reformen auf die Straße. Massenflucht und **Massendemonstrationen** führten schließlich dazu, dass am 7. November 1989 die Regierung der DDR zurücktrat, einen weiteren Tag später das gesamte Politbüro. Trotzdem kam der **Fall der Mauer** am 9. November 1989 überraschend. Das Polit-

historischer Kontext (Teilaufgabe 2)

Etappen des Kampfes für Demokratie 1989

- Ausgangspunkt: Reformen in der UdSSR
- Ereignisse in der DDR 1989

büromitglied Günter Schabowski verkündete auf einer Pressekonferenz irrtümlich die **vollständige Reisefreiheit**, was die Grenzöffnung noch am selben Abend zur Folge hatte. Mit dem Fall der Mauer rückte nun eine **deutsche Wiedervereinigung** in den Bereich des Möglichen. Dies erkannte auch der Kanzler der Bundesrepublik Helmut Kohl, der daraufhin seinen **Zehn-Punkte-Plan** entwickelte. Dieser wurde von vielen DDR-Bürgern begeistert aufgegriffen, sodass aus dem Ruf „Wir sind das Volk!“ schnell **„Wir sind ein Volk!“** (bezogen auf Bundesrepublik und DDR) und „Deutschland, einig Vaterland“ wurden. Zwar gab es auch Versuche, die DDR zu reformieren (Gespräche am **„Runden Tisch“**), doch wurden diese letztlich vom Gang der Ereignisse überholt. Am 3. Oktober 1990 wurden die beiden **Teile Deutschlands schließlich offiziell wiedervereinigt**, sodass der **friedliche Einsatz der DDR-Bevölkerung für Demokratie und Freiheit** einen erfolgreichen Abschluss gefunden hatte.

- Endpunkt: Wiedervereinigung 1990

Wie im Interview mit Wolfgang Niess werden in Deutschland immer wieder Stimmen laut, die den **bisherigen Nationalfeiertag** am 3. Oktober **durch ein anderes Datum ersetzen** wollen. Niess schlägt als Alternative den 9. November vor, wozu ich im Folgenden Stellung nehmen will.

Überleitung zur Stellungnahme

Stellungnahme (Teilaufgabe 3)

Kontra-Argumente

- Überfrachtung des Nationalfeiertags

Obwohl Niess zuzustimmen ist, dass der 9. November die Ambivalenz der deutschen Geschichte wie kein anderer Tag spiegelt, kann man **infrage stellen**, ob der **Tag zum Nationalfeiertag** gemacht werden sollte. So sollte der Nationalfeiertag nicht mit dem Gedenken an so viele unterschiedliche Ereignisse überladen sein. Am **9. November** erinnert man sich an die **Ausrufung der Weimarer Republik** 1918, den gescheiterten **Putschversuch Hitlers** 1923, die **Reichspogromnacht** 1938, das gescheiterte **Attentat Georg Elsers** 1939 und an den **Fall der Mauer** 1989. Bei einer solchen **Überfrachtung des Nationalfeiertags** muss zwangsläufig das eine oder andere Ereignis zu kurz kommen, vor allem, weil an einem solchen Feiertag auch noch eine aktuelle Bestandsaufnahme sowie ein Blick in die Zukunft möglich sein sollten. Zudem ist es besonders wichtig, dass am 9. November den Geschehnissen der Reichspogromnacht gesondert gedacht wird. Es könnte also problematisch sein, wenn die **Erinnerung an die Reichspogromnacht**, die oft als Beginn der Schoah gesehen wird, **von anderen Ereignissen überlagert** würde. Wäre der 9. November der Nationalfeiertag, ist zu befürchten, dass gerade so **positive Ereignisse** der jüngeren deutschen Geschichte wie der Mauerfall nach kurzer Zeit **im Vordergrund** der Feierlichkeiten stehen würden. Die Bedenken, die die Politiker 1990 laut Niess gegen dieses Datum geäußert haben, besitzen also immer noch Gültigkeit. Außerdem ist der **3. Oktober** als Nationalfeiertag seit

- Gefahr der Überlagerung des Gedenkens an Novemberpogrom
- 3. Oktober bereits etabliert

über 30 Jahren **etabliert**, weshalb eine Änderung mit großem Aufwand und geringem Nutzen verbunden wäre. Der 3. Oktober bietet die Chance, speziell dem geeinten deutschen Staat zu gedenken und die **Errungenschaften der deutschen Demokratie** bis in die Gegenwart zu **würdigen**. Es wäre deshalb schade, sich diese entgehen zu lassen, indem man einen historisch „belasteteren" Termin als Nationalfeiertag wählen würde.

Pro-Argumente

Trotz der teilweise durchaus überzeugenden Gegenargumente gibt es meines Erachtens zahlreiche Gründe, sich der Auffassung von Wolfgang Niess anzuschließen. So bietet der 9. November in idealer Weise die **Möglichkeit, zum aktiven Einsatz für die Demokratie aufzurufen**, was unabdingbar ist, um diese langfristig zu erhalten. Gerade weil der 9. November mit so vielen verschiedenen Ereignissen der deutschen Geschichte verknüpft ist, spiegelt er wider, dass die deutsche **Demokratie eine Errungenschaft** ist, die erst erkämpft werden musste. Sich das einmal im Jahr vor Augen zu führen, wäre auf jeden Fall sinnvoll. Und welches Datum könnte dazu besser geeignet sein als der 9. November, der wie kein anderer Tag für **zentrale Wegmarken der deutschen Demokratie** steht? Nicht nur erinnert er mit der Republikausrufung 1918 an den Beginn der **ersten deutschen Demokratie**, in der unser heutiges Grundgesetz seine Wurzeln hat, sondern er verweist mit dem gescheiterten Hitler-Putsch von 1923 darauf, dass den **Feinden der Demokratie Einhalt geboten** werden kann. Außerdem ruft uns der Mauerfall von 1989 ins Gedächtnis, wozu **friedlicher Protest** in der Lage ist. Neben all diesen positiven Rückblicken darf aber natürlich der 9. November 1938 nicht vergessen werden, der sicherlich zu den dunkelsten Kapiteln der deutschen Geschichte gehört. Gerade diese **Verknüpfung von hellen und düsteren Zeiten** kann uns aber immer wieder den **Wert unserer Demokratie vor Augen führen**, der wir am 9. November mit Freude und Demut wunderbar gedenken könnten.

- Möglichkeit für Aufruf zu aktiver Beteiligung an Demokratie
- 9. November als zentrales Darum für deutsche Demokratie
- Betonung des Werts der Demokratie anhand dunkler Kapitel

Fazit

Da in meinen Augen die zustimmenden Argumente überwiegen, würde ich **für eine Änderung des deutschen Nationalfeiertags** plädieren. Mit dem 9. November hätte man ein historisch sehr **bedeutsames Datum als Feiertag**, zu dem die **Bevölkerung** überdies **leichter einen Zugang finden** könnte als zu dem rein verwaltungstechnischen Termin am 3. Oktober.

Mündliche Prüfung ■ 1. Prüfungsteil

Inhaltsfeld 7: **Friedensschlüsse und Ordnungen des Friedens in der Moderne**

Aufgabe 11

Thema und Material	Europäische Friedensordnung nach den Napoleonischen Kriegen Historische Darstellung
Aus dem Unterricht benötigte Kompetenzen	Folgende Sachverhalte sollten Sie erläutern und auf das Material anwenden können: – Bedeutung der Napoleonische Kriege für den Nationalismus in Deutschland – Grundsätze, Zielsetzungen und Beschlüsse der Verhandlungspartner auf dem Wiener Kongress 1814/15 – Gründung des Deutschen Bunds 1815 – Bedeutung des Wiener Kongresses für die Stabilität der Friedensordnung in Europa

Aufgabenstellung

1. Analysieren Sie den Text.
2. Erläutern Sie ausgehend vom Text den historischen Kontext 1806–1815.
3. Nehmen Sie zur Sicht Hallers auf den Deutschen Bund und seine Folgen Stellung.

M Johannes Haller: Die Epochen der deutschen Geschichte, 1923

Was im Jahre 1815 über Deutschlands Verfassung beschlossen wurde, war in keiner Hinsicht etwas Neues, es war nur die folgerichtige und vorbehaltlose Anerkennung der Verhältnisse, die sich seit Menschenaltern angebahnt, seit der Jahrhundertwende tatsächlich Platz gegriffen hatten und im Jahre 1806 vorläufig geordnet waren. Das Reich blieb aufgelöst; an seine Stelle trat ein bloßer Bund, ein Bündnis von souveränen Staaten. […]

Er hatte vor allem den großen Vorzug, daß er über den wahren Zustand Deutschlands keine Täuschung mehr aufkommen ließ. Die ehrwürdige Kulisse von Kaiser und Reich war gefallen, hinter der sich fromme Gedankenlosigkeit immer noch allerlei verborgene Herrlichkeiten hatte vorstellen können. Vor aller Augen war es unerbittlich klar, daß da gar nichts, rein gar nichts mehr zu sehen war. Es gab keinen deutschen Staat, wie es einen französischen, englischen, russischen und spanischen gab. Eine Nation zweiter Klasse wie die Italiener waren die Deutschen. Der weitere Verlauf der Dinge machte es außerdem nicht weniger deutlich, daß aus diesem Zustand auch beim besten Willen nichts Fruchtbares, keine Fortentwicklung zum Besseren hervorgehen konnte. Die deutsche Nation stand vor der Wahl, ob sie diesen staatenlosen Zustand ertragen oder sich den nationalen Staat schaffen wollte, den andere Völker besaßen. Sie hatte den gleichen Zustand früher hingenommen und sich mit den Museumsstücken vergangener Größe getröstet, weil sie sich innerlich klein fühlte. [...] Seit zwei Generationen aber wußte man, daß man keine Ursache hatte, hinter andern Völkern zurückzustehen. Es war ein schreiender Widerspruch: im Reich des Geistes frei, ebenbürtig, überlegen und doch im Kampf ums Dasein auf der Erde geringgeschätzt, beiseite geschoben, zurückgedrängt – dort alles und hier nichts.

Auch der Trost, der aus der Not eine Tugend machte, verfing nicht mehr. Man wußte aus bitterer Erfahrung, daß das „Weltvolk" ohne Vaterland, das reine „Menschheitsvolk" jeden Augenblick vom schlechteren Nachbar geknechtet und ums Leben gebracht werden konnte, nur weil jener stärker war. Was zwischen 1792 und 1813 geschehen war, konnte sich alle Tage wiederholen, wenn es bei dem blieb, was 1815 geschaffen wurde. Man empfand die Wehrlosigkeit, die rechtlos macht.

Der Deutsche Bund hat sich allerdings eine Art von Heeresverfassung gegeben. Es geschah endlich im sechsten Jahre seines Bestehens (1821). Zehn Armeekorps mit im Ganzen 300 000 Mann sollten das Bundesheer bilden. Aber ihm fehlte jegliche Einheit, sowohl in der Ausbildung wie im Geiste und in der Führung. Welch ein Glück, daß der Deutsche Bund nie in die Lage gekommen ist, Krieg zu führen! Mit diesem Heer, so buntscheckig wie die deutsche Landkarte, waren keine Siege zu erfechten.

Aus allem ergab sich, da nun einmal im Verkehr der Staaten untereinander die militärische Macht den Gradmesser der Geltung abgibt, daß die deutsche Nation als Ganzes in Europa nicht mitreden konnte; wie das einmal ein englischer Staatsmann einem preußischen Gesandten mit brutaler Offenheit ins Gesicht gesagt hat: „Ihr seid eine entmannte Nation." [...]

Johannes Haller: Die Epochen der deutschen Geschichte. Augsburg 1962 (Erstveröffentlichung 1923), S. 193–195.

Hinweis zum Autor

Johannes Haller (1865–1947) war ein deutscher Historiker, galt als Spezialist für mittelalterliche Geschichte und lehrte von 1904 bis 1932 als Professor in Marburg, Gießen und Tübingen. 1923 erschien sein Werk „Die Epochen der deutschen Geschichte", das bis in die 1960er Jahre publiziert wurde und insgesamt eine Auflage von weit über 200 000 Exemplaren erreichte.

Beispielhafte Bearbeitung der Aufgabenstellung

Textmarkierungen und Randnotizen

Am Beginn der Analyse einer historischen Darstellung steht zunächst die formale Charakterisierung des Materials. Legen Sie für diese am besten eine Tabelle an und tragen Sie die zentralen äußeren Merkmale der Darstellung ein. So verschaffen Sie sich einen guten Überblick über das Material, der Ihnen bei Ihrem Vortrag von Nutzen sein wird. Anschließend sollten Sie den Text noch einmal komplett lesen und ihn dann – während eines weiteren Lesevorgangs – entsprechend der Aufgabenstellung mit Markierungen und Randnotizen versehen. Nutzen Sie zur besseren Übersicht unterschiedliche Farben (im folgenden Beispiel durch **Fettdruck** = Analyse, Unterstreichungen = historischer Kontext und graue Markierungen = Merkmale der Sicht Hallers angedeutet). Dieses Vorgehen gibt Ihnen eine bessere Orientierung im Prüfungsvortrag und dient auch als Sicherheit, falls Sie während der Vorbereitungsphase nicht genügend Zeit haben, alle relevanten Aspekte aufzuschreiben.

Notizen zur formalen und inhaltlichen Analyse, zum historischen Kontext und zur Perspektive Hallers (Teilaufgabe 1, 2 und 3)

Autor	Historiker Johannes Haller
Adressaten	breites, fachlich interessiertes Publikum der Weimarer Republik sowie nachfolgender Generationen
Erscheinungsjahr	1923
Kontext	Krisenjahr der Weimarer Republik (Auswirkungen des Versailler Vertrags, Ruhrkampf und politische Radikalisierung)
Textart	fachwissenschaftliche Darstellung
Thema	Beurteilung der Folgen des Wiener Kongresses für das Deutsche Reich
Absicht	Kritik an Gründung des Deutschen Bunds, der die deutsche Nation nachhaltig geschwächt habe

M Johannes Haller: Die Epochen der deutschen Geschichte, 1923

Was im Jahre **1815** über Deutschlands Verfassung beschlossen wurde, war in keiner Hinsicht etwas Neues, es war nur die folgerichtige und vorbehaltlose Anerkennung der Verhältnisse, die sich **seit Menschenaltern angebahnt**, seit der Jahrhundertwende tatsächlich Platz gegriffen hatten und im Jahre 1806 vorläufig geordnet waren. Das Reich blieb aufgelöst; an seine Stelle trat **ein bloßer Bund**, ein Bündnis von souveränen Staaten. […]

Er hatte vor allem den großen Vorzug, daß er über den **wahren Zustand Deutschlands** keine Täuschung mehr aufkommen ließ. Die ehrwürdige **Kulisse von Kaiser und Reich war gefallen**, hinter der sich fromme Gedankenlosigkeit immer noch allerlei verborgene Herrlichkeiten hatte vorstellen können. Vor aller Augen war es unerbittlich klar, daß da gar nichts, rein gar nichts mehr zu sehen war. Es gab **keinen deutschen Staat**, wie es einen französischen, englischen, russischen und spanischen gab. Eine **Nation zweiter Klasse** wie die Italiener waren die Deutschen. Der weitere Verlauf der Dinge machte es außerdem nicht weniger deutlich, daß aus diesem Zustand auch beim besten Willen nichts Fruchtbares, **keine Fortentwicklung zum Besseren** hervorgehen konnte. Die deutsche Nation stand vor der Wahl, ob sie diesen staatenlosen Zustand ertragen oder sich den nationalen Staat schaffen wollte, den andere Völker besaßen. Sie hatte den gleichen Zustand früher hingenommen und sich mit den Museumsstücken vergangener Größe getröstet, weil sie sich innerlich klein fühlte. […] Seit zwei Generationen aber wußte man, daß man keine Ursache hatte, hinter andern Völkern zurückzustehen. Es war ein **schreiender Widerspruch:** im **Reich des Geistes frei, ebenbürtig, überlegen** und doch **im Kampf ums Dasein auf der Erde geringgeschätzt**, **beiseite geschoben**, **zurückgedrängt** – dort alles und hier nichts.

Auch der Trost, der aus der Not eine Tugend machte, verfing nicht mehr. Man wußte aus bitterer Erfahrung, daß das „**Weltvolk**" **ohne Vaterland**, das reine „Menschheitsvolk" jeden Augenblick **vom schlechteren Nachbar geknechtet und ums Leben gebracht werden konnte**, nur weil jener stärker war. Was zwischen 1792 und 1813 geschehen war, konnte sich alle Tage wiederholen, wenn es bei dem blieb, was 1815 geschaffen wurde. Man empfand die **Wehrlosigkeit**, die rechtlos macht.

Der Deutsche Bund hat sich allerdings eine Art von **Heeresverfassung** gegeben. Es geschah endlich im sechsten Jahre seines Bestehens (1821). Zehn Armeekorps mit im Ganzen 300 000 Mann sollten das **Bundesheer** bilden. Aber ihm **fehlte jegliche Einheit**, sowohl in der Ausbildung wie im Geiste und in der Führung. Welch ein Glück, daß der Deutsche Bund nie in die Lage gekommen ist, Krieg

Behauptung: 1815 ohne Neuerung, loses Bündnis lange angebahnt

Auflösung des Hlg. Römischen Reichs / Gründung Rheinbund

Wiener Kongress 1814/15: Deutscher Bund statt Reichseinheit

deutschnationale Sicht: Herabwürdigung, Verlust alter Stärke

Diagnose des perspektivlosen Zustands in Deutschland

1815: kein Staat = Nation 2. Klasse

Anfänge einer Nationalbewegung

Kontrast: Deutsche seien geistig überlegen, aber physisch unterlegen

Unterlegenheit aus sozialdarwinistischer Sicht

Betonung der Bedrohung durch Nachbarstaat und der Wehrlosigkeit der Deutschen

Frankreich als Feindbild / Aggressor

Koalitionskriege gegen Frankreich 1792–1815

Wiener Kongress 1814/15, Deutscher Bund

Schwäche des Bundesheeres wg. fehlender Einheit

zu führen! Mit diesem Heer, so buntscheckig wie die deutsche Landkarte, waren keine Siege zu erfechten.

Aus allem ergab sich, da nun einmal im Verkehr der Staaten untereinander die militärische Macht den Gradmesser der Geltung abgibt, daß die **deutsche Nation als Ganzes in Europa nicht mitreden konnte**; wie das einmal ein englischer Staatsmann einem preußischen Gesandten mit brutaler Offenheit ins Gesicht gesagt hat: „Ihr seid eine **entmannte Nation**." [...]

Fazit: deutsche Nation in Europa nicht gleichberechtigt

nationalistische Sicht: Schwäche Deutschlands

Johannes Haller: Die Epochen der deutschen Geschichte. Augsburg 1962 (Erstveröffentlichung 1923), S. 193–195.

Hinweis zum Autor

Johannes Haller (1865–1947) war ein deutscher Historiker, galt als Spezialist für mittelalterliche Geschichte und lehrte von 1904 bis 1932 als Professor in Marburg, Gießen und Tübingen. 1923 erschien sein Werk „Die Epochen der deutschen Geschichte", das bis in die 1960er-Jahre publiziert wurde und insgesamt eine Auflage von weit über 200 000 Exemplaren erreichte.

Legende für Markierungen im Text

Fettdruck: Analyse
Unterstreichungen: historischer Kontext
graue Markierungen: Merkmale der Sicht Hallers

Vortragsnotizen

Im nächsten Schritt sollten Sie Ihre Vortragsnotizen auf dem zur Verfügung stehenden Konzeptpapier verschriftlichen. Vermeiden Sie aus zeitökonomischen Gründen eine Ausformulierung in ganzen Sätzen und erstellen Sie stattdessen eine Strukturskizze, in der Sie Zusammenhänge durch eine sinnvolle Anordnung der Elemente sowie durch grafische Unterstützung veranschaulichen. Ihre Notizen können noch knapper ausfallen als in diesem Beispiel, da Sie die Textquelle mit Ihren Markierungen und Anmerkungen direkt neben Ihr Konzeptblatt legen können.

Grafische Gestaltung der Lösung zu den Teilaufgaben 1, 2 und 3

Teilaufgabe 1: Analyse

Behauptung: 1815 ohne Neuerung, loses Bündnis lange angebahnt

↓

Diagnose des perspektivlosen Zustands in Deutschland 1815: kein Staat = Nation 2. Klasse

↕

Kontrast: Deutsche seien geistig überlegen, aber physisch unterlegen

↓ *Fokus auf „Kampf ums Dasein"*

Betonung der Bedrohung durch Nachbarstaat und der Wehrlosigkeit der Deutschen

Schwäche des Bundesheeres aufgrund fehlender Einheit

Fazit: deutsche Nation in Europa nicht gleichberechtigt

Teilaufgabe 2: historischer Kontext

Vorgeschichte des Deutschen Bunds:

- Auflösung des Heiligen Römischen Reichs
- Gründung des Rheinbunds 1806

Gründung des Deutschen Bunds:

- Bund 35 souveräner Fürstentümer und 4 Städte
- Bundesversammlung unter Vorsitz Österreichs
- Ziel: Wahrung der äußeren und inneren Sicherheit
- Problem: preußisch-österreichischer Dualismus

kriegerische Konflikte mit Nachbar Frankreich:

- Koalitionskriege gegen Frankreich 1792–1815
- Befreiungskriege, Völkerschlacht bei Leipzig 1813

Grundsätze des Wiener Kongresses

- Ziel: territoriale Neuordnung Europas zur Herstellung eines europäischen Mächtegleichgewichts
- Leitlinien:
  - Restauration
  - Legitimität
  - Solidarität

zustimmend →

relativierend →

relativierend →

Teilaufgabe 3: Stellungnahme

↑ **aus Sicht der nationalen Bewegungen:** Deutscher Bund als Rückschritt

↑ **Schwächung „Deutschlands" innerhalb Europas:**

- Deutscher Bund als loses und schwer zu verteidigendes Bündnis
- Stärkung Frankreichs

↓ **aus europäischer Perspektive:** Deutscher Bund als Basis für europäisches Mächtegleichgewicht

↓ **fragwürdige Begründung für Ablehnung des Deutschen Bunds:**

- Franzosenhass
- sozialdarwinistische Vorstellung vom „Kampf ums Dasein" (Z. 27)

↓ **Erfolg** des Wiener Kongresses im Hinblick auf Friedenssicherung nicht berücksichtigt

Fazit

überwiegend nationalistische, fremdenfeindliche Sicht → wahrscheinlich auf eigene Empörung über Versailler Vertrag zurückzuführen

Vortrag gestalten

Die bisherigen Vorbereitungen unterstützen Sie dabei, einen gelungenen Vortrag auszuarbeiten. Die Notizen helfen Ihnen, die Inhalte präzise und korrekt darzustellen und Ihr historisches Urteil vorzubereiten. Die grafische Aufbereitung in Stichpunkten verschafft Ihnen einen besseren Überblick und veranschaulicht komplexe Zusammenhänge. So fällt es Ihnen während Ihres Vortrags leichter, frei zu sprechen und nicht nur von Ihrem Konzeptpapier abzulesen. Die folgenden kleinen Übungen dienen dazu, Ihnen die Zusammenstellung der Inhalte für Ihren Vortrag zu erleichtern und diesen angemessen darzubieten.

Übungen zur historischen Urteilsbildung: Ihr Urteil ist gefragt – Vertreten Sie Ihren Standpunkt gegenüber einem Historiker!

Vielen Prüflingen fällt es schwer, in der kurzen Vorbereitungszeit Argumente zu finden, die eine kritische Auseinandersetzung mit historischen Darstellungen ermöglichen. Die Tatsache, dass diese oft von renommierten Historikerinnen und Historikern verfasst wurden, die Experten ihres Fachs sind, erleichtert das Vorgehen nicht. Trainieren Sie mit den folgenden Übungen, wie Sie mit Ihrer eigenen Expertise überzeugen können.

Übung 1 – Analyse

Sie überzeugen mit Ihrem Vortrag besonders, wenn Sie schon in der Analyse deutlich machen, wie der Historiker seine Argumentation aufbaut und welche Belege er für seine Argumente anführt.

Jetzt sind Sie dran: In der folgenden strukturierten Wiedergabe des Argumentationsgangs sind die Belege durcheinandergeraten. Ordnen Sie den vorgegebenen Behauptungen/Argumenten jeweils den passenden Beleg zu.

Haller sieht in der Gründung des Deutschen Bunds eine bedeutende Schwächung der deutschen Nation. Ich stelle nun dar, wie er seine Argumente für diese Einschätzung aufbaut:

Behauptungen/Argumente	Belege
1 ☐ Zuerst behauptet er, dass 1815 nichts „Neues“ (Z. 2) beschlossen worden sei, … 2 ☐ Im nächsten Schritt diagnostiziert er den Zustand Deutschlands 1815 als perspektivlos (vgl. Z. 16 ff.) und schlussfolgert, dass eine staatenlose Nation eine zweitklassige Nation sei.	a Er belegt diese vermeintliche Gefahr mit dem Verweis auf vergangene Ereignisse in der Zeit zwischen 1792 und 1813 und behauptet, dass die Deutschen (wegen des fehlenden Nationalstaats) nicht nur wehrlos, sondern folglich auch rechtlos seien (vgl. Z. 36 f.). b Zwar räumt er die Errungenschaft einer Heeresverfassung ein, kritisiert aber die Schwäche des Heeres aufgrund der fehlenden Einheit „im Geiste und in der Führung“ (Z. 42).

3 ☐ Der diagnostizierten Schwäche aufgrund des fehlenden Nationalstaats hält Haller die geistige Größe der Deutschen entgegen (Z. 26 ff).	c … untermauert er mit dem Zitat eines nicht näher bezeichneten englischen Politikers, der behauptet haben soll: „Ihr seid eine entmannte Nation." (Z. 50 f.)
4 ☐ Haller behauptet eine existenzielle Bedrohung durch den „schlechteren Nachbar[n]" (Z. 33) und setzt damit das Bild vom „Kampf ums Dasein" fort.	d … und belegt das mit der Beobachtung, dass das lose Bündnis schon seit Jahren existiert habe.
5 ☐ Da Haller die militärische Macht für einen „Gradmesser" (Z. 47) internationaler Geltung hält, wählt er die Situation des Bundesheeres, um die Schwäche der Deutschen zu untermauern (vgl. Z. 38 ff).	e Unter Berufung auf den „Kampf ums Dasein" (Z. 27) spitzt er diesen Kontrast zwischen geistiger Freiheit und Überlegenheit der Deutschen sowie ihrer vermeintlichen physischen Verdrängung zu.
6 ☐ Sein Fazit, dass die deutsche Nation in Europa nicht als gleichberechtigt anerkannt gewesen sei, …	f Er unterstreicht die Perspektivlosigkeit damit, dass die Deutschen auch zuvor nicht für einen Nationalstaat eingetreten seien (vgl. Z. 8 ff). Das Heilige Römische Reich wird als bloße „Kulisse" bezeichnet.

Übung 2 – Erläuterung des Kontextes

In der zweiten Teilaufgabe sollen Sie Ihrer Zuhörerschaft erklären, auf welche historischen Ereignisse oder Entwicklungen sich der Autor mit seinen Argumenten bezieht. Bewahren Sie also den Bezug zum Text und erläutern Sie, was Sie selbst zu den genannten Sachverhalten wissen. Spulen Sie dabei nicht einfach Ihr gesamtes Wissen ab, sondern achten Sie auf Anspielungen im Ausgangstext und auf die Aufgabenstellung, die eine genaue zeitliche Eingrenzung vorgibt.

Jetzt sind Sie dran: Kreuzen Sie an, welche der folgenden erläuternden Abschnitte zu Hallers Text und zur Aufgabenstellung passen.

☐ Haller wünscht sich ein starkes Deutsches Reich. Dieses wurde 1871 auf Initiative Otto von Bismarcks unter preußischer Vorherrschaft gegründet. Zuvor gab es drei Kriege, die als Reichseinigungskriege bezeichnet werden: 1864 den Deutsch-Dänischen Krieg, 1866 den Preußisch-Österreichischen Krieg und schließlich 1870/71 den Deutsch-Französischen Krieg.

☐ Die Verhandlungen auf dem Wiener Kongress hatten zum Ziel, über eine territoriale Neuordnung ein europäisches Mächtegleichgewicht herzustellen, sodass Kriege zwischen den Großmächten zukünftig verhindert werden könnten. Dies ist der Grund dafür, dass u. a. Preußen gestärkt aus den Verhandlungen hervorging (Teil der Pentarchie) und die Gründung eines deutschen Nationalstaats abgelehnt wurde.

☐ Haller bezieht sich auf den Wiener Kongress und seine Folgen. Eine wichtige Folge waren die Proteste der nationalliberalen Bewegung, wie zum Beispiel auf dem Hambacher Fest 1832. Dort kamen mehr als 20 000 Menschen aus deutschen und europäischen Staaten zusammen, um für eine deutsche Nation, für Verfassungen und Freiheitsrechte zu demonstrieren. Gebildete Bürger und Journalisten wie Siebenpfeiffer hielten Reden und riefen die Bürger zum Widerstand gegen die Fürsten auf.

☐ Haller konzentriert sich in seiner Darstellung des Wiener Kongresses auf die Konsequenzen für Deutschland, also auf den Deutschen Bund, der am 8. Juni 1815 gegründet wurde. Es handelte sich dabei um ein neuartiges Bündnis 35 souveräner Fürstentümer und vier freier Städte, mit dem Ziel, sowohl die eigene Souveränität als auch die äußere und innere Sicherheit zu bewahren. Anders als im Heiligen Römischen Reich sollte nun kein Kaiser an der Spitze stehen, sondern die Bundesversammlung unter österreichischem Vorsitz sollte als Exekutive agieren.

Übung 3 a – Stellungnahme

Um die Abiturkommission mit Ihrer Stellungnahme zu überzeugen, empfiehlt es sich, die Aussage des Historikers systematisch zu prüfen und dabei nach Stärken und Schwächen seiner Argumentation Ausschau zu halten. Bei Haller fällt besonders auf, dass Einflüsse und Erfahrungen aus seiner Zeit, z. B. die Folgen des Versailler Vertrags oder die Herausforderungen im Krisenjahr 1923, seine Sicht auf den Wiener Kongress prägen. Das heißt jedoch nicht, dass man seine Ansicht nur rundheraus ablehnen kann. Vielmehr lassen sich durchaus zustimmende und relativierende Aspekte zu seiner Einschätzung finden.

Jetzt sind Sie dran: Kennzeichnen Sie die folgenden Argumente mit Z (für zustimmend) bzw. R (für relativierend), je nachdem, ob sie Hallers Aussage stützen oder einschränken.

Z: Haller ist zuzustimmen, dass …	**R:** Hallers Aussage muss dahingehend relativiert werden, dass …

1. ☐ … er innenpolitische Konflikte wie die Unterdrückung der nationalliberalen Bewegung unberücksichtigt lässt.
2. ☐ … von Frankreich keine Gefahr als Aggressor drohte, da das Mächtegleichgewicht der 5 Großmächte (Pentarchie) dem entgegenwirkte und Frankreich Preußen und Österreich in der Heiligen Allianz unterstützte.
3. ☐ … der Deutsche Bund aus der Perspektive der Vertreter eines starken deutschen Nationalstaats ein Rückschritt war. Es handelte sich dabei wirklich um einen losen Bund souveräner Staaten, dessen Einheit u. a. vom preußisch-österreichischen Dualismus gestört war.
4. ☐ … er die Beschlüsse mit einem aggressiven Nationalismus und Fremdenhass beleuchtet. Das stand im Widerspruch zu den Grundsätzen der damals angestrebten Friedensordnung.

5. ☐ … innerhalb des Deutschen Bunds eine einheitliche Verteidigung nationaler Interessen auf diplomatischem oder militärischem Weg erschwert war.

6. ☐ … sein Begriff von Wehrhaftigkeit und Stärke sozialdarwinistisch geprägt und somit wissenschaftlich nicht haltbar ist.

7. ☐ … Frankreich aufgrund der Amnestieregelung und der territorialen Zugeständnisse gestärkt aus den Verhandlungen hervorging.

8. ☐ … er die Vereinbarungen zu einseitig aus der Perspektive deutscher Nationalisten betrachtet. Aus Sicht der europäischen Staaten stärkte der Deutsche Bund das Mächtegleichgewicht und trug so zu einer stabilen Friedensordnung bei.

Übung 3 b – Fazit zur Stellungnahme

Am Ende Ihres Vortrags sollten Sie ein abwägendes Fazit formulieren, in dem Sie noch einmal auf zentrale, vorher ausgeführte Argumente verweisen können.

Jetzt sind Sie dran: Vervollständigen Sie das folgende Fazit, indem Sie die Fachbegriffe aus dem Wortspeicher in den Lückentext einfügen.

Sozialdarwinismus • souveräner Staaten • Propaganda • fremdenfeindlich

Zusammenfassend kann gesagt werden, dass Haller den Deutschen Bund zutreffend als loses Bündnis ____________________ beschreibt und er die daraus folgenden Probleme für die Einheit richtig einschätzt. Er berücksichtigt jedoch kaum die langfristigen Errungenschaften des Wiener Kongresses.

Für besonders problematisch halte ich, dass er nur von der deutschnationalen Perspektive ausgeht. Außerdem sind seine Urteilskriterien vom ____________________ geprägt, er argumentiert nationalistisch und ____________________. Seine Sorge vor einer Wehrlosigkeit der Deutschen gegenüber den Franzosen geht vermutlich auf die zeitgenössische ____________________ gegen den Versailler Vertrag zurück.

Musterlösung Übungen

Übung 1 – Analyse

1d, 2f, 3e, 4a, 5b, 6c

Übung 2 – Erläuterung des Kontextes

☐ Haller wünscht sich ein starkes Deutsches Reich. Dieses wurde 1871 auf Initiative Otto von Bismarcks unter preußischer Vorherrschaft gegründet. Zuvor gab es drei Kriege, die als Reichseinigungskriege bezeichnet werden: 1864 den Deutsch-

Dänischen Krieg, 1866 den Preußisch-Österreichischen Krieg und schließlich 1870/71 den Deutsch-Französischen Krieg.

Erklärung: Die Reichseinigung hat nichts mit den Argumenten Hallers zu tun.

☒ Die Verhandlungen auf dem Wiener Kongress hatten zum Ziel, über eine territoriale Neuordnung ein europäisches Mächtegleichgewicht herzustellen, sodass Kriege zwischen den Großmächten zukünftig verhindert werden könnten. Dies ist der Grund dafür, dass u. a. Preußen gestärkt aus den Verhandlungen hervorging (Teil der Pentarchie) und die Gründung eines deutschen Nationalstaats abgelehnt wurde.

Erklärung: Haller berücksichtigt fast ausschließlich die negativen Folgen des Kongresses für den Deutschen Bund. Daher ist der Hinweis auf das Mächtegleichgewicht ein wichtiger korrigierender Eingriff, den Sie später in Ihrem Urteil weiter ausbauen können.

☐ Haller bezieht sich auf den Wiener Kongress und seine Folgen. Eine wichtige Folge waren die Proteste der nationalliberalen Bewegung, wie zum Beispiel auf dem Hambacher Fest 1832. Dort kamen mehr als 20 000 Menschen aus deutschen und europäischen Staaten zusammen, um für eine deutsche Nation, für Verfassungen und Freiheitsrechte zu demonstrieren. Gebildete Bürger und Journalisten wie Siebenpfeiffer hielten Reden und riefen die Bürger zum Widerstand gegen die Fürsten auf.

Erklärung: In Hallers Argumenten geht es um die Stellung Deutschlands im europäischen Machtgefüge. Die nationalliberalen Bewegungen im Vormärz führen von diesem Thema weg.

☒ Haller konzentriert sich in seiner Darstellung des Wiener Kongresses auf die Konsequenzen für Deutschland, also auf den Deutschen Bund, der am 8. Juni 1815 gegründet wurde. Es handelte sich dabei um ein neuartiges Bündnis 35 souveräner Fürstentümer und vier freier Städte, mit dem Ziel, sowohl die eigene Souveränität als auch die äußere und innere Sicherheit zu bewahren. Anders als im Heiligen Römischen Reich sollte nun kein Kaiser an der Spitze stehen, sondern die Bundesversammlung unter österreichischem Vorsitz sollte als Exekutive agieren.

Erklärung: Hallers Schwerpunkt liegt auf der Gründung des Deutschen Bunds. Daher ist diese Erläuterung notwendig.

Übung 3 a – Stellungnahme

1R, 2R, 3Z, 4R, 5Z, 6R, 7Z, 8R

Übung 3 b – Fazit zur Stellungnahme

Zusammenfassend kann gesagt werden, dass Haller den Deutschen Bund zutreffend als loses Bündnis **souveräner Staaten** beschreibt und er die daraus folgenden Probleme für die Einheit richtig einschätzt. Er berücksichtigt jedoch kaum die langfristigen Errungenschaften des Wiener Kongresses. Für besonders problematisch halte ich, dass er nur von der deutschnationalen Perspektive ausgeht. Außerdem sind seine Urteilskriterien vom **Sozialdarwinismus** geprägt, er argumentiert nationalistisch und **fremdenfeindlich**. Seine Sorge vor einer Wehrlosigkeit der Deutschen gegenüber den Franzosen geht vermutlich auf die zeitgenössische **Propaganda** über den Versailler Vertrag zurück.

Mögliche Überleitung zum zweiten Prüfungsteil

IF 7 Friedensschlüsse und Ordnungen des Friedens der Moderne

Konflikte und Frieden nach dem Zweiten Weltkrieg (vgl. S. 189 ff.)

Prüferin/ Prüfer

„In Hallers Rückblick wird die Enttäuschung über die Folgen des Versailler Vertrags sehr deutlich.

Nach dem Zweiten Weltkrieg bemühten sich die Alliierten darum, die Fehler von 1919 nicht zu wiederholen. Erläutern Sie die Grundsätze des Potsdamer Abkommens."

Hinweise für den Prüfling

- Dieser Impuls nimmt das Grundproblem des Inhaltsfelds 7 auf (Frage nach erfolgreichen Friedensordnungen) und leitet zu einem neuen Halbjahresthema über.
- Die Aufforderung ist in diesem Fall nicht offen formuliert, sondern erwartet konkretes Sachwissen wie z. B.:
  - „5 Ds" (Demokratisierung, Dezentralisierung, Demilitarisierung, Demontage, Denazifizierung)
  - Aufteilung Deutschlands in Besatzungszonen, Verwaltung durch Alliierten Kontrollrat
  - Gebietsabtretungen (Westverschiebung Polens)
  - Reparationszahlungen
- Ihre Prüferin/Ihr Prüfer könnte im Gesprächsverlauf nun zum Beispiel auf weitere Aspekte der Friedensbemühungen nach 1945, auf den Ost-West-Konflikt oder auf die Besatzungspolitik in Deutschland eingehen.

Mündliche Prüfung ■ 1. Prüfungsteil
Inhaltsfeld 7: **Friedensschlüsse und Ordnungen des Friedens in der Moderne**
Aufgabe 12

Thema und Material	Internationale Friedensordnung nach dem Ersten Weltkrieg Bildquelle
Aus dem Unterricht benötigte Kompetenzen	Folgende historische Sachverhalte sollten Sie erläutern und auf das Material anwenden können: – Ende des Ersten Weltkriegs 1918 – Novemberrevolution 1918/19 und Gründung der Weimarer Republik – Versailler Vertrag (Grundsätze, Zielsetzungen, Beschlüsse und Folgeerscheinungen)

Aufgabenstellung

Interpretieren Sie die Quelle, indem Sie
1. sie analysieren,
2. sie in den historischen Kontext ab Herbst 1918 einordnen und die zentralen Bildelemente erläutern,
3. zur Aussage des Karikaturisten aus zeitgenössischer Sicht und aus heutiger Perspektive Stellung nehmen.

M Karikatur „Versailles“ von Thomas Theodor Heine, 3. Juni 1919

Versailles

(Th. Th. Heine)

„Auch Sie haben noch ein Selbstbestimmungsrecht: wünschen Sie, daß Ihnen die Taschen vor oder nach dem Tode ausgeleert werden?“

bpk/Kunstbibliothek, SMB/Dietmar Katz

Hinweis zum Material

Die Bildüberschrift lautet: „Versailles“
Die Bildunterschrift lautet: „Auch Sie haben noch ein Selbstbestimmungsrecht: wünschen Sie, daß Ihnen die Taschen vor oder nach dem Tode ausgeleert werden?“
Der „Simplicissimus“ (1896–1944) war eine deutsche satirische Wochenzeitschrift, die mit ihrer Kritik vor allem auf die wilhelminische Politik zielte. Thomas Theodor Heine (1867–1948) war ein deutsch-jüdischer Künstler und Karikaturist, der regelmäßig im „Simplicissimus“ veröffentlichte.

Lösungsvorschlag

TIPP *Erläuterung zur Aufgabenstellung*

In der **ersten Teilaufgabe** wird erwartet, dass Sie die **Quelle** zunächst kurz **vorstellen**, indem Sie Angaben zum Zeichner, zu den Adressaten, zur Quellengattung sowie zum Erscheinungsort und -zeitpunkt der Karikatur machen, um den historischen Bezugsrahmen zu erfassen. Außerdem sollten Sie das Thema der Karikatur und die Intention des Zeichners knapp umreißen. Anschließend müssen Sie den **Aufbau der Bildquelle** sowie ihre einzelnen **Elemente** detailliert und systematisch beschreiben.

In der **zweiten Teilaufgabe** soll die Karikatur in einem ersten Schritt zunächst in den **Kontext ihrer Entstehung** eingeordnet werden. Die Aufgabenstellung gibt vor, dass Sie dabei mit den Ereignissen des Herbstes 1918 beginnen sollen. Gehen Sie also auf wichtige Geschehnisse zwischen Herbst 1918 und Sommer 1919 ein, die mit dem **Versailler Vertrag** in Zusammenhang stehen. In einem zweiten Schritt müssen Sie die **Bedeutung der zuvor beschriebenen Bildelemente** erläutern. Stellen Sie dar, worauf die einzelnen Elemente jeweils anspielen und wie die **historischen Sachverhalte vom Karikaturisten gedeutet** werden. Fassen Sie abschließend in einem kurzen Fazit zusammen, mit welcher Einstellung der Zeichner auf die Handlungen der Vertragspartner blickt.

In der **dritten Teilaufgabe** sollen Sie auf der Grundlage Ihres Kontextwissens argumentieren, inwiefern der **Aussage** des Karikaturisten **aus damaliger, zeitgenössischer Sicht und aus heutiger Perspektive** zuzustimmen ist, inwiefern seine Betrachtung der Ereignisse aber auch relativiert werden muss. Differenzieren Sie hier zwischen den beiden unterschiedlichen Blickwinkeln (zeitgenössisch und aktuell) und finden Sie für beide sowohl **befürwortende als auch ablehnende Aspekte**. Schließen Sie Ihre Stellungnahme mit einem gewichtenden **Fazit** ab.

Gliederung des Mustervortrags

Einleitung

- **Hinführung zum Thema des Vortrags:** historische Bedeutung des Versailler Vertrags → Verknüpfung mit Karikatur „Versailles“
- **Präsentation des weiteren Vorgehens:** Analyse der Karikatur, historische Kontextualisierung (Einordnung in den historischen Kontext und Erläuterung der Bildelemente), Stellungnahme zur Karikatur aus zeitgenössischer und heutiger Sicht

Analyse (Teilaufgabe 1)

- **Vorstellung der Quelle**
  - Titel: Versailles

- Zeichner: Karikaturist Thomas Theodor Heine
- Erscheinungszeitpunkt und -ort: 3. Juni 1919, satirische Wochenzeitschrift „Simplicissimus“
- Quellengattung: Primärquelle, Karikatur
- Adressaten: Leserschaft des „Simplicissimus“, deutsche Öffentlichkeit, ggf. Leserinnen und Leser im Ausland
- Anlass: Überreichung der Friedensbedingungen des Versailler Vertrags an die deutsche Delegation
- Thema: Auseinandersetzung mit dem Verhältnis zwischen den Alliierten und dem besiegten Deutschland sowie mit den möglichen Folgen des Versailler Vertrags für Deutschland
- Intention: Protest gegen die als zu hart empfundenen Bestimmungen des Versailler Vertrags

- **strukturierte Beschreibung der Bildelemente**
  - Bestandteile: Titel „Versailles“, Zeichnung, Bildunterschrift „Auch Sie haben noch ein Selbstbestimmungsrecht: wünschen Sie, daß Ihnen die Taschen vor oder nach dem Tode ausgeleert werden?“
  - Bildzentrum: männliche Gestalt mit nacktem Oberkörper, schwarzer Hose und auf dem Rücken gefesselten Händen vor einer Guillotine
  - Personen gegenüber dem halbnackten Mann in schwarzen Anzügen und mit ernsten Mienen: kleiner Mann mit Schnurrbart, der die Guillotine bedient; großer Mann mit Schnurrbart, der zusammengerolltes Schriftstück in den Händen hält; großer, bartloser Mann mit gesprächsbereit ausgestreckten Händen, der sich redend dem Mann vor der Guillotine zuwendet

Historische Kontextualisierung (Teilaufgabe 2)

- **Einordnung in den historischen Kontext:** Entstehung des Versailler Vertrags
  - September 1918: Forderung der OHL nach Waffenstillstand in der Hoffnung auf erträgliche Friedensbedingungen nach 14-Punkte-Programm von US-Präsident Wilson
  - Parlamentarisierung des Reichs als Voraussetzung → „Oktoberverfassung“
  - Novemberrevolution 1918 mit erzwungener Abdankung des Kaisers und doppelter Republikausrufung → Rat der Volksbeauftragten als provisorische Regierung
  - während revolutionären Wirren Unterzeichnung des Waffenstillstands am 11. November 1918
  - Entscheidung für parlamentarische Demokratie und erste Reichstagswahl im Januar 1919
  - Januar 1919: Eröffnung der Pariser Friedenskonferenz
  - Mai 1919: Überreichung der (ohne deutsche Beteiligung ausgehandelten) Friedensbedingungen an die deutsche Delegation → Ultimatum zur Unterzeichnung

- Bestimmungen des Versailler Vertrags: Gebietsabtretungen, militärische Beschränkungen, wirtschaftliche Reparationen, Vorwurf der alleinigen Kriegsschuld an Deutschland und seine Verbündeten (Artikel 231)
- 28. Juni 1919: Unterzeichnung des Friedensvertrags durch die deutsche Delegation auf Druck der Siegermächte

- **Erläuterung der Bildelemente**
  - Mann mit nacktem Oberkörper und gefesselten Händen kurz vor der Hinrichtung: personifiziertes Deutschland, das von Verhandlungen ausgeschlossen und Siegermächten ausgeliefert war
  - großer, bartloser Mann mit ausgestreckten Händen: US-Präsident Wilson mit Wunsch nach „Frieden ohne Sieger und Besiegte" und wohlwollender Haltung gegenüber Deutschland → Streben nach Schaffung eines Völkerbunds und Umsetzung des Selbstbestimmungsrechts der Völker → laut zynischer Bildunterschrift jedoch Scheitern dieses Vorhabens
  - kleiner Mann mit Schnurrbart, der die Guillotine bedient: französischer Ministerpräsident George Clemenceau, der eine rigorose Politik gegenüber Deutschland vertrat (hohe Reparationszahlungen, Rückgabe Elsass-Lothringens etc.)
  - großer Mann mit Schnurrbart und Schriftstück: britischer Premierminister Lloyd George, der vermittelnde Position zwischen Wilson und Clemenceau einnahm
  - Guillotine: Instrument zur Vollstreckung einer Hinrichtung, das suggeriert, dass Deutschland durch die Bestimmungen des Versailler Vertrags vernichtet werden soll
  - Gesamtdeutung: massive Kritik des Karikaturisten am Verhalten der Siegermächte → Bestimmungen des Versailler Vertrags werden weniger als Garant des Friedens als vielmehr als Vernichtung Deutschlands dargestellt

Stellungnahme zur Aussage des Karikaturisten (Teilaufgabe 3)

- **Beurteilung der Karikatur aus zeitgenössischer Sicht**
  - zustimmende Aspekte
    - Empfindung des Vertrags als Ungerechtigkeit → Instrumentalisierung der verbreiteten Ablehnung durch rechte Republikgegner (Dolchstoßlegende)
    - tatsächliche Schwächung der deutschen Wirtschaft durch hohe Reparationsforderungen
    - Zustandekommen des Vertrags ohne deutsche Beteiligung, zudem Zwang zur Unterzeichnung
  - relativierende Aspekte
    - zwar harte Bedingungen im Vergleich zu Wilsons 14-Punkte-Programm, aber keine völlige Zerschlagung Deutschlands → potenzielle Möglichkeit zur Rückkehr in Kreis der Großmächte
    - rechtsgerichtete Kreise betonten Härte des Vertrags, um demokratische Regierung zu verunglimpfen

- **Beurteilung der Karikatur aus heutiger Sicht**
  - zustimmende Aspekte
    - langfristige Beeinträchtigung Deutschlands durch Versailler Vertrag → Vertrag als ein Grund für späteres Scheitern der Weimarer Republik
    - im Hinblick auf gängige Praxis des Völkerrechts kein gerechter Friedensschluss
  - relativierende Aspekte
    - Versailler Vertrag aus Sicht der heutigen Geschichtswissenschaft „Kompromissfrieden", der erneute Etablierung Deutschlands als europäische Großmacht nicht dauerhaft verhinderte
    - Relativierung der deutschen Kriegsschuld in aktuellen geschichtswissenschaftlichen Debatten → keine dauerhafte Ächtung Deutschlands
- **Fazit:** Widerspiegelung des Zeitgeists von 1919 und des Empfindens von Ungerechtigkeit im Hinblick auf Versailler Vertrag, aber Überspitzung und dadurch Verhinderung einer seriösen Beurteilung

Mustervortrag

Einleitung
Hinführung zum Thema des Vortrags

Der als Friedensschluss gedachte **Versailler Vertrag** fiel in die Anfangszeit der Weimarer Republik als erster deutscher Demokratie. Mit seinen als zu hart empfundenen Bedingungen sorgte er für große Empörung bei der deutschen Bevölkerung und stellte auf lange Sicht eine **schwere Belastung für die Weimarer Republik** dar. Zahlreiche Karikaturen beschäftigten sich schon zum Zeitpunkt seiner Ausarbeitung mit dem Vertrag, so wie auch die vorliegende Bildquelle.

Präsentation des weiteren Vorgehens

Diese werde ich im Folgenden interpretieren, indem ich sie zunächst kurz vorstelle und ihre einzelnen **Bildelemente beschreibe**. Anschließend werde ich die Zeichnung in ihren **historischen Kontext** einordnen und die **Bildelemente deuten**, bevor ich **zur Aussage des Karikaturisten** vor dem Hintergrund zeitgenössischer und heutiger Perspektiven **Stellung nehme**.

Analyse (Teilaufgabe 1)
Vorstellung der Bildquelle

Ich beginne nun mit der Analyse und einer allgemeinen Quellenkritik: Bei der vorliegenden Quelle handelt es sich um eine **Karikatur** des deutschen Karikaturisten Thomas Theodor Heine, die am 3. Juni 1919 in der **satirischen Wochenzeitschrift** „Simplicissimus" erschienen ist. Sie richtet sich also im engeren Sinn an die **Leserschaft des „Simplicissimus"**, im weiteren Sinn aber auch an die allgemeine **deutsche Öffentlichkeit** und eventuelle Leserinnen und Leser im Ausland. Den Anlass für die Veröffentlichung der Primärquelle stellte die **Überreichung der Friedensbedingungen des Versailler Vertrags** an die deutsche Delegation im Mai 1919 dar. Thematisch setzt sich die Karikatur mit dem **Verhältnis zwischen**

den Alliierten und dem besiegten Deutschland während der Pariser Friedenskonferenz sowie mit den **Folgen des Versailler Vertrags für Deutschland** auseinander. Dabei verfolgt der Karikaturist die Absicht, **gegen die als zu hart wahrgenommenen Bestimmungen** des Versailler Vertrags zu **protestieren**.

Beschreibung der Bildelemente

Nach der Vorstellung der Quelle folgt nun die Beschreibung der einzelnen Bildelemente der Karikatur. Diese besteht aus dem **Titel** „Versailles", einer **Zeichnung** und der **Bildunterschrift** „Auch Sie haben noch ein Selbstbestimmungsrecht: wünschen Sie, daß Ihnen die Taschen vor oder nach dem Tode ausgeleert werden?". Im Zentrum des Bildteils ist die Rückenansicht einer **männlichen Gestalt mit nacktem Oberkörper** zu sehen, deren **Hände auf dem Rücken gefesselt** sind. Der Mann trägt eine schwarze Hose und steht vor einer **Guillotine**. Das Fallbeil kann mithilfe eines daran befestigten Seils ausgelöst werden, dessen Ende sich in der Hand eines **kleinen Manns mit Schnurrbart und Glatze** befindet. Der Henker trägt einen **schwarzen Anzug** genauso wie die beiden anderen Männer, die der halbnackten Person gegenüberstehen. Alle drei schauen mit **ernsten Gesichtern** auf die Szenerie vor ihnen. Die **Person**, die aus Sicht des Betrachters rechts steht, hat genauso wie der Mann mit dem Seil einen **Schnurrbart**. In den Händen hält sie ein **zusammengerolltes Schriftstück**. Sowohl der Mann links als auch der Mann rechts von der Tötungsmaschine richtet seinen **Blick auf die Person mit dem nackten Oberkörper**. Der bartlose **Mann** links ist **groß und schlank** und wendet sich der Person in der Mitte zu. Er **redet** mit dem Hinrichtungsopfer und hat die **Hände gesprächsbereit ausgestreckt**. Die Szene spielt sich in einem, abgesehen von der Guillotine, **leeren Raum** ab.

Überleitung zu historischer Kontextualisierung

Bevor ich die einzelnen Bildelemente erläutere und deute, ordne ich die **Karikatur** kurz **in ihren historischen Kontext** ein. Dafür ist der Zeitraum zwischen Herbst 1918 und Mai/Juni 1919 entscheidend.

Historische Kontextualisierung (Teilaufgabe 2)

Einordnung in den historischen Kontext

- Ende des Ersten Weltkriegs
- Revolution 1918/19

Als die deutsche Oberste Heeresleitung (OHL) Ende September 1918 mit **Forderungen nach einem sofortigen Waffenstillstand** auftrat, hoffte sie auf erträgliche Friedensbedingungen, wie US-Präsident Wilson sie in seinem **14-Punkte-Programm** formuliert hatte. Voraussetzung dafür war allerdings eine **Parlamentarisierung des Reichs**, die mit dem Erlass der „**Oktoberverfassung**" Realität wurde. Diese kam jedoch zu spät, sodass sich eine **Befehlsverweigerung von Matrosen**, die sich im längst verlorenen Krieg nicht mehr verheizen lassen wollten, zu einer **Revolution** ausweitete. Am 9. November 1918 erfolgte die erzwungene **Abdankung des Kaisers** und wenig später die doppelte **Ausrufung der Republik**. Um die angespannte Situation zu beruhigen, setzte man als provisorische Regierung den **Rat der Volksbeauftragten** ein. Während in Deutschland die Revolution tobte, wurde am 11. November 1918 in Frankreich der **Waffenstillstand** unterzeichnet, dessen **harte Bedingungen** einer Kapitulation gleichkamen. In den folgenden Monaten einigte man sich in Deutschland auf eine **parlamentarische Demokratie** als neue Staatsform und hielt im Januar 1919 erste demokratische Wahlen ab. Die neue Republik war jedoch gleich **großen Belastungen** ausgesetzt, als ihren Vertretern im Mai 1919 die auf der Pariser Friedenskonferenz **ohne deutsche Beteiligung ausgehandelten Vertragsbedingungen** des Versailler Vertrags zur Unterzeichnung vorgelegt wurden. Diese umfassten **territoriale Bestimmungen**, insbesondere Gebietsabtretungen, **militärische Beschränkungen** und **wirtschaftliche Reparationen**. Zudem wies der „**Kriegsschuldartikel**" (Artikel 231) den Mittelmächten die alleinige Schuld am Kriegsausbruch zu. Obwohl das Dokument in Deutschland auf breite **Empörung** stieß, blieb der deutschen Delegation unter dem **Druck der Alliierten** nichts anderes übrig, als am 28. Juni 1919 den **Vertrag zu unterzeichnen**.

– Waffenstillstand

– Versailler Vertrag

Auf der Grundlage der historischen Einordnung möchte ich nun die einzelnen Bildelemente der Karikatur näher erläutern und deuten. Der **Mann mit dem nackten Oberkörper** im Bildzentrum stellt das **personifizierte Deutschland** dar. Seine Nacktheit und die gefesselten Hände verweisen auf die **passive Rolle des Kriegsverlierers**, der **von den Verhandlungen in Versailles ausgeschlossen** und damit den Entscheidungen der Siegermächte ausgeliefert war. Am linken Bildrand wendet sich der **amerikanische Präsident** Woodrow Wilson **mit ausgestreckten Händen** dem Verlierer zu. Diese Geste soll die wohlgesonnene Haltung Wilsons verdeutlichen. Er hatte in seinem 14-Punkte-Programm für eine kollektive **Friedensordnung nach dem Selbstbestimmungsrecht der Völker** und für die Schaffung eines Völkerbunds plädiert („Frieden ohne Sieger und Besiegte"). So trat er auch bei den Vertragsverhandlungen für den **Erhalt Deutschlands** ein und versuchte, die aggressiven Forderungen Frankreichs etwas abzumildern. Dass er damit **in den Augen des Karikaturisten gänzlich gescheitert** ist, zeigt die **zynische rhetorische Frage** in der Bildunterschrift. Diese unterstellt den Siegermächten außerdem, dass sie nur daran interessiert gewesen seien, Deutschland auszunehmen und sich an seiner Niederlage zu bereichern. Die Person, die den Mechanismus der Guillotine auszulösen beabsichtigt, ist der **französische Ministerpräsident** George Clemenceau. Er vertrat bei den Friedensverhandlungen eine **rigorose Position gegenüber Deutschland**, indem er die Rückgabe Elsass-Lothringens, hohe Reparationszahlungen und eine ständige militärische Besetzung des Rheinlands forderte. Damit verfolgte er das Ziel, **Deutschland dauerhaft zu schwächen** und Frankreich zu

Erläuterung der Bildelemente

– Mann vor Guillotine: personifizierter Kriegsverlierer Deutschland

– Mann mit ausgestreckten Händen: US-Präsident Wilson

– zynische Bildunterschrift: Scheitern von Wilsons Wünschen

– Henker: Ministerpräsident Frankreichs Clemenceau

einer Vormachtstellung in Europa zu verhelfen. Rechts neben der Guillotine ist der **britische Premierminister** Lloyd George zu erkennen, der ein Schriftstück, den **Versailler Vertrag**, in seinen Händen hält. Er nahm auf der Pariser Friedenskonferenz eher eine **vermittelnde Position** zwischen Wilson und Clemenceau ein. Die das Bild dominierende **Guillotine** ist seit der Französischen Revolution als Instrument zur Enthauptung bekannt. Somit **suggeriert** ihr angedrohter Einsatz die Hinrichtung bzw. **Vernichtung Deutschlands durch den Versailler Vertrag**. Deutschland ist gefesselt und angesichts der Bedrohlichkeit der Lage bleibt ihm nichts anderes übrig, als sich den Bedingungen der Westmächte zu unterwerfen. Die Karikatur kann deshalb insgesamt als **massive Kritik am Verhalten der Siegermächte** des Ersten Weltkriegs gegenüber Deutschland sowie **am Versailler Vertrag** gedeutet werden. Der Vertrag wird nicht als Garant für einen dauerhaften Frieden dargestellt, sondern im Gegenteil als **Zerstörung Deutschlands**.

- Mann mit Schriftstück: britischer Premierminister George
- Guillotine: Vernichtung Deutschlands durch Versailler Vertrag

In der abschließenden **Stellungnahme** werde ich mich nun aus damaliger, zeitgenössischer Sicht sowie aus heutiger Perspektive mit der Aussage des Karikaturisten, der **Versailler Vertrag habe den Tod für Deutschland bedeutet**, auseinandersetzen.

Überleitung zur Stellungnahme

Stellungnahme (Teilaufgabe 3)

zustimmende Aspekte aus zeitgenössischer Sicht

Aus zeitgenössischer Sicht ist als zustimmendes Argument zu erwähnen, dass der **Versailler Vertrag** tatsächlich von einer breiten Mehrheit **als zutiefst ungerecht beurteilt** wurde. Davon zeugten in Deutschland die Bezeichnungen „Schandvertrag" und „Gewaltfrieden", deren Verbreitung die **Weimarer Republik langfristig in Verruf** brachte (Stichwort „**Dolchstoßlegende**"). Zudem wurde die deutsche Wirtschaft durch die **hohen Reparationsforderungen** der Siegermächte tatsächlich sehr geschwächt. Man hatte in Deutschland außerdem auf einen gerechten und moderaten Frieden gehofft und war durch die letztlichen Beschlüsse schwer enttäuscht worden. Besonders im Fokus befanden sich dabei das **Zustandekommen des Vertrags ohne deutsche Beteiligung** und der **Zwang zur Unterzeichnung**, die auch die Karikatur kritisiert.

relativierende Aspekte aus zeitgenössischer Sicht

Relativierend muss hier aber erwähnt werden, dass die Bedingungen des Vertrags im Vergleich zu Wilsons Friedensprogramm zwar hart waren, **Deutschland** aber der **völligen Zerschlagung entging**. Dies bot dem Land langfristig die **Möglichkeit**, wieder **in den Kreis der Großmächte zurückzukehren**. Von einer **totalen Vernichtung**, wie sie die Karikatur behauptet, konnte also **keine Rede** sein. Die **Betonung der Härte des Versailler Vertrags** wurde deshalb insbesondere von rechtsgerichteten Kreisen genutzt, **um den neuen demokratischen Staat zu verunglimpfen**.

Aus heutiger Sicht ist zustimmend zu erwähnen, dass Deutschland **langfristig** von den als hart und ungerecht empfundenen Vertragsbestimmungen **beeinträchtigt** wurde. So ließ die allgemeine Empörung über den Vertrag rechte antirepublikanische Propaganda und vehement vertretene Revisionsforderungen auf fruchtbaren Boden fallen. Der **Versailler Vertrag** gilt also zu Recht als **ein Grund für das spätere Scheitern der Weimarer Republik**. Zudem vertritt die heutige Forschung den Standpunkt, dass es sich beim Versailler Vertrag **nicht um einen gerechten Friedensschluss gehandelt** habe, da er die bereits damals gängige Praxis des **Völkerrechts außer Acht gelassen** habe. Der zynische Blick des Karikaturisten auf Wilson ist also auch aus heutiger Sicht nicht vollkommen zurückzuweisen.

zustimmende Aspekte aus heutiger Sicht

Relativierend muss allerdings erwähnt werden, dass es sich beim **Versailler Vertrag** um einen **Kompromiss** zwischen der harten und unerbittlichen Haltung Clemenceaus auf der einen Seite sowie der gemäßigten Einstellung von Lloyd George und Wilson auf der anderen Seite gehandelt hat. Anders als in der Karikatur dargestellt, wird der Versailler Vertrag in der Geschichtswissenschaft heute als „**Kompromissfrieden**" gesehen, der eine erneute Etablierung Deutschlands als europäische Großmacht nicht verhinderte. Zudem hat sich auch der Blick auf die **Alleinschuld Deutschlands** am Kriegsausbruch geändert, da in der internationalen geschichtswissenschaftlichen Diskussion heutzutage **Kontroversen** darüber geführt werden, inwiefern auch das **Verhalten der anderen Großmächte** zur Eskalation in der Julikrise beigetragen hat. Es stimmt also nicht (mehr), dass Deutschland sich allein als Geächteter auf der Anklagebank befindet oder ihm gar dauerhaft der „Todesstoß" versetzt worden sei, wie es der Karikaturist 1919 behauptet.

relativierende Aspekte aus heutiger Sicht

Insgesamt spiegelt die Darstellung den **Zeitgeist von 1919** und die damals **empfundene Ungerechtigkeit** durchaus korrekt wider. Vor dem Hintergrund der historischen Forschung ist, trotz mancher berechtigter Kritik an den Vertragsbedingungen, jedoch festzuhalten, dass die Karikatur die damaligen **Ereignisse überspitzt** und deshalb den Blick auf eine **seriöse Beurteilung teilweise verstellt**.

Fazit

Mündliche Prüfung ■ 1. Prüfungsteil
Inhaltsfeld 7: **Friedensschlüsse und Ordnungen des Friedens in der Moderne**
Aufgabe 13

Thema und Material	Konflikte und Frieden nach dem Zweiten Weltkrieg Darstellungstext
Aus dem Unterricht benötigte Kompetenzen	Folgende historische Sachverhalte sollten Sie erläutern und auf das Material anwenden können: – Ideen und Überlegungen zu einem geeinten Europa seit dem Ende des Zweiten Weltkriegs – Schritte auf dem Weg der europäischen Einigung

Aufgabenstellung

1. Analysieren Sie den Text.
2. Erläutern Sie – vom Text ausgehend und darüber hinaus – die Entwicklung der europäischen Zusammenarbeit vom Ende des Zweiten Weltkriegs bis heute.
3. Nehmen Sie Stellung dazu, ob die Unterzeichnung des EGKS-Vertrags am 18. April 1951 mit einem Jubiläumstag gefeiert werden sollte.

M Björn Schiffbauer: 60 Jahre Römische Verträge: Die Geburtsstunde der EU?

Vor sechzig Jahren – am 25. März 1957 – haben sich in Rom sechs entschlossene Staaten dazu verpflichtet, gleich zwei europäische Gemeinschaften zu gründen. Die Unterzeichnung der Römischen Verträge nimmt die heutige Europäische Union (EU) zum Anlass, „den Grundstein für Europa in seiner heutigen Form" zu feiern. Aber liegt dieser Grundstein tatsächlich in Rom? […]

Die frühen Anfänge eines vereinigten Europas

[Die] Unterzeichnung der Römischen Verträge [bekundet nicht] die erste Idee über ein friedliches und freies Europa. Denn schon kurz nach Ende des Zweiten Weltkrieges formulierte der (heute möchte man hinzufügen: ausgerechnet!) britische Premierminister *Winston Churchill* in seiner berühmten Züricher Rede am 19. September 1946 seine progressive europäische Vision: „We must build a kind of United States of Europe."[1] Auch wenn die Vereinigten Staaten Europas nie gegründet wurden, war man sich auf dem zerstörten Kontinent gleichwohl schmerzlich bewusst, dass es nicht so weitergehen konnte wie in der unheilvollen Vergangenheit. Nur ein zusammenwachsendes Europa war und ist in der Lage, für die Friedenserhaltung einzustehen. Diese Parameter gelten noch heute – vielleicht sogar besonders dringlich, wenn man sich die besorgniserregenden extremistischen Entwicklungen in einigen unserer Nachbarstaaten vor Augen führt.

Keine Vision, sondern ein erster tatsächlicher Anschub zu einer sich realisierenden europäischen Integration war nach *Churchills* Vorstoß die Erklärung des französischen Außenministers *Robert Schuman* vom 9. Mai 1950. Mit ihr griff *Schuman* die Idee seines vertrauten Beraters *Jean Monnet* auf und schlug die Schaffung einer Europäischen Gemeinschaft für Kohle und Stahl vor. *Schuman* bewegte sich dabei ganz im Sinne *Monnets* innerhalb des politisch Vorstellbaren und dachte weniger groß als *Churchill*; er kratzte nicht an der Souveränität der europäischen Staaten. Stattdessen stellte *Schuman* sehr pragmatisch fest: „Europa lässt sich nicht mit einem Schlage herstellen und auch nicht durch eine einfache Zusammenfassung: Es wird durch konkrete Tatsachen entstehen, die zunächst eine Solidarität der Tat schaffen." Am Anfang war also die Tat, und alle Europäer sollten tatkräftig anpacken. Und so geschah es. Übrigens ist der 9. Mai seit vielen Jahren als „Europatag" offizieller Gedenktag für ein Leben in Frieden und Einheit in Europa.

Tatsächlich waren die ideellen und völkerrechtlichen Ursprünge eines vereinten Europas in der Europäischen Gemeinschaft für Kohle und Stahl (EGKS, zuweilen auch „Montanunion" genannt) zu finden. […] Schon die EGKS sollte einen gemeinsamen Markt schaffen, und zwar im Zusammenhang mit Kohle und Stahl. Dies fußte auf der Idee, dass eine Vergemeinschaftung des Marktes gerade derjenigen Rohstoffe, die für die Produktion von Rüstungsgütern benötigt wurden, den Frieden innerhalb Europas sichern wird. Der gemeinsame Markt für Kohle und Stahl war daher nichts Anderes als die erste Tatsache im Sinne *Schumans* und *Monnets*, die eine „Solidarität der Tat" schuf. Angesichts dessen lässt sich konstatieren, dass ohne die positiven Erfahrungen der Mitgliedstaaten mit der EGKS eine spätere Gründung der EWG und EAG nur schwer vorstellbar gewesen wäre. War dann nicht eher der 23. Juli 1952 (oder – wenn man unbedingt auf den Tag der Unterzeichnung abstellen möchte – der 18. April 1951[2]) die Geburtsstunde der EU, war nicht der EGKS-Vertrag der Grundstein des heutigen Europas? […]

Historisch betrachtet ist es […] zumindest unglücklich, den Grundstein der europäischen Integration in Rom zu suchen. Dies wird der Pionierarbeit *Schumans* und *Monnets* – ja sogar *Churchills* – nicht gerecht. Vielmehr ist die europäische Idee ein Spiegelbild der tatsächlichen europäischen Integration: Sie basiert auf vielfältigen Ansätzen und zahlreichen Quellen, um ein gemeinsames Ziel zu erreichen: den Frieden unter den Völkern Europas zu erhalten. Egal, wie die Union in Zukunft aufgestellt sein wird, muss dieses Ziel immer im Blick bleiben. Dass dies bislang so gut gelungen ist, muss gefeiert werden!

Björn Schiffbauer: 60 Jahre Römische Verträge: Die Geburtsstunde der EU?, https://www.juwiss.de/34-2017

Anmerkungen

1 Aus dem Englischen ins Deutsche übersetzt: Wir müssen eine Art Vereinigte Staaten von Europa aufbauen.

2 Der Vertrag der Europäischen Gemeinschaft für Kohle und Stahl wurde am 18. April 1951 in Paris unterzeichnet und trat am 23. Juli 1952 in Kraft.

Hinweis zu Autor und Material

Dr. Björn Schiffbauer ist Akademischer Rat am Institut für Völkerrecht und ausländisches öffentliches Recht der Universität zu Köln. Am 24. März 2017 veröffentlichte er den Beitrag zu den Römischen Verträgen im Blog „Junge Wissenschaft im öffentlichen Recht".

Lösungsvorschlag

TIPP *Erläuterung zur Aufgabenstellung*

Die Interpretation des vorliegenden Textes ist in **drei Teilaufgaben** gegliedert. An diesen sollten Sie sich beim Aufbau Ihres Prüfungsvortrags orientieren. In der **ersten Teilaufgabe** wird erwartet, dass Sie den Text formal und inhaltlich **analysieren**. Sie sollten also zunächst eine **textbeschreibende Charakterisierung** vornehmen, indem sie den Autor, die Textsorte, die Adressaten sowie den Erscheinungsort und -zeitpunkt benennen. Außerdem sollten Sie das Thema und die Intention des Verfassers knapp umreißen. Anschließend müssen Sie den **Inhalt und den gedanklichen Aufbau** des Textes strukturiert und komprimiert in Ihren eigenen Worten wiedergeben.

In der **zweiten Teilaufgabe** sind Sie aufgefordert, die **Entwicklung der europäischen Zusammenarbeit** vom Ende des Zweiten Weltkriegs bis heute zu erläutern. Wie in der Aufgabenstellung angegeben, sollen Sie sich dabei auf den Text beziehen, aber auch darüber hinaus Informationen zum **historischen Kontext** einbringen. Dafür müssen Sie auf die einzelnen **Phasen der europäischen Einigung** unter dem Ziel des Friedenserhalts eingehen, wobei Sie sich auf besonders zentrale Ereignisse beschränken sollten. Achten Sie dabei darauf, immer wieder Bezüge zum Text herzustellen, um zu zeigen, dass Sie diesen verstanden haben. Fassen Sie abschließend in einem kurzen **Fazit** zusammen, welche Position der Autor vertritt.

In der **dritten Teilaufgabe** sollen Sie zu der Frage Stellung beziehen, ob Ihnen die Unterzeichnung des EGKS-Vertrags am **18. April 1951 als geeigneter Jubiläumstag** erscheint. Hierfür sollten Sie sowohl zustimmende als auch relativierende Aspekte anführen und **differenziert abwägen**. Schließen Sie Ihre Stellungnahme mit einem **Fazit** ab.

Gliederung des Mustervortrags

Einleitung

- **Hinführung zum Thema des Vortrags:** Zitat mit Kernaussage aus dem Text
- **Präsentation des weiteren Vorgehens:** Analyse des Darstellungstextes, historische Kontextualisierung (Erläuterung der Ideen und Maßnahmen auf dem Weg zur europäischen Einigung), Stellungnahme zur Frage eines Jubiläumstags am 18. April zur Erinnerung an Unterzeichnung des EGKS-Vertrags

Analyse (Teilaufgabe 1)

- **Vorstellung des Textes**
  - **Titel:** 60 Jahre Römische Verträge: Die Geburtsstunde der EU?

- **Autor:** Björn Schiffbauer
- **Adressaten:** Leserschaft des Blogs „Junge Wissenschaft im öffentlichen Recht" sowie eine allgemein historisch-politisch interessierte Öffentlichkeit
- **Textsorte:** nicht wissenschaftliche Darstellung (Blogbeitrag)
- **Erscheinungsort und -datum:** veröffentlicht im Blog „Junge Wissenschaft im öffentlichen Recht" am 24. März 2017
- **Anlass:** bevorstehender 60. Jahrestag der Unterzeichnung der Römischen Verträge am 25. März 1957
- **Thema:** Bedeutung der Römischen Verträge 1957 für die Entwicklung Europas
- **Intention:** Infragestellung des bevorstehenden Gedenktags anlässlich des 60 Jahre zurückliegenden Abschlusses der Römischen Verträge

- **strukturierte Wiedergabe der Argumentation**
  - Gegenüberstellung der Römischen Verträge mit früheren Grundsteinen eines vereinigten Europas
    - Hinweis, dass EU Jahrestag der Römischen Verträge als Grundstein Europas feiern möchte → Infragestellung dieses Vorhabens
    - Vorstellung von Churchills Vision der „Vereinigten Staaten Europas": erste Idee von einem friedlichen und freien Europa nach dem Zweiten Weltkrieg
    - Schuman-Plan vom 9. Mai 1950 mit Ziel der Gründung einer Europäischen Gemeinschaft für Kohle und Stahl (EGKS) im Vergleich zu Churchills Vorstellungen eher Realpolitik als Vision
    - Hinweis auf „Europatag" als Gedenktag für Frieden und Einheit am 9. Mai
  - Würdigung der EGKS: Inhalte, Ziele und Erfolg
    - Realisierung des Schuman-Plans in Montanunion am 18. April 1951 (Unterzeichnung) bzw. 23. Juni 1952 (Inkrafttreten)
    - Hervorhebung der Bedeutung der Montanunion: Verkörperung der „ideellen und völkerrechtlichen Ursprünge" (Z. 32) eines vereinten Europas → Friedenserhaltung durch gemeinsamen Markt auf dem Gebiet der Schwerindustrie („Solidarität der Tat", Z. 28)
    - Frage, ob Unterzeichnung/Inkrafttreten der EGKS nicht deutlicher als „Geburtsstunde der EU" (Z. 44) zu würdigen sei
  - Fazit der Gegenüberstellung:
    - Kritik an Würdigung des Jahrestags der Römischen Verträge: Vernachlässigung von geleisteter „Pionierarbeit" (Z. 47) durch Churchill, Monnet und Schuman sowie der Tatsache, dass EU auf vielfältige Ansätze zurückzuführen sei
    - Aufruf zu gemeinsamer Weiterarbeit an Friedenserhaltung, aber Feier der bisherigen Erfolge

Historische Kontextualisierung (Teilaufgabe 2)

- **erste Phase der europäischen Einigung 1940er-/50er-Jahre:** wirtschaftliche Einigung als Basis friedlicher Kooperation

- Churchill-Rede von 1946: Vision von „Vereinigten Staaten Europas“ mit gleichberechtigten Nationen → Ziel der Friedenssicherung
- 1949: erster Zusammenschluss von zehn Staaten zum Europarat → Ziel: Wahrung der Menschenrechte
- Gründung der Europäischen Gemeinschaft für Kohle und Stahl (EGKS, Montanunion) 1951/52 nach Plänen der Franzosen Monnet und Schuman: gemeinsame Industrie- und Wirtschaftspolitik auf Gebiet der Schwerindustrie, um geheime Aufrüstung zu verhindern
- Abschluss der Römischen Verträge 1957 mit Gründung der Europäischen Wirtschaftsgemeinschaft (EWG) für gemeinsame Wirtschaftspolitik und der Europäischen Atomgemeinschaft (EAG/Euratom) für gemeinsame Forschungspolitik → Besonderheit: Interessenausgleich zwischen Frankreich (Schutz der eigenen Wirtschaft) und Deutschland (Öffnung des Markts)

- **zweite Phase der europäischen Einigung 1960er- bis 1980er-Jahre:** Nord- und Süderweiterung sowie Vertiefung des Binnenmarkts
  - Elysée-Vertrag von 1963 zwischen Frankreich und Deutschland als starker Motor der europäischen Einigung
  - Zusammenfügung von EGKS, EWG und EAG/Euratom zu EG 1963
  - 1973: Norderweiterung (Dänemark, Großbritannien, Irland)
  - 1981–1986: Süderweiterung (Griechenland, Spanien, Portugal)
  - Ausbau des europäischen Binnenmarkts durch Einheitliche Europäische Akte 1986/87
- **dritte Phase der europäischen Einigung 1990er- bis 2000er-Jahre:** Möglichkeit zur zunehmenden politischen Einigung und Osterweiterung durch Ende des Ost-West-Konflikts
  - Gründung der Europäischen Union durch Vertrag von Maastricht 1992/93: Zusammenarbeit auch in Außen- und Sicherheitspolitik sowie in Justiz- und Innenpolitik; Festlegung des Euro als gemeinsames Zahlungsmittel ab 1999
  - 2004: Osterweiterung (Baltikum, Polen, Slowakei, Slowenien, Tschechien, Ungarn, Zypern, Malta) → Demokratisierungsprozess in vormals von der Sowjetunion abhängigen Ländern

Stellungnahme bezüglich der Einrichtung eines Jubiläumstags am 18. April (Teilaufgabe 3)

- **zustimmende Argumente**
  - Schuman-Plan und Montanunion als Grundstein für wirtschaftliche Einigung = Voraussetzung für politische Einigung → EGKS als Bedingung für Römische Verträge, die wiederum Basis für stärkere politische Zusammenarbeit legten
  - Partnerschaft zwischen Frankreich und Deutschland zentraler Faktor für europäische Stabilität und Gewährleistung eines europäischen Friedens
  - Montanunion als erster nicht rein visionärer Schritt in Richtung einer tatsächlichen europäischen Zusammenarbeit

- Frieden in Europa durch wirtschaftliche und politische Verständigung

- **relativierende Argumente**
  - Vernachlässigung der visionären Ansätze von Churchill und Monnet → keine Berücksichtigung solcher und ähnlicher Ansätze bei Gedenktag am 18. April
  - Montanunion vor allem Interessenausgleich zwischen Frankreich und Deutschland → fehlende Repräsentanz anderer heutiger EU-Mitglieder
  - Vorrangigkeit der wirtschaftlichen Integration vor politischer Einheit in Montanunion → politische Einigung erst durch Vertrag von Maastricht
- **Fazit:** Befürwortung eines Jubiläumstags, der nicht an bestimmte Vertragsunterzeichnung geknüpft ist → Beibehaltung des 9. Mai als Gedenktag, aber stärkere Fokussierung auf einzelne Schritte des Integrationsprozesses

Mustervortrag

Einleitung
Hinführung zum Thema des Vortrags über Textzitat

„Historisch betrachtet ist es [...] zumindest unglücklich, den Grundstein der europäischen Integration in Rom zu suchen. Dies wird der Pionierarbeit *Schumans* und *Monnets* – ja sogar *Churchills* – nicht gerecht." (Z. 46 ff.) Dieses **Zitat** stammt aus dem Beitrag **„60 Jahre Römische Verträge: Die Geburtsstunde der EU?"** von Björn Schiffbauer und stellt die Kernaussage seiner Ausführungen dar.

Präsentation des weiteren Vorgehens

Im Folgenden werde ich meine Interpretation des gesamten Textauszugs präsentieren. In einem **ersten Schritt** werde ich den **Text analysieren** und dann die **Ideen und Maßnahmen erläutern**, wie die europäischen Staaten bis heute versuchten, den **Frieden zu sichern**. Abschließend werde ich **Stellung dazu nehmen**, ob die Unterzeichnung des EGKS-Vertrags am 18. April 1951 mit einem **Jubiläumstag** gefeiert werden sollte.

Analyse (Teilaufgabe 1)
Vorstellung des Textes

Nun komme ich zur Analyse, für die ich den Beitrag zunächst kurz vorstellen möchte. Bei dem publizistischen Text handelt es sich um eine **nicht wissenschaftliche Darstellung**, die der Jurist Björn Schiffbauer am 24. März 2017 in seinem Blog „Junge Wissenschaft im öffentlichen Recht" veröffentlicht hat. Sein Text entstand anlässlich des **60. Jahrestags der Unterzeichnung der Römischen Verträge** am 25. März 1957. Schiffbauer befasst sich mit der **Frage**, welche **Bedeutung** diesen Verträgen **für die Entwicklung Europas** beigemessen werden kann. Der Text richtet sich vornehmlich an die **Leserschaft des Blogs** sowie allgemein an eine **historisch-politisch interessierte Öffentlichkeit**. Schiffbauer geht es in seinem Beitrag darum, die **Bedeutung der europäischen Einigung für den Frieden in Europa** hervorzuheben und zu betonen, welches Gewicht den bereits **vor den Römischen Verträgen liegenden Bemühungen** zur Schaffung eines geeinten Europas zukommt.

Zu Beginn seines Kommentars formuliert der Autor die leitende Fragestellung nach der **Geburtsstunde der EU** (vgl. Z. 1 ff.). Im Verlauf seiner Ausführungen kommt er dann zu dem Schluss, dass der Grundstein der europäischen Einigung **nicht allein in der Unterzeichnung der Römischen Verträge** liegt, sondern dieser Prozess weiter zurückreichende Wurzeln hat. Schiffbauer hält einen **Gedenktag der Verträge** deshalb für **verfehlt**.

strukturierte Wiedergabe der Argumentation
- Wiedergabe der Position des Autors

Zur Begründung seiner Position stellt der Jurist erste **Schritte in Richtung eines vereinten Europas** vor (vgl. Z. 6 ff.). Er **relativiert die Bedeutung der Römischen Verträge**, indem er diese mit früheren Grundsteinen der EU kontrastiert. Der Autor hebt hervor, dass die **erste Idee** von einem friedlichen Europa nach dem Zweiten Weltkrieg **von Winston Churchill** formuliert wurde (vgl. Z. 8 ff.). Zwar sei dessen Vorschlag der „Vereinigten Staaten Europas" (Z. 12) **nie realisiert** worden, doch habe er den Zeitgenossen vor Augen geführt, dass zur Wahrung des Friedens eine **dauerhafte Zusammenarbeit notwendig** sei (vgl. Z. 14 f.).

- Relativierung der Bedeutung der Römischen Verträge
- Vorstellung von Churchills Europa-Vision

Im folgenden Absatz (vgl. Z. 19 ff.) vergleicht Schiffbauer Churchills Vision mit dem **Schuman-Plan** vom 9. Mai 1950 und stellt die Idee des Franzosen als **realpolitisches Handeln** dar. Schuman habe sich für eine verstärkte **Kooperation auf dem Gebiet der Schwerindustrie** stark gemacht, ohne deshalb die Souveränität der einzelnen europäischen Staaten infrage zu stellen (vgl. Z. 23 ff.). Dabei habe er vor allem im Sinn gehabt, den Markt für Rüstungsgüter zu vergemeinschaften, um dadurch den **Frieden zu sichern** (vgl. Z. 35 ff.). Dieser Plan sei mit dem am 18. April 1951 unterzeichneten und am 23. Juli 1952 in Kraft getretenen Vertrag der **Europäischen Gemeinschaft für Kohle und Stahl (EGKS)** in die Tat umgesetzt worden. Der Autor verweist an dieser Stelle auf den „**Europatag**" (Z. 30), der am 9. Mai noch immer als Gedenktag für Europa begangen werde. Schiffbauer stellt die **Frage**, ob die **Unterzeichnung** bzw. das Inkrafttreten **des EGKS-Vertrags** nicht eher **als „Grundstein des heutigen Europas"** (Z. 44 f.) zu sehen sei als die Verabschiedung der Römischen Verträge.

- Vorstellung von Schuman-Plan als realpolitische Entscheidung
- Behauptung einer größeren Bedeutsamkeit des EGKS-Vertrags im Vergleich zu Römischen Vertragen

Zum Schluss äußert der Autor noch einmal explizit **Kritik an der Feier des Jahrestags der Römischen Verträge**, bei der die Ideen der Vordenker Churchill, Monnet und Schuman nicht berücksichtigt würden (vgl. Z. 47 f.). Statt einen einzelnen Vertragsabschluss festlich zu begehen, solle man lieber die vielen **unterschiedlichen Ansätze der europäischen Idee würdigen** (vgl. Z. 49 f.). Diese würden ein „Spiegelbild der tatsächlichen europäischen Integration" (Z. 49) darstellen. Abschließend ruft Schiffbauer alle Mitgliedstaa-

- abschließende Kritik an Feier der Römischen Verträge und Appell zur Bewahrung des Friedens

ten auf, auch zukünftig das gemeinsame **Ziel der Friedenserhaltung nicht aus dem Blick zu verlieren** und das bisher Erreichte zu feiern (vgl. Z. 51 ff.).

60 Jahre nach der Unterzeichnung der Römischen Verträge zieht Schiffbauer **Bilanz über** deren Bedeutung für die **Entwicklung der EU**. Der europäische **Einigungsprozess** lässt sich in **drei Phasen** unterteilen, die ich im Folgenden vorstellen möchte.

Überleitung zu historischer Kontextualisierung

Die **erste Phase** umfasst den Zeitraum der **1940er- und 1950er-Jahre**, als die **wirtschaftliche Einigung** als Basis einer friedlichen Kooperation erfolgte. Schiffbauer konzentriert sich bei seiner Suche nach dem „Grundstein" (Z. 4) der EU vornehmlich auf diesen Zeitraum. Den Grundgedanken der **„Vereinigten Staaten Europas"** (Z. 12) formulierte Winston Churchill bereits 1946. Zentrale Anliegen der europäischen Zusammenarbeit waren damals die **Friedenssicherung**, die Wiederherstellung und **Erhaltung der europäischen Werte** sowie die Förderung der Wirtschaft. Auf die **Gründung des Europarats** am 5. Mai 1949, der als beratendes Organ zur Wahrung der Menschenrechte fungieren sollte, geht Schiffbauer nicht ein, jedoch erwähnt er den **Schuman-Plan** als „tatsächliche[n] Anschub zu einer sich realisierenden europäischen Integration" (Z. 19 f.). Der französische Außenminister Robert Schuman stellte seinen Plan von einer **Europäischen Gemeinschaft für Kohle und Stahl (EGKS)** am 9. Mai 1950 vor. Mit der Unterzeichnung am 18. April 1951 und dem Inkrafttreten der EGKS am 23. Juni 1952 schufen Deutschland, Frankreich, Italien, Belgien, Luxemburg und die Niederlande eine **gemeinsame Verwaltung der Kohle- und Stahlindustrie**. Zwar entstand dadurch kein einheitliches Europa, jedoch wurde für die EGKS eine **staatsähnliche Organisationsform** entwickelt und die Unterzeichnerstaaten gaben erstmalig Souveränitätsrechte an eine europäische Institution ab. Mithilfe der gemeinsamen Kontrolle von kriegswichtigen Rohstoffen sollte eine **geheime Aufrüstung verhindert** und der Frieden innerhalb Europas gesichert werden. Mit der Unterzeichnung der **Römischen Verträge** am 25. März 1957, für die die EGKS laut Schiffbauer die Voraussetzung war (vgl. Z. 40 ff.), wurden die **Europäische Wirtschaftsgemeinschaft (EWG)** und die **Europäische Atomgemeinschaft (EAG/Euratom)** gegründet. Mit der EWG sollte eine **Zollunion** entstehen, die eine gemeinsame Wirtschaftspolitik ermöglichte. Die EAG/Euratom verfolgte das Ziel einer gemeinsamen **Forschungspolitik**. Eine Besonderheit der Römischen Verträge stellte der wirtschaftspolitische **Interessenausgleich zwischen Frankreich und Deutschland** dar.

historische Kontextualisierung (Teilaufgabe 2)

1. Phase der europäischen Einigung: wirtschaftliche Kooperation

In der **zweiten Phase** der europäischen Einigung in den **1960er- bis 1980er-Jahren** gab es insbesondere von Frankreich und Deutschland **neue Impulse in der Wirtschafts- und Währungsunion**. So

2. Phase der europäischen Einigung:

war der **Elysée-Vertrag** von 1963 ein starker Motor für die europäische Integration. Im selben Jahr verbanden sich EGKS, EWG und EAG zu den **Europäischen Gemeinschaften (EG)**, die als Vorläufer der heutigen EU gelten. In den 1970er- und 1980er-Jahren schlossen sich immer mehr Staaten den EG an. 1973 traten Dänemark, Großbritannien und Irland den EG bei. Die Süderweiterung durch Griechenland fand 1981 statt. 1986 folgten Spanien und Portugal. Neben der **Nord- und Süderweiterung** wurde auch der europäische **Binnenmarkt ausgebaut**. In der **Einheitlichen Europäischen Akte (EEA)** von 1987 vereinbarten die Mitgliedstaaten, dass der Verkehr von Personen, Waren, Dienstleistungen und Kapital ab 1993 frei sein sollte. Diese wirtschaftliche Einigung wurde von einer **politischen Integration** begleitet, da die EEA eine Vertragsgrundlage für das Verfahren der **Europäischen Politischen Zusammenarbeit (EPZ)** darstellte.

Nord- und Süderweiterung sowie Vertiefung des europäischen Binnenmarkts

Das Epochenjahr 1989 kennzeichnet nicht nur das **Ende des Ost-West-Konflikts**, sondern markiert auch den Beginn der **dritten Phase** der europäischen Einigung in den **1990er- und 2000er-Jahren**. Diese war von einer zunehmenden politischen Vereinheitlichung geprägt. Durch den **Vertrag von Maastricht** wurden die Europäischen Gemeinschaften zur **Europäischen Union**. Zentrale Vereinbarungen des Vertrags sind die Wirtschafts- und Währungsunion mit dem Euro als gemeinsames Zahlungsmittel ab 1999 und die engere Kooperation in der **Außen- und Sicherheitspolitik** sowie in der **Justiz- und Innenpolitik**. 1993 wurde endgültig der europäische Binnenmarkt umgesetzt. In den 2000er-Jahren erfolgte dann die **EU-Osterweiterung** durch den Beitritt Polens, der Slowakei, Sloweniens, des Baltikums und anderer osteuropäischer Staaten. Deren Zugehörigkeit zur EU unterstützte den Demokratisierungsprozess in vormals von der Sowjetunion abhängigen Staaten.

3. Phase der europäischen Einigung: zunehmende politische Einigung und EU-Osterweiterung

Schiffbauers Resümee, dass der Prozess des geeinten Europas „auf vielfältigen Ansätzen und zahlreichen Quellen" (Z. 49 f.) basiere, ist also nachvollziehbar. Die verschiedenen Gründungsverträge und einzelnen **Phasen des Integrationsprozesses** stehen in Zusammenhang und zeigen eine **Verbindung zur** von Schuman geforderten **„Solidarität der Tat"** (Z. 28).

Zwischenfazit

Im letzten Teil meines Vortrags möchte ich dazu Stellung beziehen, ob die **Unterzeichnung des EGKS-Vertrags** am 18. April 1951 mit einem **Jubiläumstag** gefeiert werden sollte.

Stellungnahme (Teilaufgabe 3)
Hinführung zur Stellungnahme

Zunächst einmal hebt Schiffbauer mit Recht hervor, dass der **Schuman-Plan** und die daraus resultierende Montanunion den **Grundstein für eine wirtschaftliche Einigung** gelegt haben. Diese ist wiederum als **Vorbedingung für eine politische Einigung** zu sehen, da die Römischen Verträge kaum ohne die EGKS denkbar gewesen

zustimmende Aspekte:
- Grundstein für wirtschaftliche Einigung

wären und diese wiederum die Voraussetzung für die immer stärkere, auch politische Zusammenarbeit bildeten. Zudem war die **Partnerschaft zwischen Frankreich und Deutschland** für die europäische Stabilität und die Friedenssicherung besonders wichtig. Die beiden Nachbarländer überwanden ihre frühere Feindschaft, wovon die Montanunion im Vorgriff auf den späteren Elysée-Vertrag Zeugnis ablegt. Darüber hinaus kann man die Montanunion als **ersten nicht rein visionären Schritt** in Richtung einer **tatsächlichen europäischen Zusammenarbeit** bezeichnen. Dies lässt den Tag ihres Zustandekommens als würdigen Jubiläumstag erscheinen. Schlussendlich führte die wirtschaftliche und politische Verständigung, die durch die Montanunion in Gang gebracht wurde, zu **anhaltendem Frieden** in Europa.

- Versöhnung zwischen Deutschland und Frankreich
- „Solidarität der Tat"
- Schaffung von anhaltendem Frieden

Dennoch gibt es durchaus auch Aspekte, die gegen den 18. April als Jubiläumstag sprechen. So kann man die Auffassung vertreten, dass die **Äußerungen Churchills und Monnets** als Grundstein des Integrationsprozesses angesehen werden sollten. Beide hatten schon in Kriegszeiten oder zumindest kurz nach Kriegsende **Visionen eines geeinten Europas**, bevor eine tatsächliche Einigung überhaupt greifbar war. Durch die Wahl des 18. April als Jubiläumstag würde man demzufolge **frühere Ansätze für eine europäische Integration unberücksichtigt** lassen. Zudem ist nicht von der Hand zu weisen, dass die Montanunion vor allem einen Interessenausgleich zwischen Frankreich und Deutschland bedeutete, sodass die Feier dieses Vertragsabschlusses eine **große Anzahl heutiger EU-Mitglieder nicht repräsentieren** würde. Darüber hinaus **dominierte** bei der Montanunion der Wunsch nach einer **wirtschaftlichen Integration die politische Einigung**. Aus diesem Grund würde es sich mehr anbieten, den Vertrag von Maastricht mit einem Jubiläumstag zu würdigen. Schließlich konnte die wirtschaftliche Einigung erst 1992/93 zu einer politischen Integration ausgeweitet werden.

relativierende Aspekte

- Vernachlässigung der frühen Ansätze
- fehlende Repräsentanz heutiger EU-Mitglieder
- Dominanz der wirtschaftlichen Integration vor politischer Einigung

Insgesamt bin ich der Auffassung, dass die **Erfolge der EU** an einem **Jubiläumstag** gefeiert werden sollten. Ein solcher Tag bewirkt nicht nur die Reflexion der Vergangenheit, sondern veranlasst auch zu einer **aktiven Auseinandersetzung mit Gegenwart und Zukunft**. Da es sich bei der Entwicklung der EU um einen ständigen Prozess der Vertiefung und Erweiterung handelt, ist es **schwierig**, einen **einzelnen Jubiläumstag auszuwählen**. An diesem müssten die verschiedenen Ansätze und Gründungsverträge der EU Anerkennung erhalten. Vielleicht sollte man also beim **9. Mai als Europatag bleiben** und bei dessen Gestaltung den **Fokus verstärkt auf die einzelnen Schritte des Integrationsprozesses** richten.

Fazit

2. PRÜFUNGSTEIL: PRÜFUNGSGESPRÄCH

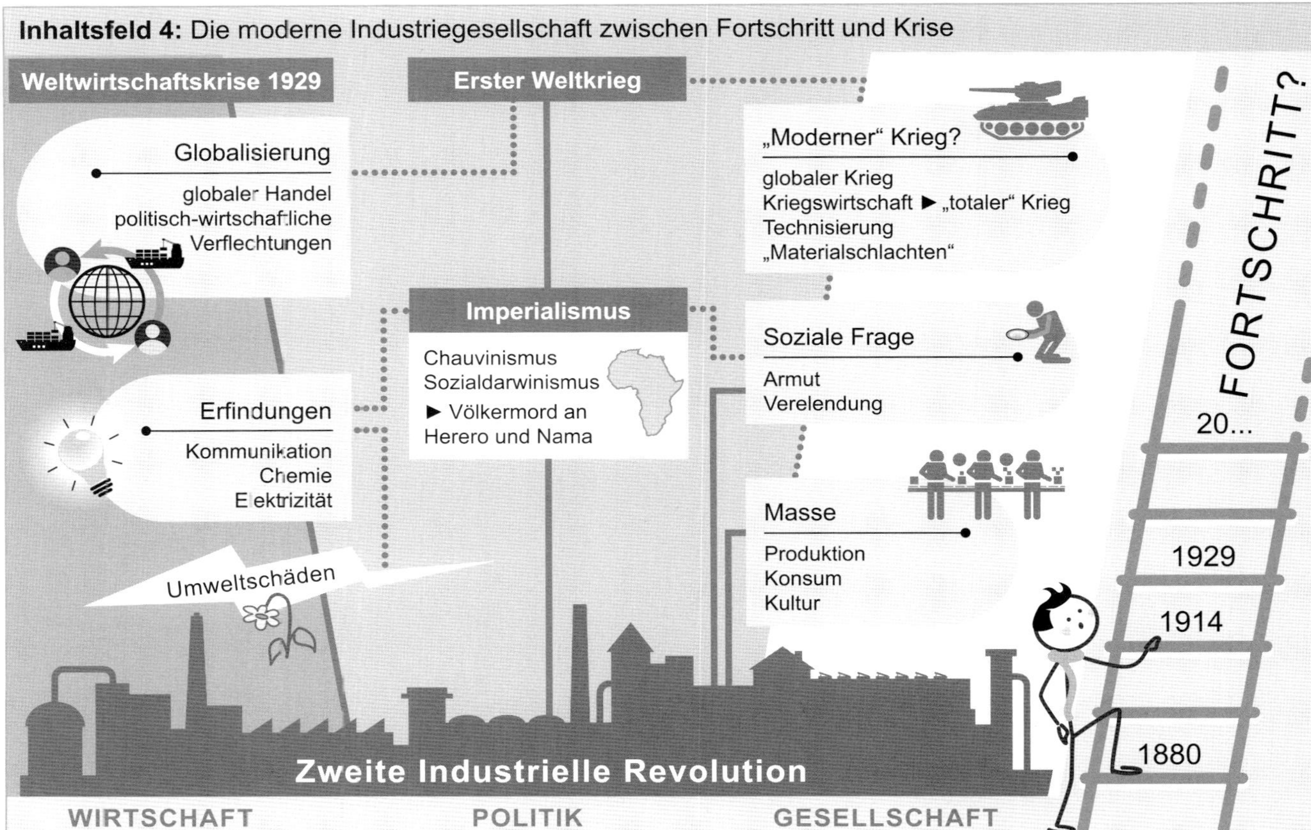

Inhaltsfeld 4: Die moderne Industriegesellschaft zwischen Fortschritt und Krise
Weltwirtschaftskrise 1929
Globalisierung
globaler Handel
politisch-wirtschaftliche Verflechtungen
Erfindungen
Kommunikation
Chemie
Elektrizität
Umweltschäden
Erster Weltkrieg
Imperialismus
Chauvinismus
Sozialdarwinismus
► Völkermord an Herero und Nama
„Moderner“ Krieg?
globaler Krieg
Kriegswirtschaft ► „totaler“ Krieg
Technisierung
„Materialschlachten“
Soziale Frage
Armut
Verelendung
Masse
Produktion
Konsum
Kultur
FORTSCHRITT?
20...
1929
1914
1880
Zweite Industrielle Revolution
WIRTSCHAFT
POLITIK
GESELLSCHAFT

Mündliche Prüfung ▪ 2. Prüfungsteil
Mögliches Prüfungsgespräch zum Inhaltsfeld 4:

Die moderne Industriegesellschaft zwischen Fortschritt und Krise

Prüfungsgespräch 1 Die Zweite Industrielle Revolution

1 ***Fassen** Sie zentrale Merkmale der Zweiten Industriellen Revolution **zusammen**.* (AFB I)

- zeitliche Einordnung: ca. 1870–1914 = Phase der Hochindustrialisierung in Deutschland
- bahnbrechende Neuerungen auf technischem und naturwissenschaftlichem Gebiet
- Basis des Fortschritts: systematische Forschung und Entwicklung → Beispiele:
  - neue Technologien, z. B. Stromgeneratoren, Verbrennungsmotor
  - Leitsektoren: Elektroindustrie, Chemieindustrie, Maschinenbau, optische Industrie
  - Beschleunigung der Kommunikation (Telegrafie) und des Transportwesens
- Globalisierung: internationale Verflechtung des Waren- und Kapitalaustauschs
- Ausbau des Banken- und Aktienwesens
- Massenproduktion und -konsum

TIPP So zeigen Sie Ihre Fach- und Gesprächskompetenz (vgl. S. VIII):

- Achten Sie darauf, bei Ihrer Antwort **vielfältige Aspekte** von nationaler und internationaler Tragweite zu berücksichtigen, indem Sie nicht nur auf die Besonderheiten der Zweiten Industriellen Revolution in Deutschland eingehen, sondern auch die globalen Auswirkungen aufzeigen.
- Verwenden Sie **Fachbegriffe** wie zum Beispiel „Leitsektoren", „Globalisierung" usw.
- Fokussieren Sie sich auf die Fragestellung und schweifen Sie nicht zu verwandten Themen wie z. B. der Ersten Industriellen Revolution ab.

2 ***Erläutern** Sie, inwiefern sich die Lebensbedingungen der Bevölkerung im Zuge der Zweiten Industriellen Revolution veränderten.* (AFB II)

- „Landflucht": Binnenwanderung vom Land in städtische Industriezentren
- Urbanisierung: Anwachsen der Einwohnerzahl und Veränderung des Zusammenlebens in den Städten → grundlegender Wandel der Wohnverhältnisse (Mietshäuser, ggf. „Schlafgänger") sowie der Familien- und Gesellschaftsstruktur (Vereinsamung, soziale Segregation)

- gesundheitliche Belastung durch Arbeits- und Wohnverhältnisse:
  - schlechte Arbeitsbedingungen und lange Arbeitszeiten → Krankheiten, Unfälle
  - katastrophale hygienische Verhältnisse in Mietwohnungen → Krankheiten, Seuchen
- Modernisierung in Städten:
  - verbesserte Infrastruktur (Straßenbahnen, Ausbau der Kanalisation, Elektrizität, Wasser-, Gas und Stromversorgung)
  - Bildungs- und Kulturangebot
- Entstehung einer Massenkultur (Kinos, Warenhäuser) → Entwicklung einer Konsumgesellschaft
- Kluft zwischen Armut und Reichtum sowie zwischen moderner Großstadt und weniger dynamischen Kleinstädten
- Fazit: große und zum Teil belastende Herausforderung für einzelnes Individuum durch fundamentalen wirtschaftlichen und gesellschaftlichen Wandel

TIPP **So zeigen Sie Ihre Fach- und Gesprächskompetenz:**

- Stellen Sie die damaligen **Lebensbedingungen differenziert** da, indem Sie individuelle und gesellschaftliche Auswirkungen sowie belastende und förderliche Entwicklungen berücksichtigen.
- Zeigen Sie den **Zwiespalt** zwischen dem technischen Fortschritt und den daraus folgenden menschlichen Herausforderungen auf.
- Stellen Sie **kausale Zusammenhänge** dar, indem Sie z. B. die **Folgen** der Urbanisierung für die Wohn- und Lebensverhältnisse in den Städten deutlich machen oder **Ursachen** für die gesundheitliche Belastung der Arbeiterschaft erklären.
- **Strukturieren** Sie Ihren Vortrag, indem Sie z. B. erst **allgemeine** gesellschaftliche Veränderungen (Landflucht, Urbanisierung) darstellen und anschließend auf **konkrete** Lebensbedingungen (z. B. Arbeits- und Wohnverhältnisse, Konsum) eingehen.
- Verwenden Sie **Fachbegriffe** wie z. B. „Urbanisierung“ oder „Segregation“.

3 ***Erörtern** Sie, inwiefern Ihnen für die Zeit der Zweiten Industriellen Revolution die Bezeichnung „Aufbruch in die Moderne“ angemessen erscheint.* (AFB III)

- Definition „Moderne“: fortwährende Umbrüche/Fortschritte in verschiedenen Bereichen, z. B. Politik, Wirtschaft, Gesellschaft
- zustimmende Argumente: Umbrüche/Fortschritte in
  - Wirtschaft: Industrialisierung, neue Technik, Ausweitung der Kommunikation und des globalen Handels
  - Gesellschaft: Chance auf bessere Lebensbedingungen und sozialen Aufstieg für Industriearbeiterschaft (höhere Löhne als auf dem Land, Möglichkeit des Aufstiegs als Facharbeiter), Absicherung durch Sozialgesetze ab 1883 und

weitere Lösungsansätze zur Sozialen Frage (u. a. Interessenvertretung durch Arbeiterbewegung und Massenstreiks)
  - Politik: wachsender Einfluss der Arbeiterschaft (Gewerkschaften, SPD) und der Frauen
- relativierende Argumente: Stagnation oder Rückschritt in
  - Wirtschaft: Einschränkung des Freihandels, Zollpolitik Bismarcks ab 1877
  - Gesellschaft: Spaltung in Arm und Reich, Beschleunigung des täglichen Lebens durch Anpassung an Anforderungen der technisierten Massenproduktion, Verstärkung von Reichsnationalismus, Chauvinismus und Militarismus durch technischen Fortschritt
  - Politik: Unterdrückung der Arbeiterbewegung (Sozialistengesetz ab 1878), autoritärer Obrigkeitsstaat, menschenverachtende Ausbeutung in Kolonien
- mögliches Fazit: Aufbruch in die Moderne überwiegend in Technik und Infrastruktur, aber Stagnation bzw. Rückschritt bezüglich liberaler Gesellschaftsentwürfe

TIPP So zeigen Sie Ihre Fach- und Gesprächskompetenz:

- Stellen Sie Ihrer Erörterung eine **Definition** des Schlüsselbegriffs „Moderne" voran, damit klar wird, von welchen Kriterien Sie in Ihrem Urteil ausgehen (z. B. Fortschritt).
- Verwenden Sie **Fachbegriffe** (z. B. „Freihandel" und „Obrigkeitsstaat") und **präzise Daten** (z. B. Sozialistengesetz ab 1878, Sozialgesetzgebung ab 1883).
- Achten Sie darauf, bei Ihrem Urteil wirklich **argumentativ** vorzugehen, indem Sie die passenden Aspekte in **zustimmende und relativierende Gesichtspunkte** einteilen.
- Berücksichtigen Sie verschiedene Betrachtungsebenen wie Wirtschaft, Gesellschaft und Politik sowie unterschiedliche Perspektiven, z. B. von Arbeitern und Unternehmern.
- **Positionieren Sie sich in Ihrem Fazit**, welche Argumente Ihnen für eine Beurteilung des „Aufbruchs in die Moderne" wichtiger erscheinen als andere: Überwiegt Ihres Erachtens die rückschrittliche Unterdrückung der Arbeiterbewegung oder die Entwicklung des modernen Arbeitskampfes? Steht in Ihrem Urteil eher die langfristige technische Modernisierung im Vordergrund oder haben die unmittelbaren negativen sozialen Folgen für Sie stärkeres Gewicht?

Mündliche Prüfung ■ 2. Prüfungsteil
Mögliches Prüfungsgespräch zum Inhaltsfeld 4:
Die moderne Industriegesellschaft zwischen Fortschritt und Krise

Prüfungsgespräch 2 Imperialismus

1 ***Fassen*** *Sie die zentralen Merkmale der Zeit des Hochimperialismus* ***zusammen.*** (AFB I–II)

- zeitliche Einordnung: ca. 1880–1914
- imperialistische Mächte: europäische Nationen wie Deutschland, Frankreich, Belgien, Großbritannien, Italien, Portugal und Spanien; USA, Japan und Russland (letztere nicht in Übersee, sondern nur in Sibirien)
- Schlüsselereignis: Kongokonferenz in Berlin 1884/85 → Festlegung von Interessensphären der beteiligten Mächte sowie von Regeln für imperialistisches Ausgreifen → Wettlauf der europäischen Mächte um Kolonialbesitz in Afrika („Scramble for Africa") und Asien
- Inbesitznahme der Kolonien: Übergang von der informellen zur formellen Herrschaft
- Interesse an Rohstoffen und Absatzmärkten, z. T. auch an Siedlungsgebieten
- Erschließung der eroberten Gebiete (Infrastruktur, z. B. Eisenbahnbau)
- Sicherung der kolonialen Herrschaft durch militärische, wirtschaftliche und technologische Überlegenheit
- zunehmender Konkurrenzkampf der imperialistischen Mächte untereinander
- zunehmende Konflikte mit der lokalen Bevölkerung → Kolonialkriege

TIPP So zeigen Sie Ihre Fach- und Gesprächskompetenz (vgl. S. VIII):

- Achten Sie darauf, in Ihrer Antwort **unterschiedliche Merkmale** zu nennen (z. B. zeitliche Eingrenzung, Beteiligte, Ausgangspunkt, Ablauf).
- Sie dürfen sich hauptsächlich **auf ein Land** (z. B. Deutschland) **konzentrieren**, sollten aber andere Länder zumindest kurz erwähnen.
- Verwenden Sie **Fachbegriffe** wie zum Beispiel „Kolonialismus", „Imperialismus", „formelle" und „informelle Herrschaft".
- Achten Sie auf die Aufgabenstellung und **vermeiden Sie ausführliche Erläuterungen**. Diese sind hier (noch) nicht gefordert; sie könnten dazu führen, dass die Zusammenfassung zu umfangreich wird und Sie dabei ggf. vom Thema abkommen.

2 ***Erläutern** Sie Motive und Ziele sowie Formen des Imperialismus.* (AFB II)

- Motive und Ziele:
  - Sicherung des Rohstoffbedarfs während der Phase der Hochindustrialisierung
  - Suche nach neuen Absatzmärkten während/nach der Phase der Großen Depression (1873–1896), in Deutschland „Gründerkrach", die mit erheblichen Absatzrückgängen verbunden war
  - Erschließung neuer Siedlungsgebiete und Arbeitsplätze für wachsende Bevölkerung
  - Streben nach Großmachtstatus und internationalem Ansehen („Platz an der Sonne")
  - Aufbau von Stützpunkten für Handel, Schifffahrt und militärischen Nachschub
  - Ablenken von innenpolitischen und sozialen Problemen durch imperialistisches Engagement (Sozialimperialismus) → Imperialismus als Integrationsklammer in der Heimat
- Formen:
  - informelle Herrschaft: Beherrschung durch wirtschaftliche Dominanz ↔ formelle Herrschaft: direkte Verwaltung und Kontrolle der Kolonie durch das Mutterland → exklusive Ausbeutung der Kolonie

  → im Hochimperialismus Übergang vom informellen zum formellen Imperialismus
  - Wirtschaftsimperialismus: wirtschaftliche Durchdringung und Ausbeutung offiziell selbstständiger Staaten
  - Kulturimperialismus: Durchsetzung von religiösen und kulturellen Vorstellungen der Kolonialherren in den Kolonien
  - Modell der „Metropole in der Peripherie": Übertragung der Strukturen des Mutterlandes (Metropole) in die Kolonien (Peripherie), um dadurch Macht über die Kolonie auszuüben

TIPP **So zeigen Sie Ihre Fach- und Gesprächskompetenz:**

- Es ist hier sinnvoll, **Motive und Ziele gemeinsam** abzuhandeln, um dann im Anschluss daran **Formen** des Imperialismus getrennt davon zu erläutern. Verweisen Sie aber immer wieder auf **Kausalzusammenhänge**, zum Beispiel zwischen machtpolitischen Interessen und einer formellen Herrschaft.
- Gehen Sie bei Ihrer Erläuterung auch auf **konkrete Beispiele** ein, zum Beispiel Britisch-Indien für informellen Imperialismus.
- Verwenden Sie **Fachbegriffe** wie „Sozialimperialismus", „Wirtschaftsimperialismus" oder „Kulturimperialismus" korrekt und seien Sie darauf vorbereitet, diese zu erklären.

3 ***Beurteilen*** *Sie, inwieweit die internationalen Entwicklungen im Zeitalter des Hochimperialismus verantwortlich waren für den Ausbruch des Ersten Weltkriegs.* (AFB III)

- zustimmende Aspekte:
  - Zunahme der internationalen Konflikte durch den Wettlauf um freie Kolonien, z. B. Faschoda-Krise zwischen GB und Frankreich (1898), Marokkokrisen (1905/06, 1911)
  - Veränderung der außenpolitischen Konstellation auch im Zuge des Hochimperialismus, z. B. Einigung Frankreichs und Großbritanniens nach der Faschoda-Krise → Entente cordiale (1904)
  - zunehmend aggressives Auftreten Deutschlands als „zu spät gekommene Nation“ beim Streben nach Kolonien
  - massive Aufrüstung durch die internationalen Konflikte, z. B. Flottenbau im deutschen Kaiserreich
- relativierende Aspekte: keine zwangsläufige Entwicklung vom Hochimperialismus zum Ersten Weltkrieg, sondern andere zentrale Faktoren für Kriegsausbruch
  - Balkankrisen (1908/09, 1912, 1913) und Zerfall des Osmanischen Reichs als direkte Vorläufer des Ersten Weltkriegs → Attentat von Sarajevo und Julikrise 1914
  - diplomatisches Versagen der Entscheidungsträger in der Julikrise und fehlender Wille (vor allem auf deutscher Seite), den Krieg zu verhindern
- mögliches Fazit: Beitrag des Hochimperialismus zur Verfestigung der Bündnissysteme, aber Ausbruch des Ersten Weltkriegs wäre dennoch vermeidbar gewesen

TIPP **So zeigen Sie Ihre Fach- und Gesprächskompetenz:**

- Achten Sie darauf, bei Ihrem Urteil wirklich argumentativ vorzugehen, indem Sie passende Aspekte in **zustimmende und relativierende Gesichtspunkte** einteilen.
- Vermeiden Sie monokausale Erklärungsansätze. Berücksichtigen Sie also die **vielschichtigen Entwicklungen**, die zum Ersten Weltkrieg geführt haben.
- Schließen Sie Ihre Ausführungen mit einem **Fazit** ab, indem Sie begründen, welche Entwicklungen Ihrer Meinung nach wichtiger waren für den Ausbruch des Ersten Weltkriegs. Steht Ihrer Ansicht nach die imperialistische Politik im Vordergrund oder sind andere Aspekte gravierender gewesen?

Die moderne Industriegesellschaft zwischen Fortschritt und Krise

Prüfungsgespräch 3 Ursachen und Folgen der Weltwirtschaftskrise 1929

1 ***Nennen** Sie Ursachen der Weltwirtschaftskrise und **erläutern** Sie deren Zusammenwirken. Gehen Sie dabei besonders auf die Entwicklungen in den USA und Deutschland ein.* (AFB I und II)

- Nennung von Ursachen der Weltwirtschaftskrise:
  - Ausgangspunkt: USA als wichtigste industrielle Volkswirtschaft mit zentraler Stellung im Weltfinanzsystem
    - technologische Fortschritte → Produktivitätsanstieg, Rationalisierungsschub (u. a. Fließbandproduktion) → Überproduktion: Güterangebot größer als Nachfrage
    - Handelshemmnisse nach dem Ersten Weltkrieg: Protektionismus (Politik der gegenseitigen wirtschaftlichen Abschottung auf den Weltmärkten)
    - aufgeblähter Aktienmarkt (Spekulationen)
  - Ursachen in Deutschland:
    - latenter Kapitalmangel, u. a. wegen Reparationen
    - Abhängigkeit der deutschen Banken von ausländischem Kapital und vom internationalen Finanzsystem
- Erläuterung des Zusammenwirkens der verschiedenen Ursachen:
  - Produktivitätsfortschritt führt zu einem Anstieg der Produktion, dem aber nicht eine entsprechende Nachfrage folgt (u. a. wegen der Handelshemmnisse und fehlender Kaufkraft)
  - Unterkonsumption bzw. Überinvestitionen auf dem Aktienmarkt, der durch Spekulationen weiter aufgebläht wird
  - in Deutschland kurzfristiges Leihen hoher Geldsummen bei amerikanischen Banken (Kredite) → starke Abhängigkeit von wirtschaftlicher Entwicklung der Kreditgeber
  - bei New Yorker Börsencrash im Oktober 1929 Rückruf amerikanischer Kredite aus Deutschland und anderen Ländern
  - weltweite Ausdehnung der Krise durch zentrale Stellung der USA im Weltwirtschafts- und Finanzsystem

TIPP **So zeigen Sie Ihre Fach- und Gesprächskompetenz (vgl. S. VIII):**

- Unterscheiden Sie bei der **Ursachennennung** klar zwischen den Gegebenheiten in den USA und in Deutschland, wie es die Aufgabenstellung vorgibt.
- Verwenden Sie (wirtschaftswissenschaftliche) **Fachbegriffe** korrekt und seien Sie darauf vorbereitet, diese eventuell auch zu erklären.

- Achten Sie darauf, bei Ihrer Erläuterung die **Zusammenhänge** deutlich zu machen, indem Sie beispielsweise aufzeigen, in welcher Beziehung die Geschehnisse in den USA und in Deutschland stehen.

2 ***Erläutern*** *Sie am Beispiel Deutschlands wichtige wirtschaftliche, gesellschaftliche und politische Folgen der Weltwirtschaftskrise* (AFB II)

- wirtschaftliche Folgen:
  - Rückgang bzw. Stopp von Investitionen
  - Bank- und Firmenzusammenbrüche
  - Massenentlassungen und rasanter Anstieg der Arbeitslosigkeit
- gesellschaftliche Folgen:
  - schwere soziale Krise mit wachsender Verelendung breiter Schichten
  - Angst vor sozialem Abstieg auch in der Mittelschicht
  - Verschärfung der sozialen Ungleichheit
- politische Folgen:
  - Rückgang der staatlichen Einnahmen (Steuern, Zölle u. a.) → Reduzierung des staatlichen finanziellen Handlungsspielraums bei wachsenden Ansprüchen an den (Sozial-)Staat
  - Krise des Sozialstaats (z. B. Arbeitslosenversicherung): 1930 Zerbrechen der Großen Koalition (Zentrum, DVP, DDP, BVP, SPD) unter Kanzler Müller an Streit um Finanzierung der Arbeitslosenversicherung
  - Legitimationsverlust des (demokratischen) Staats und der staatstragenden Parteien sowie Gefahr der wachsenden Attraktivität staatsfeindlicher antidemokratischer bzw. antiparlamentarischer Parteien (1930: NSDAP zweitstärkste Fraktion)

TIPP **So zeigen Sie Ihre Fach- und Gesprächskompetenz:**

- Gehen Sie **strukturiert** vor, indem Sie Ihre Antwort klar nach wirtschaftlichen, gesellschaftlichen und politischen Folgen gliedern.
- Zeigen Sie **Kausalverbindungen** auf, indem Sie differenziert erläutern, wie sich die wirtschaftliche Krise zu einer politischen Krise ausgeweitet hat.

3 ***Erläutern*** *und* ***beurteilen*** *Sie am Beispiel der USA und Deutschlands die damaligen staatlichen Aktivitäten zur Bekämpfung der Wirtschaftskrise.* (AFB II und III)

- Erläuterung des Vorgehens in Deutschland: Deflationspolitik unter Brüning 1930–1932 (durchgesetzt vor allem über Notverordnungen des Reichspräsidenten)
  - Kürzung der öffentlichen Ausgaben (Gehaltskürzungen, Leistungskürzungen im Sozialbereich)
  - Investitionsstopp und Steuererhöhungen
- Beurteilung:
  - wirtschaftlich: verschärfter Rückgang von Löhnen und Preisen, weiterer Rückgang der Produktion, beschleunigtes Anwachsen der Arbeitslosigkeit

→ kurz- und mittelfristige Verschärfung der Krise, ABER: zur Zeit der Kanzlerschaft Brünings Theorie der antizyklischen Konjunkturpolitik nach Keynes noch nicht sehr verbreitet, zudem Inflationstrauma der Anfangsjahre der Republik noch sehr präsent
- politisch: durch Entmachtung des Parlaments (Präsidialkabinette) Schwächung des Reichstags → starkes Anwachsen der Stimmenanteile republikfeindlicher Parteien (v. a. KPD und NSDAP) sowie Zunahme außerparlamentarischer Aktivitäten (Straßenschlachten)
- zusammenfassendes Urteil: Weltwirtschaftskrise und Umgang damit als wesentlicher (aber nicht allein entscheidender) Beitrag zum Untergang der parlamentarischen Demokratie der Weimarer Republik

- Erläuterung des Vorgehens in den USA:
  - 1932: Sieg Roosevelts in Präsidentschaftswahlen → Übernahme von wirtschaftlicher Verantwortung des Staats für den Einzelnen („New Deal")
  - erste Phase des „New Deal" 1933–1935:
    - aktive staatliche Politik zur Steuerung von Wirtschaft und Gesellschaft → wirtschafts- und sozialpolitische Reformen
    - Neuordnung und Reglementierung des Bank- und Finanzwesens
    - Förderung von Industrie und Landwirtschaft durch Subventionen und zinsgünstige Kredite
    - Bekämpfung der Arbeitslosigkeit, u. a. durch Ausbau der Infrastruktur und Arbeitsbeschaffungsmaßnahmen
  - ab 1935: zweite Phase des „New Deal" mit Steuererhöhungen für Besserverdienende und Stärkung gewerkschaftlicher Rechte sowie Auf- bzw. Ausbau des Sozialstaats
- Beurteilung:
  - wirtschaftlicher Erfolg umstritten: einerseits Stabilisierung des politischen und ökonomischen Systems ↔ andererseits nur allmähliche Überwindung der Wirtschaftskrise mithilfe der Rüstungskonjunktur im Kontext des Zweiten Weltkriegs
  - politisch: zwar Fortbestehen sozialer Ungleichheit, aber bleibende Bedeutung sozialpolitischer Reformen
  - zusammenfassendes Urteil: „New Deal" als wichtiger Faktor zum Erhalt von Marktwirtschaft und Demokratie durch Verbreitung von Optimismus und Aufbruchsstimmung (wesentlicher Unterschied zu Brünings Deflationspolitik in Deutschland)

TIPP **So zeigen Sie Ihre Fach- und Gesprächskompetenz:**

- **Erläutern** Sie die jeweiligen Maßnahmen **knapp, aber präzise**, sodass klar wird, was Sie im Folgenden beurteilen werden.
- Gehen Sie bei der **Beurteilung differenziert und abwägend** vor, indem Sie den Erfolg der jeweiligen Maßnahmen aus wirtschaftlicher und politischer Sicht betrachten sowie nach Möglichkeit positive und negative Konsequenzen aufzeigen.

Inhaltsfeld 5: Die Zeit des Nationalsozialismus

Leben im NS-Staat

In-klusion Inte-gration

Ex-klusion Aus-grenzung

An-passung

Wider-stand

Voraussetzungen

Scheitern der Weimarer Republik

Herrschaftsstrukturen

Außenpolitik
- Revisionismus 1933–1936
- Expansion 1937–1939

Wirtschaftspolitik
- Arbeitsbeschaffung
- Rüstung
- Ziel: Autarkie
- Sozialpolitik

Ideologie-Rassenpolitik
- Lebensraum
- „Volksgemeinschaft“
- Führerprinzip
- Antisemitismus
- Rassismus

MEIN KAMPF

Aufbau der Diktatur 1933/34
- Legalitätstaktik
- Gleichschaltung
- Propaganda

Zivilisationsbruch

Zweiter Weltkrieg 1939–1945
- Kriegsverbrechen
- Vernichtungskrieg

Holocaust
- systematische Vernichtung der europäischen Juden

Nachwirkungen und Deutungen

Besatzungszeit
- Nürnberger Prozesse
- Entnazifizierung
- Umerziehung

West / Ost

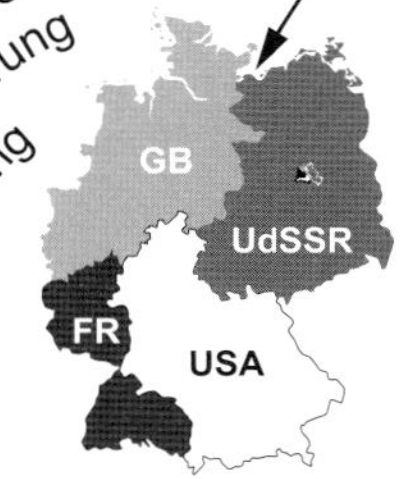

Deutscher „Sonderweg“ schon im 19. Jahrhundert?

- technische Modernisierung
- Militär- und Industriemacht

- autoritäre Unterdrückung von Liberalismus und Demokratie
- integraler Nationalismus

Mündliche Prüfung ■ 2. Prüfungsteil
Mögliches Prüfungsgespräch zum Inhaltsfeld 5:
Die Zeit des Nationalsozialismus – Voraussetzungen, Herrschaftsstrukturen, Nachwirkungen und Deutungen

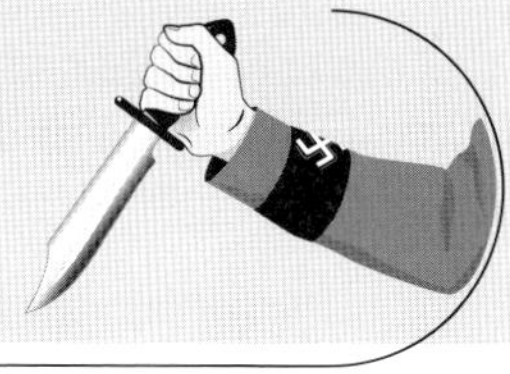

Prüfungsgespräch 4 Die Ideologie des Nationalsozialismus

Im Jahr 2021 wurde im Bundestag darüber debattiert, ob der Begriff „Rasse" (siehe Zitat) aus dem Grundgesetz gestrichen werden solle.

> *Zitat: „Niemand darf wegen seines Geschlechts, seiner Abstammung, seiner Rasse […] benachteiligt oder bevorzugt werden."*

***Nennen** und **erläutern** Sie die Grundzüge der nationalsozialistischen Ideologie und **nehmen** Sie davon ausgehend **Stellung**, ob Sie die vorgeschlagene Streichung unterstützen würden. (AFB I–III)*

- erster Schritt: Nennung und Erläuterung der Grundzüge der nationalsozialistischen Ideologie
  - Rassismus:
    - ■ bereits seit dem 19. Jahrhundert: Unterteilung der Menschheit in „Rassen" aufgrund unterschiedlicher äußerer Merkmale und Verknüpfung dieser „Rassen" mit bestimmten Wesenszügen und Charaktereigenschaften
    - ■ Überhöhung der „arischen Rasse" und anderer „nordischer Rassen" gegenüber den „slawischen Rassen" (in den Augen der Nationalsozialisten mit untergeordneter Lebensberechtigung) und der „jüdischen Rasse" (in den Augen der Nationalsozialisten ohne Daseinsberechtigung) → Ableitung eines „Kampfes um Lebensraum" zwischen verschiedenen „Rassen"
  - Sozialdarwinismus:
    - ■ pseudowissenschaftliche Übertragung von Darwins Evolutionstheorie zur natürlichen Auslese auf den Menschen → Gültigkeit des „Rechts des Stärkeren" und der „Ausmerzung des Schwachen" im „Kampf ums Dasein"
    - ■ nationalsozialistische Vorstellung eines fortwährenden Existenzkampfes höher- und minderwertiger „Rassen" gegeneinander → Legitimation von Krieg als „Überlebenskampf"
  - Antisemitismus:
    - ■ seit dem 19. Jahrhundert: Verknüpfung der bereits seit dem Mittelalter verbreiteten Judenfeindlichkeit aus religiös-wirtschaftlichen Gründen mit Rassismus → Begründung der Ausgrenzung mit erblichen Eigenschaften
    - ■ bei Hitler „eliminatorischer Rassenantisemitismus", der auf Vernichtung der Juden abzielte: Bezeichnung der Juden als Feinde und „Schädlinge" der „arischen Rasse" → diente als Legitimation für die Ermordung jüdischer Menschen zum vermeintlichen Schutz der „Arier"

- Lebensraumpolitik:
  - rassistische und sozialdarwinistische Ansätze werden verknüpft zur pseudowissenschaftlichen Vorstellung eines existenziellen Kampfes der Rassen untereinander um Lebensraum
  - Grundannahme von den Deutschen als „Volk ohne Raum" → Ziel Hitlers: Schaffung eines rassisch reinen germanisch-deutschen Großreichs durch die Eroberung von „Lebensraum im Osten" → ideologische Basis für Annexionen (Polen, Tschechoslowakei), Vernichtungskrieg im Osten und Holocaust
- „Volksgemeinschaft":
  - idealisierte Vorstellung einer Gemeinschaft aller „arischen" Deutschen („Volksgemeinschaft" als „Blutsgemeinschaft") ohne Klassenunterschiede
  - Ideal einer weltanschaulichen und rassischen Gleichheit der Mitglieder dieser Gemeinschaft (Inklusion) → Ausgrenzung (Exklusion) von politisch und rassisch unerwünschten Personengruppen (Juden, Sinti und Roma, Menschen mit Behinderungen, Homosexuelle, Oppositionelle usw.)
  - Konstruktion von Feindbildern zur Stärkung des Zusammenhalts aller erwünschten Mitglieder und Aufwertung der zur Gemeinschaft Gehörenden
- Führerprinzip:
  - Vorstellung von der Verkörperung des Volkswillens (vgl. „Volksgemeinschaft") in einem „Führer" → Ablehnung von Pluralismus und demokratischer Mitbestimmung
  - Forderung von militärischer Unterordnung mit bedingungslosem Gehorsam unter Befehle des „Führers" → Opposition als Verbrechen
  - Unfehlbarkeitsanspruch Hitlers und Führermythos

• zweiter Schritt: Stellungnahme zur Streichung des Begriffs „Rasse" aus dem Grundgesetz
  - Darlegung der historischen Problematik des Begriffs:
    - Rassismus, Sozialdarwinismus und Antisemitismus des 19. Jahrhunderts als Basis der NS-Ideologie, die Grundlage für Völkermord gebildet hat
    - vor allem NS-Rassenlehre als Dreh- und Angelpunkt des Vernichtungskriegs im Osten und des Holocausts → „Rasse" als extrem negativ besetzter Begriff
  - relativierende Aspekte zur Streichung des Begriffs aus dem GG:
    - Verwendung im Grundgesetz diente „Müttern und Vätern" des GG zur Distanzierung der Bundesrepublik von der NS-Vergangenheit und soll ausdrücklich vor Diskriminierung schützen → aktive Streichung könnte Anschein der Abkehr von diesen Werten wecken
    - Rassismus als reales, aktuelles Problem, das auf der Vorstellung von der Existenz höher- und minderwertiger „Rassen" basiert → Formulierung im GG soll diesem Problem entgegenwirken
    - eindeutige Definitionen zur Unterscheidung von Menschen sind grundsätzlich schwierig zu formulieren (vgl. auch „Abstammung", „Volk" usw.) →

Alternativbegriffe würden neue Probleme hervorrufen → „Rasse" als etablierter und verständlicher Begriff
- zustimmende Aspekte zur Streichung des Begriffs aus dem GG:
  - Missbrauch des Begriffs durch Nationalsozialisten muss als Warnung dienen → Gefahr bei Weiterverwendung: Fortschreibung des nationalsozialistischen Rassebegriffs
  - Konstruktion eines künstlichen Unterscheidungskriteriums von Menschen mithilfe des Rassebegriffs legt erst die Grundlage für rassistische Diskriminierung
  - Begriff entbehrt jeglicher wissenschaftlicher Grundlagen: keine biologisch belegbare Unterscheidung menschlicher Rassen

- mögliches Fazit: Begriff „Rasse" diente im Nationalsozialismus als Legitimation für systematische Diskriminierung bestimmter Bevölkerungsgruppen und hatte einen unvergleichbaren Völkermord zur Folge → Begriff ist nicht mehr zeitgemäß und sollte daher im GG nicht mehr verwendet und durch anderen Begriff ersetzt werden

TIPP **So zeigen Sie Ihre Fach- und Gesprächskompetenz (vgl. S. VIII):**

- **Gliedern** Sie Ihre Antwort trotz der umfassenden Aufgabenstellung selbstständig und sinnvoll, indem Sie die Darstellung von Sachwissen (Nennung und Erläuterung der NS-Ideologie), die Argumentation und das abschließende Urteil klar voneinander abgrenzen.
- **Verknüpfen Sie die beiden Aufgabenteile** (Erläuterung und Stellungnahme), indem Sie Ihrer Stellungnahme eine Zusammenfassung der historischen Problematik des Rassebegriffs voranstellen.
- Geben Sie eine umfassende und präzise **Definition** der ideologischen Grundlagen der NS-Ideologie, wobei Sie sich auf deren Hauptbestandteile beschränken sollten.
- Verknüpfen Sie die einzelnen ideologischen Merkmale miteinander, um **kausale Zusammenhänge** darzustellen, z. B. die Verschärfung des Antisemitismus durch den Rassebegriff.
- Beachten Sie hier besonders die korrekte Verwendung von **Fachbegriffen** wie Antisemitismus, Sozialdarwinismus usw.
- Achten Sie darauf, dass Sie in Ihren **Formulierungen** nicht die Sprache der Nationalsozialisten übernehmen (z. B. „Reichskristallnacht", „Arier"), ohne sich kritisch davon zu distanzieren (Verwendung der indirekten Rede und relativierender Begriffe, z. B. „nach Meinung von", „angeblich", „sogenannte").
- Wägen Sie in Ihrem Urteil **zustimmende und relativierende Argumente** ab („einerseits" – „andererseits"), auch, wenn Ihnen die Antwort vielleicht eindeutig erscheint.
- Berücksichtigen Sie in Ihrem Urteil sachlich – und bei diesem Thema auch einfühlsam – die **Perspektive** der Betroffenen (jüdische Bevölkerung, Menschen mit Behinderungen, People of Colour) und der Entscheidungsträger („Mütter und Väter" des Grundgesetzes, heutige Politikerinnen und Politiker).

Mündliche Prüfung ■ 2. Prüfungsteil
Mögliches Prüfungsgespräch zum Inhaltsfeld 5:

Die Zeit des Nationalsozialismus – Voraussetzungen, Herrschaftsstrukturen, Nachwirkungen und Deutungen

Prüfungsgespräch 5 Herrschaft des Nationalsozialismus in Deutschland und Europa (Wirtschaft)

1 ***Nennen*** *Sie grundsätzliche Ziele der NS-Wirtschaftspolitik zwischen 1933 und 1939 und* ***erläutern*** *Sie beispielhaft Maßnahmen der Regierung zu deren Umsetzung.* (AFB I und II)

- Ziele der NS-Wirtschaftspolitik:
  - Wirtschaftspolitik als Hilfsmittel zur Stabilisierung der Diktatur
  - Erreichung von Autarkie und Aufrüstung („Wehrhaftmachung des deutschen Volkes")
  - staatliche Kontrolle der Betriebe ohne Aufhebung der Privatwirtschaft
- Erläuterung wirtschaftspolitischer Maßnahmen:
  - Abbau der Arbeitslosigkeit durch Arbeitsbeschaffungsprogramme, Aufrüstung, Ausklammern bestimmter Personengruppen (z. B. verheirateter Frauen) vom Arbeitsmarkt und Schaffung staatlich subventionierter Beschäftigungsmöglichkeiten
  - Bau der Reichsautobahnen: geringer wirtschaftlicher und strategischer Erfolg, aber propagandistische Ausnutzung → Gewinnung von Rückhalt bei der Bevölkerung
  - Politik der Aufrüstung durch Anstieg der Rüstungsausgaben, finanziert durch Mefo-Wechsel → explodierende Staatsverschuldung → geplanter Eroberungskrieg auch zur Deckung der Kosten
  - ab 1936: Vierjahresplan = staatliche Kommandowirtschaft, um deutsche Wirtschaft innerhalb von vier Jahren kriegsfähig zu machen
  - Umstrukturierungsmaßnahmen in den Betrieben zum Ausbau der staatlichen Kontrolle: „Gesetz zur Ordnung der nationalen Arbeit" (1934) zur Schaffung innerbetrieblicher Strukturen nach dem „Führerprinzip"
  - Förderung der Großindustrie durch Rüstungsaufträge, staatliche Investitionen und Ausschaltung der Gewerkschaften → Großwirtschaft als zentrale Stütze des NS-Staats

TIPP **So zeigen Sie Ihre Fach- und Gesprächskompetenz (vgl. S. VIII):**

- Beachten Sie die zwei unterschiedlichen Operatoren der Aufgabenstellung: Die **Ziele** können Sie wirklich nur **aufzählen**, während Sie die **Maßnahmen umfassend erläutern** sollten.
- Zeigen Sie bei der Erläuterung **Konsequenzen einzelner Maßnahmen** auf.

2 *Im Jahr 1938 bezeichnete der Ökonom Willi Prion die NS-Wirtschaftspolitik als „deutsches Finanzwunder". **Nehmen Sie Stellung** zur These vom „Wirtschaftswunder im Nationalsozialismus".* (AFB III)

- Hinführung: Definition von „Wirtschaftswunder" (enorme Verbesserung der wirtschaftlichen bzw. sozialen Lage in kurzer Zeit)
- zustimmende Argumente, z. B.:
  - Senkung der Zahl der Erwerbslosen durch massive Rüstungswirtschaft und vorgeschriebene Arbeitsdienste von ca. sechs Millionen 1932/33 auf knapp eine Million 1937
  - Steigerung öffentlicher Investitionen sowie des Bruttosozialprodukts in den Jahren 1933 bis 1938
- relativierende Argumente, z. B.:
  - enge Kopplung der Steigerung des Bruttosozialprodukts an Rüstungsausgaben → massive Staatsverschuldung (verschleiert durch Mefo-Wechsel), die mithilfe von Kriegsbeute wieder ausgeglichen werden sollte
  - Unterordnung der gesamten Wirtschaftspolitik unter das (politische) Primat der Ideologie → Aufrüstung als wichtigstes Ziel
  - nur Scheinblüte der Wirtschaft: zwar Zunahme der Kaufkraft der Bevölkerung durch gestiegenes Lohnaufkommen ehemaliger Arbeitsloser, aber Fehlen eines angemessenen Konsumgüter- und Nahrungsmittelangebots → Aufschwung der Rüstungsindustrie zulasten der Konsumgüter- und Nahrungsmittelindustrie
  - teilweise künstliche Senkung der Arbeitslosenquote, z. B. durch Verdrängung verheirateter Frauen aus dem Berufsleben (Ehestandsdarlehen)
  - Erzielung höherer Löhne durch längere Arbeitszeiten und geringere staatliche Sozialleistungen
- mögliches Fazit: insgesamt mehr Schein als Sein mit großer Kluft zwischen ideologischen Ansprüchen, Zielsetzungen und propagandistisch ausgeschlachteten Erfolgen einerseits und realer Umsetzung andererseits

TIPP **So zeigen Sie Ihre Fach- und Gesprächskompetenz:**

- Führen Sie sinnvoll zu Ihrer Argumentation hin, indem Sie zunächst kurz erläutern, was mit dem **Begriff „Wirtschaftswunder"** in diesem Zusammenhang gemeint ist.
- Gehen Sie korrekt mit **Zahlen** um („sechs Millionen Arbeitslose 1932/33") und nennen Sie diese nur so konkret, wenn Sie sicher sind, dass sie auch stimmen.
- Seien Sie vorbereitet, verwendete **Fachbegriffe** (z. B. „Mefo-Wechsel" oder „Ehestandsdarlehen") **erklären** zu müssen.
- Nehmen Sie sich ruhig Zeit, Ihre **Argumente nach Pro und Kontra zu ordnen**, anstatt unstrukturiert einzuwerfen, was Ihnen gerade in den Sinn kommt. Ihre Prüferin/Ihr Prüfer hat sicher nichts dagegen, wenn Sie kurz überlegen, bevor Sie antworten.

Die Zeit des Nationalsozialismus – Voraussetzungen, Herrschaftsstrukturen, Nachwirkungen und Deutungen

Prüfungsgespräch 6 Umgang mit dem Nationalsozialismus in den Besatzungszonen

1 ***Nennen*** *Sie zentrale Punkte auf dem Weg zur Entnazifizierung in Deutschland und* ***beschreiben*** *Sie, was man unter dem Begriff versteht.* (AFB I–II)

- Weg zur Entnazifizierung:
  - Beschlüsse der Konferenzen von Jalta (Februar 1945) und Potsdam (Juli/August 1945)
  - Londoner Statut vom 8. August 1945: Einrichtung eines Internationalen Militärgerichtshofs = Geburtsstunde des Völkerrechts → Nürnberger Prozess gegen die Hauptkriegsverbrecher
  - Direktive des Alliierten Kontrollrats vom 12. Januar 1946 zur Entfernung von Nationalsozialisten aus Ämtern und verantwortlichen Stellungen
- Begriff „Entnazifizierung“:
  - Ziel: „Reinigung“ der deutschen Bevölkerung vom Gedankengut des Nationalsozialismus
  - Entfernung von Nationalsozialisten aus Verwaltung und hohen wirtschaftlichen Positionen durch die Siegermächte
  - Einteilung der Belasteten mithilfe eines Fragebogens in fünf Kategorien: Hauptschuldige, Belastete, Minderbelastete, Mitläufer und Entlastete
  - Dauer des Prozesses der Entnazifizierung: ca. 1945–1951
  - ungefähre Zahlen zu dem Vorgang: ca. 4 Millionen Fälle, Bestrafung in weniger als 1 % der Fälle

TIPP So zeigen Sie Ihre Fach- und Gesprächskompetenz (vgl. S. VIII):

- Achten Sie genau auf die Aufgabenstellung und beschränken Sie sich auf die **Nennung der wichtigsten Wegmarken** bei der Entstehung der Entnazifizierung.
- Beschreiben Sie umfassend, was man unter „Entnazifizierung“ versteht, indem Sie auf das damit verfolgte **Ziel**, die **Methoden** und allgemeine **Rahmenbedingungen** eingehen.
- Halten Sie Ihre Ausführungen **so knapp wie möglich**, aber dennoch **so präzise wie nötig**.

2 ***Erläutern*** *Sie, wie die Entnazifizierung in den vier Besatzungszonen verlaufen ist. Gehen Sie dabei auch darauf ein, wie die Maßnahmen der Alliierten von der deutschen Bevölkerung aufgenommen wurden.* (AFB II)

- unterschiedliche Umsetzung der Entnazifizierung in den einzelnen Besatzungszonen
  - amerikanische Zone: Spruchkammerverfahren unter Umkehr der Beweislast → „Persilscheine"; mit Beginn des Kalten Kriegs Nachlassen der Entnazifizierung
  - britische Zone: ähnliches Vorgehen wie in amerikanischer Zone, aber noch schematischere Überprüfung mithilfe von Fragebogen
  - französische Zone: Entnazifizierung unter Beteiligung deutscher demokratischer Kräfte
  - sowjetische Zone: umfassende und konsequente Entnazifizierung, aber auch Nutzung der „Säuberung" für Aufbau einer sozialistischen Gesellschaft
- überwiegend kritische Sicht der Bevölkerung auf Entnazifizierung:
  - heftige Proteste gegen Umkehr der Beweislast: Widerspruch zum Prinzip der Rechtsstaatlichkeit, da von Schuld der Deutschen ausgegangen wurde, bis sie Beweis für ihre Unschuld erbrachten → Praxis der „Persilscheine"
  - pauschales Vorgehen gegen Personen aufgrund von Zugehörigkeit zu nationalsozialistischen Organisationen wurde als ungerecht empfunden
  - Gefühl der Gültigkeit des Mottos „Die Kleinen hängt man, die Großen lässt man laufen", da anfangs die minderschweren Fälle sehr konsequent behandelt wurden und danach mit Beginn des Kalten Kriegs die Entnazifizierung weniger intensiv betrieben wurde

TIPP **So zeigen Sie Ihre Fach- und Gesprächskompetenz:**

- Geben Sie zu Beginn einen **allgemeinen Überblick** zur Umsetzung der Entnazifizierung und erläutern Sie anschließend das **Vorgehen in den einzelnen Besatzungszonen**. Dabei reicht es, **ein Beispiel ausführlich** darzustellen, um bei den anderen nur noch auf Übereinstimmungen und Abweichungen hinzuweisen.
- Nennen Sie strukturiert die **Kritikpunkte** der deutschen Bevölkerung an der Entnazifizierung und stellen Sie eine **Verbindung zu vorher genannten Maßnahmen** her.
- Seien Sie darauf vorbereitet, **Fachbegriffe** wie „Umkehr der Beweislast" oder „Spruchkammerverfahren" erklären zu müssen.

3 ***Beurteilen*** *Sie exemplarisch die Vergangenheitspolitik in der Bundesrepublik Deutschland (bis 1989).* (AFB III)

- Phasen der Vergangenheitspolitik von 1950 bis 1989:
  - 1950er-Jahre: Rehabilitation und Wiedereingliederung eines Großteils der NS-Funktionseliten in demokratische Gesellschaft durch Amnestiegesetz

- Eichmann-Prozess in Israel (1961) und Frankfurter Auschwitz-Prozesse (1963–1965): erste umfassende juristische Aufarbeitung des Holocaust → Holocaust als öffentliches Thema → Rehabilitation von NS-Opfern und Aussetzung der Amnestie für Verbrechen gegen die Menschlichkeit
- Ausstrahlung der amerikanischen Serie „Holocaust" im Januar 1979 als Auslöser für eine Welle der Beschäftigung mit NS-Verbrechen
- Historikerstreit 1986/87: breite Diskussion über die Singularität der NS-Verbrechen

→ insgesamt eher schleppende Aufarbeitung

- Kritik an schleppender Aufarbeitung:
  - strafloses Entkommen zahlreicher Verbrecher
  - gar keine oder sehr späte Rehabilitierung und Entschädigung von Opfern
  - maßgebliche Beeinflussung der Politik der Bundesrepublik, vor allem in ihrer Anfangszeit, durch ehemalige Nationalsozialisten, z. B. Chef des Kanzleramts Hans Globke, Kanzler Kurt Georg Kiesinger, zahlreiche Ministerpräsidenten, z. B. Hans Filbinger
  - Fortsetzung der Karrieren fast aller NS-Juristen → Schutz für NS-Täter
- relativierende Argumente zur Kritik:
  - Wiederaufbau vermutlich nur durch Integration belasteter Personen möglich
  - Entwicklung der Bundesrepublik zu einer stabilen Demokratie trotz des nachlässigen Umgangs mit NS-Tätern
  - Einräumung des Rechts, die eigene Position zu verändern und aus seinen Fehlern zu lernen
- mögliches Fazit: Bundesrepublik hat zwar spät, aber vielleicht nicht zu spät, zu Vergangenheitspolitik gefunden, die international als vorbildlich gilt

TIPP **So zeigen Sie Ihre Fach- und Gesprächskompetenz:**

- Lesen Sie die **Aufgabenstellung** genau: Sie sollen hier nur die **Vergangenheitspolitik der Bundesrepublik** beurteilen, können also die Entwicklungen in der DDR außer Acht lassen.
- Skizzieren Sie die Entwicklung der Vergangenheitspolitik in groben Zügen und belegen Sie die **einzelnen Phasen mit konkreten Beispielen** (z. B. „Frankfurter Auschwitz-Prozesse" oder „Historikerstreit").
- Nennen Sie Aspekte der Vergangenheitspolitik, die Ihrer Meinung nach **problematisch** sind, und begründen Sie, warum sie kritisch zu sehen sind. Gehen Sie dann aber auch auf Entwicklungen ein, die Sie für **gelungen** halten.
- Schließen Sie Ihre Ausführungen mit einem **Fazit** ab, indem Sie darlegen, wie Sie die Vergangenheitspolitik der Bundesrepublik Deutschland insgesamt einschätzen. Gewichten Sie dabei Ihre zuvor genannten Argumente.

Inhaltsfeld 6: Nationalismus, Nationalstaat und deutsche Identität im 19. und 20. Jahrhundert

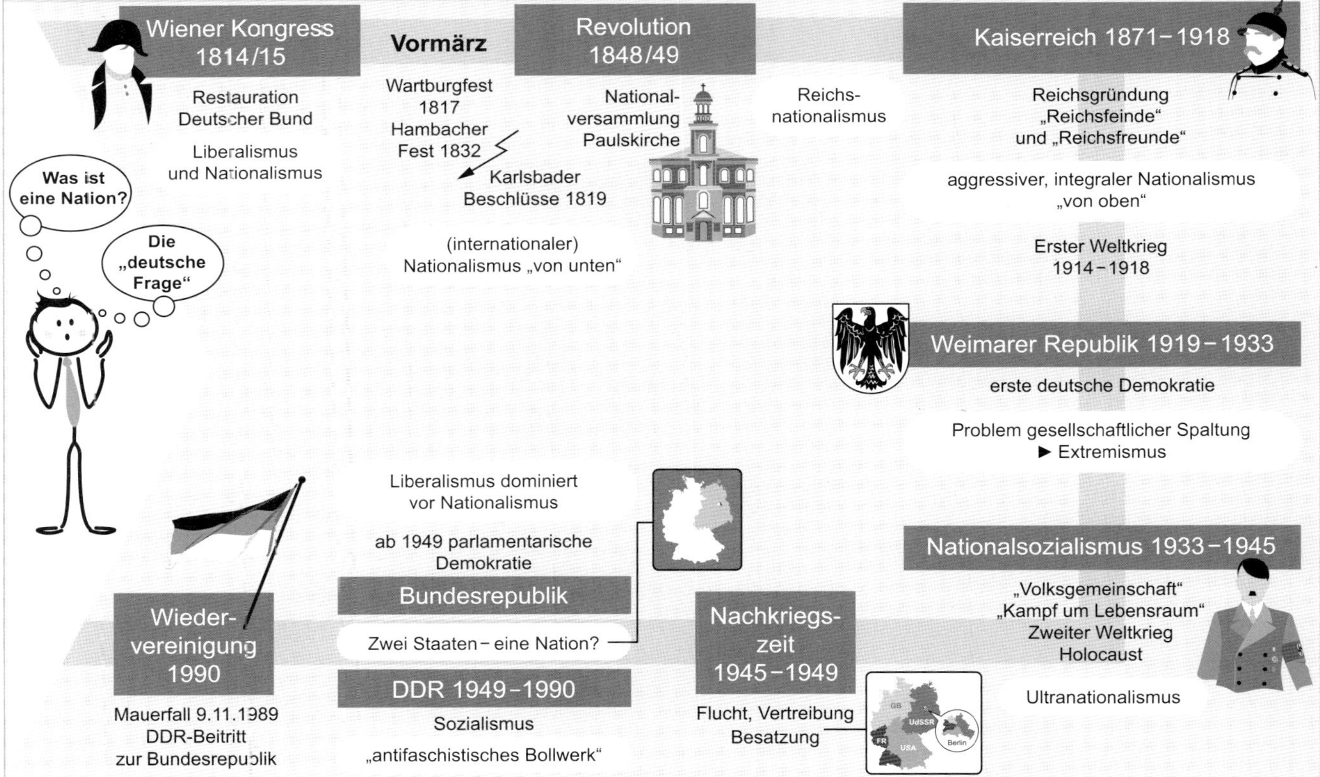

Mündliche Prüfung ■ 2. Prüfungsteil
Mögliches Prüfungsgespräch zum Inhaltsfeld 6:
Nationalismus, Nationalstaat und deutsche Identität im 19. und 20. Jahrhundert

Prüfungsgespräch 7 Die „Deutsche Frage" im 19. Jahrhundert – Vormärz und Revolution 1848/49

1 ***Nennen*** *Sie die politischen Grundströmungen des Vormärz und* ***erläutern*** *Sie deren Ziele.* (AFB I und II)

- Nennen: Liberalismus und Nationalismus
- Erläutern:
  - Ziele des Liberalismus: Freiheits- und Grundrechte, Mitwirkung des Volks an politischen Entscheidungen (Volkssouveränität), Verfassung
  - grundlegendes Ziel des Nationalismus: Bildung eines eigenen, unabhängigen Nationalstaats → zwei unterschiedliche Stoßrichtungen:
    - ■ nationale Ausrichtung: Einsatz für deutschen Nationalstaat und Ablehnung konkurrierender Nationalinteressen (z. B. Rheinkrise 1840 → Feindseligkeit gegenüber Franzosen)
    - ■ internationale Ausrichtung: Unterstützung anderer Nationalinteressen („Europa der Völker"), z. B. in Polen oder Belgien

→ Vernetzung von Nationalismus und Liberalismus im Vormärz

TIPP So zeigen Sie Ihre Fach- und Gesprächskompetenz (vgl. S. VIII):

- Reduzieren Sie den Liberalismus nicht nur auf das Streben nach Freiheit, sondern **präzisieren** Sie auch die damit verbundenen politischen Forderungen.
- Zeigen Sie, dass Sie den **Begriff „Nationalismus"** in seiner Komplexität verstanden haben, indem Sie zum Beispiel die **verschiedenen Ausrichtungen** des Konzepts aufgreifen (national/international) und seine Verknüpfung mit dem Liberalismus (Volkssouveränität) darlegen.
- **Fokussieren** Sie sich auf die Fragestellung und schweifen Sie nicht zu Nebenschauplätzen ab (z. B. Details zum Wartburgfest oder Hambacher Fest).

2 ***Erläutern*** *Sie einzelne Schritte, die im Kampf für Liberalismus und Nationalismus in der ersten Hälfte des 19. Jahrhunderts unternommen wurden.* (AFB II)

- Bedeutung der Napoleonischen Kriege und des Wiener Kongresses
  - Entstehung eines Nationalbewusstseins in den Napoleonischen Kriegen → Werbung und Agitation für Idee einer deutschen Nation
  - Interessengegensatz zu herrschenden Fürsten, die Nationalbewegung bekämpfen und unterdrücken
  - Verknüpfung des Nationalgedankens mit liberalen politischen Forderungen (Grundrechte, Verfassung, Volkssouveränität …)

- Wiener Kongress 1814/15: Festschreibung restaurativer Tendenzen und Bestärkung der auf Gottesgnadentum basierenden Fürstenherrschaft → Enttäuschung für Freiheitskämpfer, die auf Liberalisierung und Nationalstaat gehofft haben

- Restauration und Protest
  - ab Juni 1815: Gründung von Burschenschaften mit teils liberaler, teils nationaler Ausrichtung
  - Wartburgfest 1817: Nationalfest mit Forderungen nach Grund- und Freiheitsrechten sowie deutschem Nationalstaat
  - März 1819: Ermordung des reaktionären Schriftstellers August von Kotzebue durch Burschenschafter → Karlsbader Beschlüsse zur Unterdrückung der liberal-nationalen Bewegung
  - Hambacher Fest 1832: Zusammenkunft von ca. 30 000 Menschen zur Forderung von Freiheitsrechten und Nationalstaaten für alle Völker
- Revolution 1848/49
  - März 1848: aufgrund politischer und sozialer Missstände revolutionäre Zustände in vielen deutschen Staaten mit „Märzforderungen“ → politische Zugeständnisse der Fürsten („Märzminister“, verfassunggebende Versammlungen)
  - 18. Mai 1848: Zusammentreten der verfassunggebenden Nationalversammlung in der Frankfurter Paulskirche zur Ausarbeitung einer Verfassung für vereinigtes Deutschland → Dezember 1848: Verkündung eines Grundrechtekatalogs nach langwierigen Beratungen
  - ab Oktober 1848: Gegenrevolution in Preußen und Österreich → Auflösung der österreichischen und der preußischen Nationalversammlung → oktroyierte Verfassungen
  - kontroverse Debatte der Nationalversammlung über Reichsverfassung, die im März 1849 im Sinne einer kleindeutschen Lösung verabschiedet wird, ABER: Ablehnung der angebotenen Kaiserkrone durch Friedrich Wilhelm IV. → Scheitern der Verfassung

TIPP **So zeigen Sie Ihre Fach- und Gesprächskompetenz:**

- Werfen Sie die Beteiligten der nationalliberalen Bewegung nicht alle in einen Topf, sondern zeigen Sie die **Vielfalt an Motiven und Interessen** verschiedener Gruppierungen auf (z. B. ausgeprägter deutscher Nationalismus auf dem Wartburgfest im Unterschied zum internationalen Nationalismus von Deutschen, Polen, Belgiern und Franzosen auf dem Hambacher Fest).
- Zeigen Sie, dass Sie die **Komplexität der Entscheidungsprozesse** in der Nationalversammlung erfasst haben, indem Sie zum Beispiel die konkurrierenden Lösungsansätze (groß- und kleindeutsche Lösung) darlegen.
- Verknüpfen Sie **kausale Zusammenhänge**, indem Sie Ursachen und Anlässe sowie deren Konsequenzen erläutern, z. B. politische und soziale Missstände als Ursache für revolutionäre Erhebungen, Ermordung Kotzebues als Anlass für die Durchsetzung der Karlsbader Beschlüsse.

- Behalten Sie die **Aufgabenstellung und ihre Leitbegriffe** im Blick und schweifen Sie nicht zu Details der Napoleonischen Kriege oder der Besprechungen auf dem Wiener Kongress ab.
- Verwenden Sie **Fachbegriffe** wie zum Beispiel „Restauration", „Volkssouveränität", „konstitutionelle Monarchie" und **präzise Daten** (z. B. konkrete Jahreszahlen).

3 *Viele Zeitgenossen beklagten, dass die Ablehnung der Kaiserkrone durch Friedrich Wilhelm IV. das Ende der Revolution herbeiführte.* ***Beurteilen*** *Sie die Ansicht, dass die Ablehnung der Kaiserkrone durch den preußischen König für das Scheitern der Revolution verantwortlich war.* (AFB III)

- zustimmende Argumente:
  - Fehlen eines Oberhaupts für geplanten deutschen Nationalstaat, keine Alternative in Sicht
  - allgemein starke Dominanz der Fürsten (auch militärisch), der Revolutionäre wenig entgegenzusetzen hatten → Niederschlagung der „Reichsverfassungskampagne"
  - Ablehnung bringt gesamte Volksbewegung in Verruf
- relativierende Argumente:
  - Scheitern aufgrund zahlreicher anderer Probleme:
    - unterschiedliche Interessen bei Trägern der Revolution und in der Nationalversammlung
    - Überforderung der Nationalversammlung mit Vielzahl an Aufgaben (Verfassung, Staatsform, Staatsgrenzen) → Autoritätsverlust der Nationalversammlung durch zu lang andauernde Verhandlungen
    - politische Unerfahrenheit der Abgeordneten → Nachgeben der Fürsten zu schnell als Erfolg gewertet
  - kein völliges Scheitern der Revolution:
    - endgültige Durchsetzung des Konstitutionalismus (Ausnahme: Österreich)
    - Paulskirchenverfassung (besonders Grundrechtskatalog) zukunftsweisend für spätere Verfassungen
    - Entstehung einer politischen Öffentlichkeit

TIPP **So zeigen Sie Ihre Fach- und Gesprächskompetenz:**

- Vorsicht vor einem häufigen Fehler! Listen Sie nicht einfach die Ihnen bekannten Gründe für das Scheitern der Revolution auf, sondern behalten Sie die **Aufgabenstellung** im Blick. Gehen Sie **argumentativ** vor, indem Sie **abwägen**, welche Gründe für die zu beurteilende These sprechen und welche eher dagegen.
- Zeigen Sie, dass Sie zu einer besonders **differenzierten Einschätzung** in der Lage sind, indem Sie nicht nur beurteilen, <u>wie</u> die Revolution scheiterte, sondern auch infrage stellen, <u>ob</u> sie gänzlich gescheitert ist.

Mündliche Prüfung ■ 2. Prüfungsteil
Mögliches Prüfungsgespräch zum Inhaltsfeld 6:
Nationalismus, Nationalstaat und deutsche Identität im 19. und 20. Jahrhundert

Prüfungsgespräch 8 „Volk“ und „Nation“ im Kaiserreich und im Nationalsozialismus

1 ***Beschreiben*** *Sie wichtige Bestandteile der Reichsverfassung von 1871 und* ***erläutern*** *Sie die Bezeichnung „Reichsgründung von oben“ in Bezug auf die Entstehung des deutschen Kaiserreichs.* (AFB I und II)

- wichtige Bestandteile der Reichsverfassung:
  - Deutsches Reich als „ewiger Bund“ von Fürsten
  - Erbmonarchie: preußischer König als deutscher Kaiser mit starker Position (kann Reichstag auflösen und Neuwahlen anordnen)
  - von Preußen dominierter Bundesrat als Vertretung der fürstlichen Landesregierungen → Föderalismus
  - gemeinsame Gesetzgebung von Bundesrat und Reichstag → schwache Stellung der Volksvertretung, aber fortschrittliches Wahlrecht für Männer ab 25 Jahren: allgemein, gleich, direkt und geheim
  - Reichskanzler (= preußischer Ministerpräsident) nur vom Vertrauen des Kaisers, nicht vom Reichstag abhängig

  → konstitutionelle, keine parlamentarische Monarchie mit erheblicher Macht der konservativen Kräfte und Preußens
- „Reichsgründung von oben“:
  - Kaiserproklamation eines kleindeutschen, preußisch dominierten Reichs als autoritärer Macht- und Obrigkeitsstaat im Spiegelsaal von Versailles nach drei Einigungskriegen (gegen Dänemark, Österreich und Frankreich) und nach Vereinbarungen Bismarcks mit den süddeutschen Fürsten
  - Reichsgründung kein Ergebnis von parlamentarischen Verhandlungen einer Nationalversammlung (Unterschied zu 1848/49) → Nationalstaatsgründung „von oben“ ohne Beteiligung des Volks

2 ***Vergleichen*** *Sie die Innenpolitik Bismarcks und Hitlers im Hinblick auf das Verständnis von Staat, Volk und Nation und sich daraus ergebende Maßnahmen.* (AFB II–III)

- Gemeinsamkeiten:
  - Ausgrenzung und zum Teil auch (politische) Verfolgung von Minderheiten oder politischen Gegnern, die zu „Reichsfeinden“ bzw. zu „zersetzenden Elementen“ erklärt wurden: im Kaiserreich z. B. Polen als nationale Minderheit, Sozialisten bzw. Kommunisten und Katholiken im „Kulturkampf“ ↔ im Nationalsozialismus ebenfalls Ausgrenzung bestimmter Bevölkerungsgruppen (u. a. Juden, Menschen mit Behinderungen, politische Oppositionelle),

aber mit entscheidenden Unterschieden zum Kaiserreich hinsichtlich der Intensität der Verfolgung sowie den Konsequenzen für die Betroffenen
  - autoritäres Staatsverständnis, Antiliberalismus
  - auch innenpolitisch zentrale Rolle des Militärs in der Gesellschaft
- Unterschiede:
  - Ausmaß und Intensität der Verfolgung: bei Bismarck Beschränkung auf Unterdrückung vornehmlich politischer Gegner ↔ im Nationalsozialismus auch physische Vernichtung politischer Gegner und anderer unerwünschter Personengruppen aus rassistischen Gründen
  - zur Zeit Bismarcks zwar keine parlamentarische Demokratie, aber dennoch relevante Rolle des Reichstags (z. B. Haushaltsrecht, politische Bühne auch für die Opposition) und (mit Einschränkungen) rechtsstaatliche Strukturen ↔ im Nationalsozialismus unumschränkte Diktatur (Führerstaat) ohne jegliche Gewaltenteilung und -kontrolle → „Volk" als „Gefolgschaft"
  - (begrenzte) Presse- und Meinungsfreiheit zur Zeit Bismarcks ↔ totalitäre Kontrolle der Öffentlichkeit durch Propagandaministerium und staatlichen Repressionsapparat (Gestapo u. a.) im Nationalsozialismus
  - im Nationalsozialismus Nationsverständnis auf rassistischer Grundlage: „Volksgemeinschaft" als „Blutsgemeinschaft", zu der nur rassisch definierte „arische" Deutsche unter Ausschluss von Juden und anderen als „undeutsch" stigmatisierten Menschengruppen gehörten ↔ im Kaiserreich zu Beginn v. a. Loyalität zur bestehenden monarchischen Staats- und Gesellschaftsordnung wichtig (vgl. Ausgrenzung der Sozialdemokraten als „vaterlandslose Gesellen") = Reichsnationalismus → ab 1878/79 („konservative Wende") zunehmender Übergang zu integralem und „völkischem" Nationalismus
  - zwar offene und latente antisemitische Strömungen zur Zeit Bismarcks in Deutschland, aber erst im Nationalsozialismus radikaler, staatlich organisierter Antisemitismus, der in systematischer Massenvernichtung der deutschen und europäischen Juden endete

TIPP So zeigen Sie Ihre Fach- und Gesprächskompetenz (vgl. S. VIII):

- Rufen Sie sich für die Beschreibung der Verfassungsbestandteile **Verfassungsschaubilder** ins Gedächtnis, die Ihnen sicher schon begegnet sind. So laufen Sie nicht Gefahr, eine wichtige Institution des Kaiserreichs zu vergessen.
- Gehen Sie bei der Erläuterung auf **alle Bestandteile der Bezeichnung** „Reichsgründung von oben" ein und erklären Sie diese im **konkreten historischen Zusammenhang** (Einigungskriege, Kaiserproklamation durch Fürsten, keine Volksbeteiligung).
- Achten Sie beim **Vergleich** darauf, besonders **differenziert** vorzugehen, und **vermeiden Sie vereinfachende Pauschalisierungen**. Nur so werden Sie diesem anspruchsvollen Thema umfassend gerecht.
- Grenzen Sie die Vernichtungsmaßnahmen der Nationalsozialisten klar von Bismarcks Verfolgung der „Reichsfeinde" ab, um einer **Relativierung der NS-Verbrechen keinen Vorschub zu leisten**.

Prüfungsgespräch 9 — Nationale Identität unter den Bedingungen der Zweistaatlichkeit in Deutschland

1 *Versetzen Sie sich in die Situation einer ostpreußischen Flüchtlingsfamilie, die im Sommer 1945 nach Nordrhein-Westfalen kommt.*
Beschreiben *Sie die Herausforderungen, denen sich diese Familie in der Nachkriegssituation 1945 bis 1949 stellen musste.* (AFB I–II)

- Rahmenbedingungen:
  - Zusammenbruch der Grundversorgung und Infrastruktur, Demontage
  - psychische Belastungen: Perspektivlosigkeit (Wohnungsnot, Arbeitslosigkeit), Erfahrungen von Gewalt und Verlust, Zusammenbruch des Wertesystems durch geforderte Abkehr vom Nationalsozialismus
  - gesellschaftliche Herausforderungen: Männer in Kriegsgefangenschaft → Bevölkerung rund 2/3 Frauen; große wirtschaftliche Not; Trümmerbeseitigung und Wiederaufbauarbeiten durch Freiwillige, deutsche Kriegsgefangene und von den Alliierten verpflichtete Männer und Frauen; Unterbringung und Integration der Vertriebenen aus Ostgebieten
  - politische Herausforderungen: Verwaltung durch Alliierten Kontrollrat → Unsicherheit bezüglich der Absichten der Besatzungsmächte
- Integration von Vertriebenen und Geflüchteten:
  - Verschärfung sozialer, wirtschaftlicher und politischer Probleme durch Zustrom von Flüchtlingen und Vertriebenen
  - Wunsch der Vertriebenen nach Assimilation in Aufnahmegesellschaft, dabei ausbleibende Verarbeitung der Flucht- und Kriegserfahrungen
  - Integration durch gruppenübergreifende Heiraten, kollegiale Zusammenarbeit oder gemeinsames Vereinsleben möglich
  - 1958: Zusammenschluss unterschiedlicher Vertriebenenverbände zur Kulturarbeit und „offiziellen" Vertretung der Vertriebenen
  - aber: Ressentiments und Ablehnung bei der Bevölkerung → Verweigerungshaltung gegenüber Vertriebenen → problematische Eingliederung der Vertriebenen in oft konservative Milieus
  - zunächst große Konkurrenz auf dem Arbeitsmarkt und häufige Ausbeutung von Vertriebenen, später Assimilation durch benötigte Wirtschaftskraft (insbesondere 1960er-Jahre)
- Besatzungspolitik der Alliierten („5Ds" des Potsdamer Abkommens):
  - Entnazifizierung: Einteilung der Belasteten mithilfe eines Fragebogens in fünf Kategorien (Hauptschuldige, Belastete, Minderbelastete, Mitläufer und

Entlastete) → Spruchkammerverfahren, politische Umerziehung (Reeducation) → Rechtfertigungszwang (Umkehr der Beweislast) und Konfrontation der Bevölkerung mit den Verbrechen des Nationalsozialismus
- Demokratisierung: Neugründung von Parteien, deutsche Selbstverwaltung auf lokaler Ebene, Entstehung der heutigen Bundesländer, freie Kommunal- und Landtagswahlen (1946/1947) → insgesamt Gratwanderung zwischen Erlaubnis zur politischen Teilhabe und Kontrolle durch Alliierte
- wirtschaftlicher Wiederaufbau und Integration der Westzonen in den freien Welthandel → Zwiespalt zwischen Unterstützung durch Alliierte und Abhängigkeit von Westmächten

2 *Stellen Sie sich vor, die zuvor genannte Familie liest in der Zeitung, dass ein Parlamentarischer Rat von den Alliierten beauftragt wurde, eine Verfassung für Westdeutschland zu entwickeln.*
***Beurteilen** Sie diesen Prozess aus der Perspektive der Familie: Welche Chancen und welche Probleme könnte sie darin sehen?* (AFB III)

- Chancen:
  - Demokratisierung → verlässliche politische Verhältnisse auf Basis von politischer Selbstbestimmung und Wiederherstellung einer deutschen Regierung
  - Aussicht auf volle staatliche Souveränität und internationale Anerkennung
  - Aussicht auf wirtschaftliche Erholung durch politischen Zusammenschluss der Trizone und Unterstützung durch Westalliierte
- Probleme:
  - Verfassung als Gebot der Alliierten → Kontrolle, keine Souveränität
  - eventuell Skepsis gegenüber einer Republik aus Sorge vor Weimarer Verhältnissen, ggf. ideologische Nähe der Familie zum Nationalsozialismus
  - Zementierung der Zweistaatlichkeit → Sorge hinsichtlich langfristiger Beziehungen zu Verwandten und Freunden in Ostdeutschland
  - Frage der Oder-Neiße-Grenze bleibt offen → Sorge um Rückkehrmöglichkeit in die alte Heimat

TIPP **So zeigen Sie Ihre Fach- und Gesprächskompetenz (vgl. S. VIII):**

- Berücksichtigen Sie den vorgegebenen **situativen Kontext** (Perspektive einer Flüchtlingsfamilie von 1945), aber lassen Sie sich nicht von der eigentlichen Aufgabenstellung ablenken. Im Endeffekt sind Sie bei der ersten Frage einfach aufgefordert, die **Nachkriegssituation von 1945 bis 1949** zu erläutern.
- Gehen Sie bei Ihrer Beschreibung auf **verschiedene Herausforderungen** ein (psychische, gesellschaftliche und politische) und legen Sie besonderes Augenmerk auf die **Lage von Vertriebenen und Geflüchteten**.
- Gliedern Sie Ihre Beurteilung klar in **Chancen und Probleme** und berücksichtigen Sie die **spezifische Situation von Flüchtlingen**. Denken Sie darüber hinaus aber auch an **allgemeine Aspekte**, die man in der damaligen Zeit mit der Ausarbeitung **einer weststaatlichen Verfassung** verbinden konnte.

Prüfungsgespräch 10 Die Überwindung der deutschen Teilung in der friedlichen Revolution von 1989

1 ***Beschreiben*** *Sie zentrale internationale Entwicklungen und Ereignisse, die für den Fall der Mauer 1989 von Bedeutung waren.* (AFB I–II)

- Veränderungen im Ostblock durch die Wahl von Michail Gorbatschow zum Generalsekretär der KPdSU am 11. März 1985
- politische Reformen in der Sowjetunion: Glasnost (= Transparenz, Offenheit) und Perestroika (= Umbau) → Modernisierung der Wirtschaft und Demokratisierung der Gesellschaft → Aufbruchsstimmung in vielen osteuropäischen Staaten, z. B. Gespräche zwischen Solidarność und kommunistischer Regierung in Polen (Runder Tisch), „samtene Revolution" in der ČSSR, „stille Revolution" in Ungarn
- Grenzöffnung zwischen Ungarn und Österreich am 10./11. September 1989 nach „Paneuropäischem Picknick" am 19. August 1989 → Massenflucht von DDR-Bürgern in den Westen
- Abrüstungsverhandlungen zwischen den USA und der Sowjetunion: Entspannungspolitik als Zeichen für Wende im Kalten Krieg

TIPP So zeigen Sie Ihre Fach- und Gesprächskompetenz (vgl. S. VIII):

- Holen Sie für die geforderte Beschreibung nicht zu weit aus, sondern bleiben Sie bei der **unmittelbaren Vorgeschichte des Mauerfalls** in den 1980er-Jahren.
- Beschränken Sie sich nicht auf **Gorbatschows Reformen** in der Sowjetunion, sondern zeigen Sie auf, wie diese sich auf die **anderen Ostblockstaaten** auswirkten.
- Achten Sie auf die präzise Verwendung von **Fachbegriffen** (z. B. „Glasnost", „Perestroika", „Paneuropäisches Picknick") und **korrekte Datierungen** (z. B. Grenzöffnung in Ungarn am 10./11. September 1989).

2 ***Erläutern*** *Sie die Entwicklungen in der DDR, die zum Fall der Mauer führten.* (AFB II)

- desaströse wirtschaftliche Entwicklung: Wirtschaft ab 1988 kurz vor Zusammenbruch → zunehmende Unzufriedenheit in der Bevölkerung, auch über politisches System und mangelnde Reisefreiheit

- Fluchtbewegung aus der DDR über Ungarn oder Botschaften der Bundesrepublik in Osteuropa bzw. Ständige Vertretung in Ostberlin → Destabilisierung des SED-Regimes
- gefälschte Kommunalwahlen im Mai 1989 in der DDR → Proteste (Montagsdemonstrationen), die sich im Herbst 1989 zu Massenbewegung ausweiten (am 30. Oktober 1989 z. B. 300 000 Menschen in Leipzig)
- auch Proteste bei 40-Jahr-Feier der DDR und dem Besuch von Michail Gorbatschow am 7. Oktober 1989 („Gorbi, hilf uns!")
- überwiegender Wunsch der Demonstranten nach Beibehaltung und Reformierung der DDR („Wir sind das Volk!")
- Rücktritt von Erich Honecker am 18. Oktober 1989, aber Ausbleiben der von seinem Nachfolger Egon Krenz angekündigten Wende
- 9. November 1989: Öffnung der Mauer und massenhafte Ausreise aus der DDR nach irrtümlicher Verkündung der vollständigen Reisefreiheit durch Politbüromitglied Günter Schabowski

TIPP So zeigen Sie Ihre Fach- und Gesprächskompetenz:

- Obwohl Sie nicht streng chronologisch vorgehen müssen und Ihre Erläuterung auch thematisch strukturieren können, sollten Sie dennoch zumindest grob den **zeitlichen Ablauf der Ereignisse berücksichtigen**.
- Stellen Sie **kausale Zusammenhänge** dar, indem Sie die unterschiedlichen Ursachen für die Öffnung der Mauer aufzeigen. Machen Sie auch deutlich, wie diese sich untereinander beeinflusst haben.
- Nennen Sie zur Veranschaulichung **konkrete Beispiele**, z. B. die Demonstration am 30. Oktober 1989 in Leipzig mit 300 000 Teilnehmern.

3 *Die Ereignisse 1989 in der DDR werden oft als „friedliche Revolution" bezeichnet.* ***Beurteilen*** *Sie, inwieweit die Geschehnisse durch diesen Begriff zutreffend benannt werden.* (AFB III)

- Einleitung: alternative Begriffe für die Ereignisse wie „Wende" (von Egon Krenz geprägt), „Mauerfall", „Wiedervereinigung" → Begriff „friedliche Revolution" erst später eingeführt: erste öffentliche Verwendung durch Helmut Kohl im Dezember 1989 in der Dresdner Frauenkirche → angenommene Definition: Umsturz eines Systems durch Volksbewegung ohne Einsatz von Gewalt
- zustimmende Argumente:
  - Begriff Revolution passend, da es Systemwandel gab
  - Massenproteste waren friedlich, Gewaltanwendung weder durch Demonstranten noch durch DDR-Führung (trotz Drohungen)
  - Massenproteste als entscheidender Faktor für Sturz des Regimes
  - Begriff korrespondiert mit Bezeichnungen zum zeitgleichen Wandel in den Nachbarländern („samtene Revolution" in der ČSSR und „stille Revolution" in Ungarn)

- relativierende Argumente:
  - Verschleierung des maßgeblichen Einflusses der bundesrepublikanischen Regierung im Verbund mit den ehemaligen Siegermächten des Zweiten Weltkriegs auf Auflösung der DDR und Wiedervereinigung
  - überwiegender Wunsch der Demonstranten nach Reformen innerhalb der DDR statt nach Zusammenbruch des Staats
  - Vernachlässigung anderer zentraler Aspekte, die zum Ende der DDR führten: marode Wirtschaft, Massenflucht, internationale Entwicklung (insbesondere in der Sowjetunion)
- mögliches Fazit: „friedliche Revolution" als passender Begriff, um zentrale Rolle der DDR-Bevölkerung, aber auch fehlendes Eingreifen der DDR-Regierung bzw. der Sowjetunion zu betonen

TIPP So zeigen Sie Ihre Fach- und Gesprächskompetenz:

- Zeigen Sie in einer kurzen **Hinführung zur Beurteilung** auf, welche alternativen Bezeichnungen für die Ereignisse in der DDR existieren, und **definieren** Sie den Begriff „**friedliche Revolution**" mit Ihren eigenen Worten.
- Erörtern Sie **beide Bestandteile des Begriffspaars**, indem Sie nach der Friedlichkeit der Ereignisse sowie nach ihrem revolutionären Potenzial fragen.
- Legen Sie Ihr Augenmerk auf die **unterschiedlichen Akteure** der Ereignisse (DDR-Bevölkerung, bundesrepublikanische Politiker) und entscheiden Sie, inwiefern deren Handeln zu Ihrem Verständnis des Begriffs „friedliche Revolution" passt oder nicht.

Inhaltsfeld 7: Friedensschlüsse und Ordnungen des Friedens in der Moderne

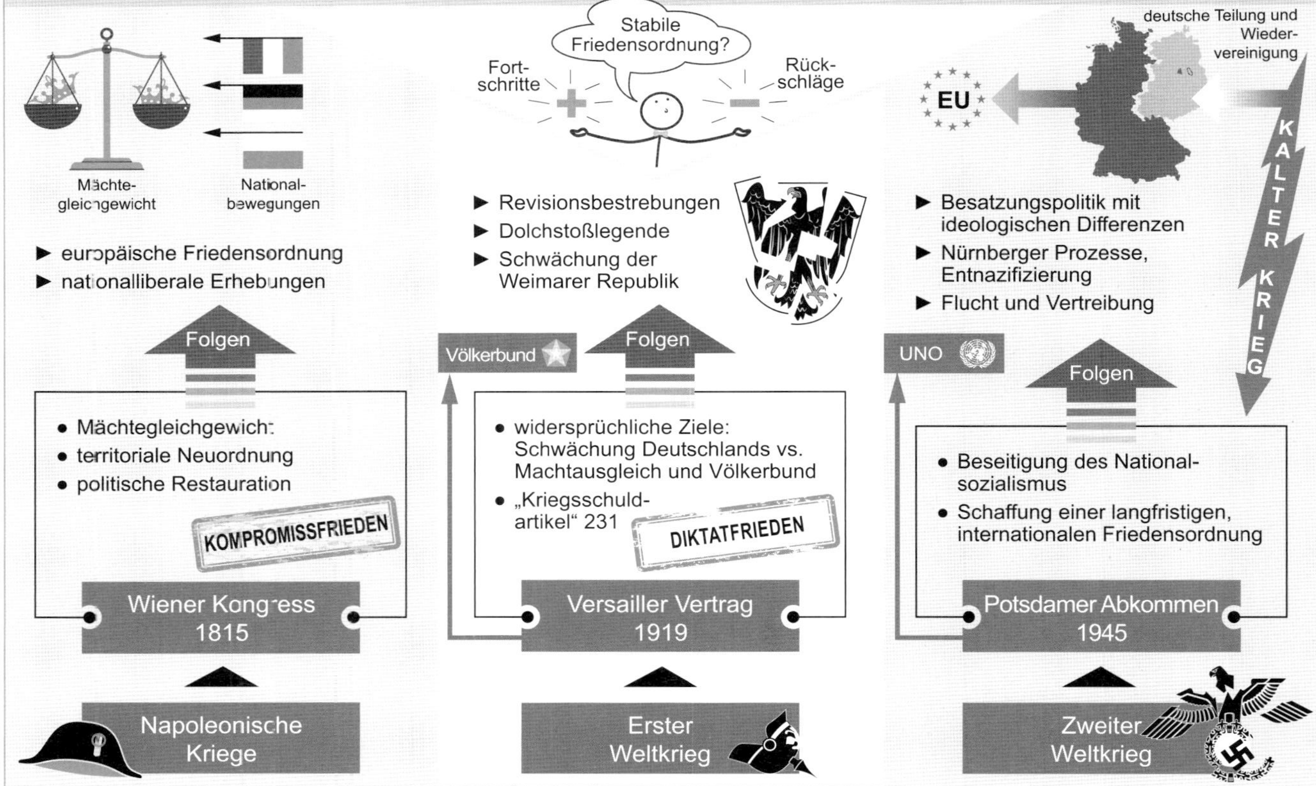

Mündliche Prüfung ■ 2. Prüfungsteil
Mögliches Prüfungsgespräch zum Inhaltsfeld 7:
Friedensschlüsse und Ordnungen des Friedens in der Moderne

Prüfungsgespräch 11 Europäische Friedensordnung nach den Napoleonischen Kriegen – Wiener Kongress

1 ***Fassen*** *Sie die Grundlagen des Wiener Kongresses* ***zusammen.*** (AFB I–II)

- europäisches Gleichgewicht: territoriale Neuordnung Europas zur Ausbalancierung der Machtverhältnisse → Pentarchie
- Restauration:
  - weitgehende Wiederherstellung der vorrevolutionären politischen und gesellschaftlichen Verhältnisse
  - Etablierung der Fürstenherrschaft durch Wiedereinsetzung der alten Dynastien (z. B. Bourbonen in Frankreich)
- Legitimität: Begründung der Rechtmäßigkeit der Fürstenherrschaft mit Gottesgnadentum
- Solidarität: Zusicherung von gegenseitiger Hilfe der Fürsten zur Unterdrückung revolutionärer liberal-nationaler Bestrebungen → Gründung der Heiligen Allianz

TIPP So zeigen Sie Ihre Fach- und Gesprächskompetenz (vgl. S. VIII):

- Zeigen Sie, dass Sie die klassischen Schlüsselbegriffe nicht nur auswendig abspulen können, sondern dass Sie diese auch im größeren **historisch-politischen Zusammenhang** verstanden haben. Dies gelingt Ihnen, indem Sie nach außenpolitischen (Regelung der europäischen Machtverhältnisse), innenpolitischen (Fürstenherrschaft) und gesellschaftlichen Grundlagen (Umgang mit revolutionären Bestrebungen) differenzieren.
- Bieten Sie eine **Verknüpfung der Zusammenhänge** an – auch wenn der Operator dies nicht ausdrücklich fordert –, indem Sie zum Beispiel aufzeigen, inwiefern die Herrschaftslegitimation über das Gottesgnadentum zentraler Bestandteil der Restauration war.
- Achten Sie auf die passende Verwendung von **Fachbegriffen** wie „Pentarchie", „Gottesgnadentum", „Solidarität" usw.

2 ***Erläutern*** *Sie die Folgen der Beschlüsse für Frankreich und Deutschland.* (AFB II)

- Frankreich:
  - Akzeptanz als gleichberechtigter Verhandlungspartner trotz Kriegsniederlage → Amnestieregelung (Straferlass); Ziel: Schulterschluss der europäischen Monarchien inklusive Frankreichs zur Durchsetzung der Restauration
  - Bestätigung der Grenzen von 1792

- Deutschland:
  - Gebietsgewinne für Preußen und Österreich zur Herstellung eines europäischen Mächtegleichgewichts → „Hineinwachsen" Preußens in Deutschland sowie „Hinauswachsen" Österreichs aus Deutschland
  - Gründung des Deutschen Bunds:
    - preußisch-österreichischer Dualismus: Streit um Vormachtstellung in Deutschland
    - Bund souveräner Fürstentümer und freier Städte (inkl. ausländischer Herrscher, z. B. britischer König in Hannover)
    - Bundesversammlung mit Vorsitz Österreichs zur Schlichtung von Konflikten
    - Ziel: Stärkung des europäischen Mächtegleichgewichts und Gewährleistung innerer Sicherheit (gegen revolutionäre Erhebungen gerichtet)
  - Unzufriedenheit innerhalb der liberal-nationalen Bewegung

TIPP **So zeigen Sie Ihre Fach- und Gesprächskompetenz:**

- Nehmen Sie die **diversen Perspektiven** der beteiligten Verhandlungspartner in den Blick, indem Sie zum Beispiel die Folgen für die einzelnen Staaten (Frankreich, Preußen, Österreich), aber auch für die betroffenen Interessengruppen (Fürsten, nationalliberale Bewegung) berücksichtigen.
- Zeigen Sie die **Vielschichtigkeit der Konsequenzen** auf, indem Sie sich nicht nur auf die territorialen Veränderungen beschränken, sondern auch die politischen und gesellschaftlichen Folgen (Stärkung der Monarchen, Eindämmung der nationalliberalen Bewegung) differenziert darlegen.
- Stellen Sie die **Zusammenhänge** schlüssig dar, indem Sie aufzeigen, inwiefern die politischen Entscheidungen (z. B. Deutscher Bund anstelle eines Nationalstaats) Einfluss auf gesellschaftliche Bewegungen (Wachsen nationalliberaler Bestrebungen) hatten.
- **Fokussieren Sie sich auf die Fragestellung** und schweifen Sie nicht ab. Ein „beliebter" Fehler ist es, an dieser Stelle direkt zur auswendig gelernten Aufzählung zentraler Ereignisse des Vormärz überzugehen, obwohl diese nicht unmittelbar zum Themenschwerpunkt „Friedensschlüsse" gehören. Wenn Sie diese Inhalte anbieten wollen, vergewissern Sie sich erst bei der prüfenden Lehrkraft, ob das in Ordnung ist.

3 *Der Historiker Thomas Nipperdey schrieb 1998, dass der Deutsche Bund für ein halbes Jahrhundert ein Instrument einer deutschen und europäischen Friedensordnung gewesen sei.*
Erörtern *Sie diese These.* (AFB I–III)

- grundsätzliche Problematik der zentralen Lage Deutschlands in Europa → Erhaltung des Status quo als wichtige Voraussetzung für Stabilität in Europa

- zustimmende Argumente zu Nipperdeys These:
  - Gebiets- und Machtgewinne Preußens und Österreichs als Basis für Mächtegleichgewicht (Pentarchie) in Europa
  - Beschwichtigung der skeptischen Nachbarstaaten, die Machtzuwachs eines starken deutschen Nationalstaats gefürchtet hatten
  - Schaffung stabiler Verhältnisse durch Stärkung der Fürstenherrschaft sowie Einbindung Preußens und Österreichs in Heilige Allianz zur Abwehr revolutionärer Bewegungen
  - Bundesversammlung als Schlichtungsstelle für interne Konflikte im Bund
- relativierende Argumente zu Nipperdeys These:
  - Gebiets- und Machtgewinne Preußens und Österreichs auf Kosten diverser Kleinstaaten → Unmut über Dominanz der Großmächte birgt Konfliktpotenzial
  - preußisch-österreichischer Dualismus als Verschärfung eines innerdeutschen Machtstreits um Hegemonie → Konfliktpotenzial, das sich 1866 im Preußisch-Österreichischen Krieg entlädt
  - Unterdrückung der nationalen und liberalen Bewegungen als Ursache für Proteste und revolutionäre Erhebungen (vgl. Vormärz und Deutsche Revolution 1848) → später Verkehrung des liberalen Nationalismus in integralen, aggressiven Nationalismus durch Reichsgründung „von oben“
- mögliches Fazit: Deutscher Bund einerseits als angemessener diplomatischer Kompromiss der Großmächte zur Stabilisierung der europäischen Ordnung, andererseits als gewaltsame Unterdrückung erster Ansätze eines von liberalen Ideen und Parlamentarismus geprägten Nationalismus (Karlsbader Beschlüsse)

TIPP **So zeigen Sie Ihre Fach- und Gesprächskompetenz:**

- Achten Sie bei Ihrer Erörterung darauf, dass Sie die vielfältigen Bestandteile Ihrer **Antwort klar strukturieren** und gegebenenfalls jeden Lösungsschritt mit passenden Worten einleiten, z. B. „Zuerst möchte ich die grundsätzliche Problematik darstellen, die sich aus der besonderen geografischen Lage Deutschlands in Europa ergibt.“ – „Im Folgenden gehe ich auf Argumente ein, die Nipperdeys These unterstützen.“ usw.
- Gehen Sie in Ihrer Erörterung **argumentativ** vor, indem Sie die dargestellten Sachverhalte immer in **Bezug zur These Nipperdeys** („Deutscher Bund als Instrument der Friedensordnung“) setzen und abwägen, inwiefern die genannten Aspekte diese These stützen oder einschränken.
- Achten Sie auf eine **differenzierte Auseinandersetzung**, indem Sie verschiedene Betrachtungsebenen berücksichtigen, z. B. die Bedeutung des Deutschen Bunds für die langfristige politische Ordnung in Europa einerseits und für die Entwicklung innerstaatlicher gesellschaftlicher Konflikte andererseits.

Mündliche Prüfung ■ 2. Prüfungsteil
Mögliches Prüfungsgespräch zum Inhaltsfeld 7:

Friedensschlüsse und Ordnungen des Friedens in der Moderne

Prüfungsgespräch 12 Internationale Friedensordnung nach dem Ersten Weltkrieg

1 ***Fassen Sie zusammen****, welche Rahmenbedingungen und Erwartungen für Deutschland und Frankreich nach dem Ersten Weltkrieg jeweils mit einem Friedensschluss verknüpft waren.* (AFB I–II)

- Rahmenbedingungen für beide Länder: große menschliche und materielle Verluste durch neue Dimension des Kriegs (globaler Krieg im Industriezeitalter)
- Rahmenbedingungen und Erwartungen in Deutschland:
  - für die Bevölkerung unerwartete Niederlage, da man wegen Kriegspropaganda bis zum Schluss an Sieg geglaubt hatte
  - Zusammenfall von Kriegsende bzw. -niederlage und politischem Systemwechsel (Novemberrevolution) → ungünstige Entstehungsbedingungen für Weimarer Republik
  - Ausschluss Deutschlands von den Friedensverhandlungen
  - hohe Erwartungen im Hinblick auf einen Sieg und einen „Siegfrieden", die noch bis kurz vor dem Waffenstillstand aufrechterhalten wurden
  - Erwartung milder Friedensbedingungen aufgrund von US-Präsident Wilsons 14-Punkte-Programm
  - fehlende Akzeptanz der Niederlage (u. a. Dolchstoßlegende)
- Rahmenbedingungen und Erwartungen in Frankreich:
  - Krieg im eigenen Land mit gewaltigen Zerstörungen und Verwüstungen im Nordosten, hohe Zahl französischer Kriegsopfer
  - hohe Erwartungen an einen Frieden im Hinblick auf eine Kompensation der Kriegsschäden, auf eine starke langfristige Schwächung Deutschlands und auf die Sicherung einer französischen Großmachtstellung

→ schwierige Rahmenbedingungen für einen auf Ausgleich und Akzeptanz abzielenden Friedensvertrag zur Versöhnung von Siegern und Besiegten

TIPP So zeigen Sie Ihre Fach- und Gesprächskompetenz (vgl. S. VIII):

- Widmen Sie sich bei Ihrer Antwort **gesondert den beiden genannten Nationen** (Deutschland und Frankreich) und gehen Sie jeweils auf die äußeren Rahmenbedingungen sowie die Erwartungen an einen Friedensschluss ein.
- Führen Sie am Ende Ihre Ausführungen zusammen, indem Sie aufzeigen, wie unter den genannten Umständen das **Zustandekommen eines tragfähigen Friedensschlusses einzuschätzen** ist.

2 ***Nennen** Sie die zentralen Bestimmungen des Versailler Vertrags und **erläutern** Sie seine innenpolitischen Folgen in Deutschland.* (AFB I und II)

- wichtige Vertragsbestimmungen:
  - Gebietsabtretungen: u. a. Elsass-Lothringen an Frankreich, große Teile von Posen und Westpreußen sowie kleinere Teile von Ostpreußen und Hinterpommern an Polen, Saargebiet für 15 Jahre unter Völkerbundsmandat, Verlust sämtlicher Kolonien
  - militärische Bestimmungen: Abrüstung (u. a. Beschränkung auf 100 000-Mann-Heer, Verlust der Luftstreitkräfte und Verbot der Wehrpflicht) und befristete Besetzung von Teilen Deutschlands (Rheinland)
  - politische und wirtschaftliche Bestimmungen: Zuweisung der alleinigen Kriegsschuld an Deutschland und seine Verbündeten („Kriegsschuldartikel" 231) als Basis für zu leistende Reparationen (Sachleistungen und Geldzahlungen)
- innenpolitische Folgen:
  - große Empörung in nahezu allen politischen Lagern von rechts bis links und damit verbunden rigorose Ablehnung als „Schand- und Diktatfrieden", speziell Zurückweisung des „Kriegsschuldartikels" → Revisionskonsens
  - Diskreditierung und Diffamierung der demokratischen Politiker als „Erfüllungspolitiker" und „Vaterlandsverräter", weil sie mangels Alternativen den Vertrag unterschrieben und sich um ein Arrangement mit der Entente bemüht hatten, um die Erfüllung des Vertrags für Deutschland erträglich zu machen
  - Instrumentalisierung des als nationale Schande empfundenen Vertrags für rechte Hetze gegen Weimarer Republik („Kriegsschuldlüge", Dolchstoßlegende)
  - Schwächung der deutschen Wirtschaftskraft durch hohe Reparationen

→ Vertrag und vor allem Reaktion darauf in Deutschland als Belastungsfaktor für die neue demokratische Republik sowie ein Grund für späteres Scheitern der Weimarer Republik

TIPP So zeigen Sie Ihre Fach- und Gesprächskompetenz:

- Um zu entscheiden, welche **Vertragsbestimmungen** zentral waren, sollten Sie daran denken, welche später **immer wieder eine Rolle spielten**, z. B. im Wahlkampf der Weimarer Republik oder nach der Machtübernahme der Nationalsozialisten bis hin zum Ausbruch des Zweiten Weltkriegs.
- Machen Sie sich mit **Fachbegriffen** wie „Revisionskonsens", „Diskreditierung", „Diffamierung" und „Instrumentalisierung" vertraut, um sie an passender Stelle in Ihrem Prüfungsgespräch zu verwenden.

3 ***Vergleichen*** *Sie die Tragfähigkeit der Friedenschlüsse von 1814/15 und 1919 im Hinblick auf eine dauerhafte Friedensordnung und* ***begründen*** *Sie die jeweilige Wirksamkeit der Vertragswerke.* (AFB II und III)

- Vergleich der Beschlüsse des Wiener Kongresses 1814/15 mit dem Versailler Vertrag von 1919:
  - Beschlüsse des Wiener Kongresses schufen längerfristiger anhaltende Friedensordnung als Versailler Vertrag
  - nach Wiener Kongress: zwar einzelne zwischenstaatliche militärische Konflikte in Europa v. a. in der zweiten Hälfte des 19. Jahrhunderts (z. B. Deutsch-Französischer Krieg 1870/71), aber Ausbleiben großer europäischer Kriege bis 1914
  - nach Versailler Vertrag: schon zwanzig Jahre nach 1919 Ausbruch des Zweiten Weltkriegs 1939 mit verheerenden Auswirkungen
- mögliche Gründe für unterschiedliche Wirksamkeit:
  - 1814/15 verhandelten Staatsmänner als Abgesandte von Regierungen, die keine bzw. relativ wenig Rücksicht auf eine demokratische, auch nationalistisch aufgeladene Öffentlichkeit nehmen mussten, wie dies 1919 der Fall war → anderer Umgang mit dem Besiegten (Frankreich 1814/15 mit am Verhandlungstisch)
  - wegen des anderen Charakters der vorangegangenen Kriege 1814/15 weniger ausgeprägtes Streben nach Rache und Vergeltung
  - 1814/15 stabiles Gleichgewicht der Mächte als maßgebliches Ziel → Förderung der Kompromissbereitschaft
  - 1919 andere politische und gesellschaftliche Strukturen sowie größere Auswirkungen des Kriegs → innenpolitischer Druck der Bevölkerung auf die Verhandelnden (Siegermächte) → Erschwerung von Zugeständnissen an die Besiegten → geringe Akzeptanz des auferlegten Friedens durch die Besiegten
  - aber: Entwicklung zum Nationalsozialismus bzw. zum Zweiten Weltkrieg durch den Versailler Vertrag nicht zwangsläufig ↔ Möglichkeit einer mittelfristigen friedlichen Revision zugunsten Deutschlands durchaus gegeben (siehe die Ansätze dazu in der Außenpolitik Stresemanns)

TIPP **So zeigen Sie Ihre Fach- und Gesprächskompetenz:**

- Achten Sie genau auf die **Aufgabenstellung**, in der es heißt, dass Sie die beiden Friedensschlüsse nur hinsichtlich ihrer Tragfähigkeit vergleichen sollen. Verzichten Sie also auf eine allgemeine Gegenüberstellung der jeweiligen Vereinbarungen.
- Bei der Suche nach möglichen Gründen für die unterschiedliche Wirksamkeit sollten Sie dann auch auf **allgemeine Rahmen- und Entstehungsbedingungen** der beiden Friedensschlüsse eingehen, z. B. auf das vorherrschende politische System, den Charakter des jeweiligen Kriegs oder die Grundlagen der Friedensverhandlungen.

Mündliche Prüfung ■ 2. Prüfungsteil
Mögliches Prüfungsgespräch zum Inhaltsfeld 7:

Friedensschlüsse und Ordnungen des Friedens in der Moderne

Prüfungsgespräch 13 Konflikte und Frieden nach dem Zweiten Weltkrieg

1 ***Nennen** und **erläutern** Sie die zentralen Beschlüsse auf der Konferenz von Potsdam.* (AFB I–II)

- Demilitarisierung: vollständige Entwaffnung, Verbot jeglicher Waffenproduktion
- Denazifizierung: Auflösung und Verbot aller NS-Organisationen, Nürnberger Kriegsverbrecherprozesse, Maßnahmen zur „Säuberung“ des öffentlichen Lebens von Anhängern des Nationalsozialismus
- Dezentralisierung: Dezentralisierung der Verwaltung durch Stärkung der lokalen Selbstverwaltung, Einteilung Deutschlands in vier Besatzungszonen, Aufteilung Berlins in vier Sektoren
- Demokratisierung: Demokratisierung des politischen Lebens durch Neueinrichtung von Parteien, Presse und Verwaltung unter der Oberhoheit des Alliierten Kontrollrats
- Demontage: Abbau der Kriegsindustrie
- territoriale Bestimmungen: Gebietsabtretungen an die UdSSR (nördliches Ostpreußen) und Polen (Festlegung der Oder-Neiße-Linie als Grenze)
- Reparationen: Entschädigungszahlungen (v. a. an die Sowjetunion) ohne genaue Festlegung von Art und Höhe
- Bevölkerungsverschiebungen: Einigung auf „ethnische Entmischung“ der Bevölkerung Europas → Legalisierung der Vertreibung von Deutschen aus den ehemaligen Ostgebieten

TIPP So zeigen Sie Ihre Fach- und Gesprächskompetenz (vgl. S VIII):

- Verwenden Sie bei der Benennung der „5 Ds“ **Fachbegriffe**, die Sie dann jeweils in Ihren eigenen Worten erläutern.
- Behalten Sie bei der Erläuterung **verschiedene Betrachtungsebenen** im Auge, indem Sie auf gesellschaftliche, wirtschaftliche und politische Auswirkungen eingehen.
- Fokussieren Sie sich auf die **Fragestellung** und schweifen Sie nicht zu grundsätzlichen Hintergrundinfos über die Potsdamer Konferenz ab.

2 ***Erläutern*** *Sie die Probleme, die trotz der Einigungen aus der Potsdamer Konferenz hervorgingen.* (AFB II)

- konkrete Vorgehensweise bei der Umsetzung der Beschlüsse bleibt der jeweiligen Besatzungsmacht überlassen → unterschiedliche Auslegung der Ziele durch die Siegermächte je nach weltanschaulichem Hintergrund
- unterschiedliche Vorstellungen vom Begriff der Demokratisierung: in den Westzonen freiheitliches Demokratiemodell nach westlichem Vorbild ↔ in der SBZ kommunistisches System der Sowjetunion als Vorbild (sozialistisches Demokratiemodell)
- Denazifizierung:
  - im Westen Klärung des Grades der persönlichen Verstrickung in den Nationalsozialismus über Fragebögen und Spruchkammerverfahren → teilweise Wiedereingliederung von NS-Funktionseliten und Verurteilung von „Mitläufern"
  - in der SBZ zusätzlich zur Entlassung ehemaliger Nationalsozialisten planmäßiger Umbau der Wirtschafts- und Gesellschaftsstruktur (Bodenreform, Enteignungen und Verstaatlichungen) → Nutzung der Entnazifizierung zur Ausschaltung politischer Gegner
- uneinheitliche Umsetzung der Demontagen: im Westen v. a. Förderung des wirtschaftlichen Wiederaufbaus ↔ in der SBZ weitreichender Abbau der Industrieanlagen als Reparationsleistung
- Behinderung einer gemeinsamen Politik in den Westzonen durch Frankreich, das sich dauerhafte politische und militärische Schwächung Deutschlands erhofft
- keine abschließende Klärung der Grenzfrage zu Polen
- keine Schaffung von Grundlagen für einen dauerhaften Frieden
- zwar wurde festgelegt, die Überführung der deutschen Bevölkerung aus den abgetretenen Gebieten auf „ordnungsgemäße und humane Weise" vorzunehmen, aber dennoch weiterhin Vertreibungen unter unmenschlichen Bedingungen

TIPP **So zeigen Sie Ihre Fach- und Gesprächskompetenz:**

- Berücksichtigen Sie bei der Untersuchung der Probleme sowohl **Auswirkungen auf die Westzonen** (dabei sollten Sie auch Unterschieden zwischen den einzelnen Westalliierten Rechnung tragen) als auch **auf die SBZ**.
- Beginnen Sie am besten mit **allgemeinen Ausführungen** zur Problematik der auf der Potsdamer Konferenz gefassten Beschlüsse und erläutern Sie dann nach und nach **konkrete Schwierigkeiten** bei der Umsetzung der Bestimmungen.
- Achten Sie darauf, nicht nur auf politische Konsequenzen einzugehen, sondern auch auf **wirtschaftliche, territoriale oder ideologische Folgen**.

3 *Der 8. Mai, der Tag der bedingungslosen Kapitulation der deutschen Wehrmacht 1945, wurde vom Bundespräsidenten Richard von Weizsäcker 1985 als „Tag der Befreiung" bezeichnet.* ***Beurteilen*** *Sie, inwiefern Ihnen diese Bezeichnung als angemessen erscheint.* (AFB III)

- zustimmende Aspekte:
  - Befreiung von der NS-Diktatur → politischer und wirtschaftlicher Neuanfang in Deutschland: demokratischer Aufbau, finanzielle Unterstützung durch Alliierte
  - Befreiung der Opfer des Nationalsozialismus (Inhaftierte in Konzentrationslagern, Kriegsgefangene, politische Gegner), aber auch des Bevölkerungsteils, der unter dem Regime gelitten und sich keinen Widerstand zugetraut hatte
  - Befreiung der besetzten Staaten
- relativierende Aspekte:
  - keine Befreiung für Menschen, die von Flucht und Vertreibung betroffen waren oder sich in Kriegsgefangenschaft der Siegermächte befanden
  - Tag der totalen Niederlage und des Beginns der alliierten Besatzungsherrschaft in Deutschland → Abhängigkeit Deutschlands im Hinblick auf Zukunftsentscheidungen
  - Deutschland langfristig Opfer des Ost-West-Konflikts → deutsche Teilung, Kalter Krieg
  - Entnazifizierung führte eher zur Verdrängung als zur befreienden Auseinandersetzung mit den Verbrechen der Vergangenheit
- mögliches Fazit: Angemessenheit des Begriffs von politischen und gesellschaftlichen Faktoren sowie vom Blickwinkel abhängig

TIPP So zeigen Sie Ihre Fach- und Gesprächskompetenz:

- Gliedern Sie Ihre Beurteilung klar in **zustimmende und relativierende Aspekte** und ziehen Sie am Ende ein abrundendes **Fazit**.
- Betrachten Sie die Frage **nicht nur aus deutscher Perspektive**, sondern gehen Sie zum Beispiel auch auf die Situation in Europa ein (Befreiung der besetzten Staaten).
- Gehen Sie auch über den 8. Mai 1945 hinaus und nehmen Sie **darauffolgende Entwicklungen** (z. B. Flucht und Vertreibung, Ost-West-Konflikt, Entnazifizierung) in den Blick.

PRÜFUNGS-ANGST

STOPP DIE PANIK

Mit der Fußsohlen-Methode

Prüfungen können Angst- und Fluchtsituationen sein. Dein Körper schüttet Adrenalin aus und dämpft das Gefühl in den Füßen. Z. B. beim Weglaufen ist es gut, wenn man die Füße nicht spürt. Eine Prüfung ist aber **keine Gefahrensituation**. Signalisiere deinem Körper, dass du nicht weglaufen musst, und bring das Gefühl in deine Füße zurück:

Setze oder stelle dich hin.
Die Füße müssen den **Boden** berühren.

Schließe jetzt deine Augen und **denke** dich in deine Füße hinein.

Fahre in Gedanken um die **Fersen**.

Spüre den **Druck** auf dem Boden.

Erkunde den **Bogen** deines Fußes.

von klein bis groß. **spüre** jeden einzelnen **Zeh**

Dein Körper **fühlt** die Füße wieder und denkt, er sei in keiner Panik-Situation, sondern in **Sicherheit**.